FANDANGO
LIBRI

Via Ajaccio 20, 00198 Roma

*titolo originale* The New Rulers of the World
*traduzione dall'inglese* Alberto Bracci

www.fandango.it
libri@fandango.it

ISBN 88-87517-39-8

*la collana Documenti è curata da* Anaïs Ginori

*progetto grafico* Elica Milano
*fondo pittorico in copertina* Gianluigi Toccafondo

6

DOCUMENTI

John Pilger

# I NUOVI PADRONI DEL MONDO

*traduzione di* Alberto Bracci

FANDANGO LIBRI

*A Denis Halliday, Hans Von Sponeck, Felicity Arbuthnot, al compianto Charlie Perkins, a Daniel Indra Kusuma, Dita Sari e a tutti gli altri, troppo numerosi per essere citati qui, le cui azioni ci hanno dato energia.*

# Ringraziamenti

Vorrei esprimere la mia gratitudine a quanti, direttamente o indirettamente, mi hanno aiutato nella stesura di questo libro: Steve Anderson, Anthony Arnove, Joe Bentley, William Blum, Carmel Budiardjo, Scott Burchill, Gabriel Carlysle, Robert Cavanagh, Noam Chomsky, Michel Chossudovsky, Preston Clothier, Barry Coates, Gilly Coote, Mark Curtis, Norm Dixon, Oliver Doward, David Edwards, Susan George, Karl Grossman, Sean Healy, Eric Herring, Pip Hinman, Lynn Hodgkinson, Mike Holderness, Dave Holmes, Laurelle Keough, Max Lane, Alan Lowery, Michael McKinley, Emily Mann, Michael Mansell, Chris Martin, Arthur e Leila Murray, Richard Murray, Lorraine Nelson, David O'Shea, Milan Rai, Grant Roberts, Vicki Robinson, Peter Schumpeter, Bradley Simpson, Colin Tatz, Peter Wilby, Jeffrey Winters. Un ringraziamento speciale a Jacqueline Korn, a Tariq Ali, che mi dato l'idea, a Jane Hindle e Gavin Everall della casa editrice Verso, a Jill Chisholm del *New Statesman* e a Helen Oldfield di *The Guardian*, e infine a Jane Hill, mia eccellente editor e compagna.

# INTRODUZIONE

Quando il vicepresidente americano Dick Cheney ha dichiarato che la "guerra al terrorismo" poteva durare cinquanta o più anni ci ha ricordato la grande opera profetica di George Orwell, *1984*. Siamo costretti a vivere con la minaccia e il fantasma di una guerra senza fine per riuscire a giustificare l'aumentato controllo sociale e la repressione di Stato mentre il grande potere persegue il suo obiettivo di supremazia globale. Washington si è trasformata nella "capitale della Fascia d'Atterraggio Uno" e qualsiasi problema viene attribuito al "nemico", il malvagio Goldstein, come lo chiamava Orwell[1]. "L'asse del male" potrebbe essere Osama Bin Laden, o qualcuno dei suoi successori.

Nel romanzo, la società è dominata da tre slogan: la "guerra è pace", la "libertà è schiavitù" e "l'ignoranza è forza". Anche nello slogan di oggi, "guerra al terrorismo", i significati si invertono. La guerra *è* terrorismo. L'arma più potente di questa "guerra" è la pseudoinformazione, diversa solo nella forma da quella descritta da Orwell, che consegna all'oblio verità inaccettabili e senso storico. Il dissenso è autorizzato all'interno di confini "consensuali", consolidando l'illusione che l'informazione e la parola siano "libere".

Gli attacchi dell'11 settembre 2001 non hanno "cambiato tutto", ma hanno accelerato la continuità degli eventi, fornendo uno straordinario pretesto per distruggere la democrazia sociale. L'indebolimento della Carta dei Diritti negli Stati Uniti e l'ulteriore diminuzione in Gran Bretagna dei processi con giuria, oltre a una quantità di libertà civili relative, sono parte del relegare la democrazia a un puro rito elettorale: a una gara, cioè, per la gestione di uno Stato a ideologia unica tra partiti indistinguibili l'uno dall'altro.

Fondamentali, nella crescita di questo "Stato-azienda", sono i gruppi di controllo dei mezzi d'informazione che, possedendo stampa, televisione, editoria, cinema e banche dati, hanno un potere senza precedenti. Essi spacciano un mondo virtuale di "eterno presente", come lo ha definito la rivista *Time*: politica attraverso i media, guerra attraverso i media, giustizia attraverso i media, perfino il cordoglio attraverso i media (vedi la principessa Diana).

"L'economia globale" è la loro più importante impresa mediatica. "Economia globale" è un moderno termine orwelliano. In superficie è il trading on-line, i telefonini, McDonald's, Starbucks, le vacanze prenotate in rete. Ma sotto questa patina c'è la globalizzazione della povertà, c'è un mondo dove la maggior parte degli esseri umani non fa mai una telefonata e vive con meno di due dollari al giorno, dove 6.000 bambini muoiono ogni giorno di diarrea perché non hanno a disposizione acqua potabile[2].

A partire dagli anni Ottanta in questo mondo, ignorato dalla maggior parte di noi del Nord globale, un sofisticato sistema di saccheggio ha costretto più di novanta paesi a programmi di "aggiustamento strutturale", dilatando la distanza tra ricchi e poveri come mai prima. Dal "quadrilatero" (Stati Uniti, Europa, Canada e Giappone) che domina il WTO, l'Organizzazione mondiale del commercio, e dal triumvirato di Washington (Banca Mondiale, Fondo monetario internazionale e Tesoro USA) che controlla ogni minimo aspetto della politica del governo nei paesi in via di sviluppo, ciò viene definito "costruzione della nazione" e "buon governo". Il loro potere deriva in gran parte da un debito impossibile da restituire, che costringe i paesi più poveri a pagare ai creditori occidentali 100 milioni di dollari ogni giorno. Il risultato è un mondo dove un'élite di nemmeno un miliardo di persone controlla l'80% delle risorse dell'umanità.

A promuovere questo stato di cose sono le multinazionali dei media, americani ed europei, che possiedono o gestiscono le principali fonti mondiali di notizie e informazioni. Essi hanno trasformato buona parte della "società dell'informazione" in un'era mediatica in cui una tecnologia straordinaria consente ai "costruttori di nazioni" la ripetizione incessante di informazioni politicamente "sicure" e accettabili. In Occidente veniamo addestrati a valutare le altre società in termini di utilità o minaccia nei "nostri" confronti, e a considerare le differenze "culturali" più importanti delle forze politiche ed economiche attraverso cui giudichiamo noi stessi. Quelli che, disponendo di risorse senza precedenti, lo capiscono, compresi i molti che insegnano e ricercano nelle grandi università, sopprimono pubblicamente il loro sapere; forse mai prima d'ora c'è stata una tale cortina di silenzio.

*I nuovi padroni del mondo* si propone di spiegare qualcosa su questo nuovo "ordine" e sull'importanza di infrangere il silenzio che protegge il grande potere e le sue mistificazioni, nella fattispecie l'attuale "guerra". Contiene quattro saggi, il primo dei quali si intitola *L'allievo modello*. È la storia di come "l'economia globale" in Asia abbia generato il bagno di sangue che ha portato il generale Suharto al potere in Indonesia, nel 1965-66. Si basa su documenti da poco resi disponibili che descrivono un importante incontro, avvenuto nel 1967, tra i rappresentanti delle più potenti multinazionali del mondo, durante il quale, settore per settore, è stata disegnata l'economia indonesiana.

"L'hanno fatto nella maniera più spettacolare", mi ha detto Jeffrey Winters, professore alla Northwestern University di Chicago. "Si sono divisi in cinque differenti sezioni: questioni minerarie in una stanza, servizi in un'altra, industria leggera in un'altra, banche e finanza in un'altra ancora... C'erano questi grossi personaggi delle multinazionali intorno al tavolo che dicevano [alla gente di Suharto]: 'Ecco ciò di cui abbiamo bisogno: questo, questo e questo', tracciando così le basi fondamentali dell'infrastruttura legale per gli investimenti in Indonesia"[3].

Il risultato fu una montagna di rame e oro, di nichel e bauxite consegnata nelle mani di multinazionali americane. Una cordata di compagnie americane, giapponesi e francesi ottenne la foresta tropicale di Sumatra; e così via. Ho chiesto a Emil Salim, uno dei rappresentanti di Suharto al meeting del 1967, se qualcuno avesse citato il fatto che per portare la nuova "economia globale" in Indonesia circa un milione di persone erano morte di morte violenta. "No, l'argomento non era in agenda", mi ha risposto. "Non avevamo la televisione, allora"[4].

Più che una notizia, il maggior massacro della seconda metà del ventesimo secolo è stato un motivo di celebrazione. Il quarto paese più popoloso del mondo era "nostro". L'ascesa al potere di Suharto era "la miglior notizia per l'Occidente da anni". James Reston, decano dei giornalisti americani, disse ai lettori del *New York Times* che i fatti di sangue in Indonesia erano "un raggio di luce in Asia"[5].

Nelle nostre università accademici indonesiani ratificano la grande menzogna di Suharto secondo cui la causa dei massacri sarebbe da cercare in un "colpo di stato comunista", mentre le multinazionali occidentali avrebbero consacrato la "stabilità" del suo regime. Il silenzio è durato più di un quarto di secolo, rotto alla fine dai lamenti delle vittime di Suharto a Timor Est: un secondo genocidio compiuto con la copertura militare dell'Occidente.

Questo capitolo si basa sul mio documentario *I nuovi padroni del mondo*, trasmesso nel 2001, da cui è stato anche tratto il titolo del libro. Integrato da "nuovi" fattori. Il filo narrativo che lega i quattro capitoli è l'eredità del "vecchio" imperialismo e il suo ritorno alla rispettabilità nella veste di "globalizzazione" e "guerra al terrorismo". Talvolta i "nuovi padroni" vengono identificati con le grosse multinazionali, soprattutto americane, che dominano il "commercio mondiale". Indubbiamente l'enormità e la portata delle loro operazioni sono un fattore nuovo, con la Ford Motor Company che ormai ha superato l'economia dell'intero Sudafrica e la General Motors che è più prospera di tutta la Danimarca.

Comunque, l'idea largamente diffusa tra i sostenitori dell'antiglobalizzazione che lo Stato sia "svanito" è errata, così come la convinzione che il potere delle multinazionali abbia rimpiazzato lo Stato e, per estensione, l'imperialismo. Come sottolinea l'economista dissidente russo Boris Kagarlitsky, "globalizzazione non significa impotenza dello Stato, ma rigetto da parte dello Stato delle sue funzioni sociali in favore di quelle repressive, quindi la fine delle libertà democratiche"[6].

Il capitolo *Il Grande Gioco* intende far luce sui modi in cui questo potere statale mascherato fornisce le condizioni e i privilegi che proteggono i mercati occidentali e permettono alle multinazionali occidentali di intervenire dove vogliono nel mondo, come hanno fatto in Indonesia. Oggi il potere permanente dello Stato imperiale è sia la "mano nascosta" del capitale rampante che il suo pugno di ferro.

La capacità della macchina militare americana di schiacciare i paesi depressi è indiscussa, fatto salvo il non utilizzo di truppe di terra americane o la loro sostituzione con forze locali o alleate. Il Vietnam è stato un'eccezione. Nonostante i bombardieri B-52, il napalm, i defolianti chimici e la supremazia numerica, le truppe americane non sono riuscite a tener testa all'esperienza e alla tenacia di un popolo preparato a respingere un invasore. Per loro è stata una lezione davvero imperiale.

È per questo che in Afghanistan, fino a oggi, gli americani uccisi sono stati una manciata. I capi mujaheddin riferiscono di villaggi "troppo piccoli per trovare posto nelle mappe" distrutti dai B-52, con "più di trecento persone uccise" in una sola notte. Di una famiglia di quaranta persone, racconta Richard Lloyd Parry dell'*Independent*, sono sopravvissuti solo un ragazzino e sua nonna[7]. Secondo uno studio, lontano dagli sguardi delle telecamere, "tra il 7 ottobre e il 10 dicembre le bombe americane hanno ucciso almeno 3.767 civili... una media di sessantadue morti innocenti al giorno"; e tutto ciò in un paese il cui ultimo bilancio annuale, 83 milioni di dollari, è pari a un decimo del costo di un bombardiere B-52[8].

I media compiacenti l'hanno chiamata "rivendicazione del proprio diritto", trionfo delle idee, trionfo del bene sul male, con gli editorialisti e i soliti articolisti tromboni a reclamare le scuse di quelli che sfidavano la propaganda. Al momento di scrivere non è stato fatto prigioniero né, che io sappia, ucciso un solo membro del gruppo dirigente di Al Qaeda, meno che mai il capo demonio Osama Bin Laden. Né tantomeno è stato catturato il vicecapo demonio mullah Omar, leader dei talebani. Peraltro, nessuno di quelli direttamente implicati nell'attacco dell'11 settembre all'America era afgano; i più erano sauditi addestrati in Germania e negli Stati Uniti, e nessuno è stato processato; eppure, in villaggi polverosi e sperduti, migliaia di persone innocenti sono state condannate alla pena capitale senza processo, nel più puro stile texano, e molte di più verranno storpiate negli anni a seguire dalle decine di migliaia di bombe a grappolo inesplose.

Per giunta, il cambiamento subito dall'Afghanistan è minimo. Le donne non si azzardano ad andare in giro a volto scoperto e continua a regnare un feudalesimo di tipo guerriero. "I talebani appendevano in pubblico i corpi delle loro vittime per quattro giorni", ha detto il nuovo ministro della Giustizia del regime instaurato dagli americani. "Dopo un'esecuzione pubblica noi appenderemo il corpo per un periodo molto più breve, diciamo un quarto d'ora"[9].

Descrivere questo cambiamento come un trionfo è come tessere le lodi della macchina da guerra tedesca per rivendicare la legittimità del nazismo.

Nell'epoca dei media l'ignoranza è forza e l'omissione una pratica consueta. Il solo analizzare le cause che stanno alla base dell'11 settembre dà adito a essere calunniati. David McKnight, accademico e giornalista australiano, ha scritto che "gente come John Pilger e Noam Chomsky sembrano assolvere gli autori dei delitti [dell'11 settembre]"[10]. Io avevo scritto su *The Guardian*: "La verità [riguardo all'11 settembre] è che l'uccisione di migliaia di persone innocenti non è mai giustificabile, in America come da qualsiasi altra parte"[11]. Per McKnight e per quelli a cui lui dà voce, l'uccisione di migliaia di innocenti in Afghanistan è "l'equivalente globale di un'irruzione di polizia nel nascondiglio dei banditi" e implica quindi "un confronto violento che talvolta, nell'arrestare i criminali, non si può evitare".

Non si può dire che i contadini afgani abbiano lo stesso diritto di vivere dei cittadini newyorkesi, è un'eresia. La devastazione omicida dei loro villaggi, senza che in vista ci sia un solo talebano o combattente di Al Qaeda, "non si può evitare". In altre parole, alcune vite umane hanno un valore maggiore di altre, e crimine è solamente l'uccisione di un determinato tipo di civili. Un'antica menzogna buona a sostenere sia i terroristi di Osama Bin Laden che quelli di George W. Bush.

I quali sono anche uniti dalla storia. "L'Operazione Ciclone" della CIA ha addestrato e armato almeno 35.000 zeloti divenuti poi talebani o seguaci di Al Qaeda[12]. Come scrive John Cooley nel suo incisivo *Le guerre non-sante: Afghanistan, America e terrorismo internazionale*, "il governo del primo ministro Margaret Thatcher ha appoggiato con pieno entusiasmo la jihad [americana]", buona parte della quale coordinata da un agente dell'MI 6 a Islamabad. A "briglia sciolta" contro Osama Bin Laden[13]. Con un costo di quattro miliardi di dollari per il contribuente americano. Scoprire questi fatti sarebbe compito del lavoro dei giornalisti e dei ricercatori, ma così non è stato.

In pieno bombardamento dell'Afghanistan, l'*Observer* ha reso omaggio al suo grande editore e redattore David Astor, appena defunto. In opposizione all'attacco inglese a Suez nel 1956, dice il giornale, Astor "rimproverò il governo per il suo atteggiamento prepotente e così facendo definì l'*Observer* un giornale libero pronto a nuotare contro la marea del sentimento popolare". Astor aveva descritto "il tentativo di reimporre un imperialismo da diciannovesimo secolo della peggior specie". Scrisse: "Si dice che le nazioni abbiano i governi che meritano. Facciamo vedere che noi meritiamo di meglio". L'*Observer* commentava che "la ricchezza del linguaggio e l'elevatezza dei suoi sentimenti risuonano ancora oggi"[14]. Parole quasi surreali, di un'ironia squisita, visto l'appoggio dell'*Observer* allo "sforzo" del governo Blair in Afghanistan.

Questo libro prosegue il filo dei miei libri precedenti, *Eroi*, *Voci lontane* e *Agende Nascoste*, che accostano le azioni dei politici delle democrazie occidentali con quelle dei tiranni criminali. Sia nella causa che nell'effetto, la differenza cruciale sta nella distanza dalla carneficina e nella diffusione di un'insidiosa propaganda tesa ad affermare che un crimine non è un crimine se siamo "noi" a commetterlo. Non è stato un crimine assassinare più di mezzo milione di contadini sganciando segretamente e illegalmente bombe sulla Cambogia e accendendo la miccia di un olocausto asiatico. Non è stato un crimine per Bill Clinton e George W. Bush, per Tony Blair e i suoi predecessori *tory*, l'aver causato in Iraq la morte di "più persone di quante ne siano state uccise da tutte le armi di distruzione di massa della storia", per citare le conclusioni di una ricerca americana[15].

Il loro medievale embargo contro ventidue milioni di persone, ormai giunto al dodicesimo anno, è il soggetto del capitolo *Pagare il prezzo*. I fatti non sono in discussione, per quanto raramente pubblicati. Un rapporto dell'ottobre 2001 del segretario generale delle Nazioni Unite afferma che il blocco dei governi americano e inglese ad aiuti umanitari per quattro miliardi di dollari è di gran lunga la causa principale delle profonde sofferenze e dei decessi che affliggono l'Iraq. Il Fondo delle Nazioni Unite per l'Infanzia, l'UNICEF, riferisce che ogni mese muoiono fino a 6.000 bambini soprattutto in conseguenza dell'embargo[16]. Equivale al doppio del numero totale dei morti delle Twin Towers, ed è un altro segno esemplare del valore diverso attribuito a vite diverse. Le vittime delle Twin Towers sono persone. I bambini iracheni sono non-persone.

Al momento in cui scrivo, è verosimile che l'Iraq stia per essere attaccato dagli Stati Uniti. Utilizzando settori della stampa americana e inglese come "canali", i servizi segreti americani hanno creato con successo ciò che la CIA in Indocina chiamava un "grande inganno", in questo caso la minaccia incombente delle "armi di distruzione di massa" dell'Iraq. Non c'è alcuna dimostrazione o prova evidente che esista una tale minaccia, tra l'altro negata dall'ex ispettore in Iraq delle Nazioni Unite, Scott Ritter[17].

Comunque, la "minaccia" irachena occupa una posizione centrale nella strategia di "guerra totale" dell'amministrazione Bush dopo l'11 settembre. Le istruzioni al Pentagono di "pensare l'impensabile", date dal segretario alla Difesa Donald Rumsfeld, potrebbero, quanto meno, spingere i non-americani a preoccuparsi del fatto che l'unica superpotenza del mondo sia dominata da fondamentalisti il cui fanatismo promette carneficine umane a un livello tale che i talebani, in confronto, sono dei dilettanti[18].

A Washington, il "gruppo del petrolio" di George W. Bush e del vicepresidente Cheney (George Bush senior, come Cheney e altri del suo Gabinetto, era consulente del Carlyle Group, che a sua volta svolgeva attività di consulenza per la famiglia Bin Laden) è sempre più influenzato dalla Commissione Politica per la Difesa (DPB), un raggruppamento semi-ufficiale che assiste sia Rumsfeld che il suo vice, Paul Wolfowitz. Noto a Washington come la "cricca di Wolfowitz", il gruppo riunisce l'estrema destra della vita politica americana ed è responsabile dell'ispirazione che sta dietro la "guerra al terrorismo", in particolare del concetto di "guerra totale".

Uno dei "pensatori" del gruppo, Richard Perle, stratega di guerra fredda durante l'amministrazione Reagan, ha offerto la sua spiegazione. "Niente fasi", ha detto. "Questa è guerra totale. Stiamo combattendo contro una molteplicità di nemici. Ce ne sono un mucchio, là fuori. Tutte queste chiacchiere sul fatto che prima dobbiamo occuparci dell'Afghanistan, poi dell'Iraq, poi guardarci in giro e vedere come stanno le cose... È la maniera più sbagliata di agire. Se solo lasciassimo andare avanti la nostra visione del mondo, e la abbracciassimo interamente, e non cercassimo di mettere insieme astute diplomazie, ma semplicemente scatenassimo una guerra totale... i nostri figli canterebbero le nostre gesta per parecchi anni"[19].

Cercare i criminali dell'11 settembre per assicurarli alla giustizia non è abbastanza. Il "terrorismo" richiede una guerra senza fine. Finalmente abbiamo trovato qualcosa che rimpiazzi il "pericolo rosso", che giustifichi paranoia e stato di guerra permanente nonché la costruzione della più grande macchina militare mai realizzata: il "Programma Nazionale di Difesa Missilistica". Tale programma, afferma il Comando Spaziale americano, assicurerà il "dominio dell'intero spettro" del mondo[20].

Il che significa completa supremazia militare, che nella letteratura del Pentagono equivale al dominio delle marine militari europee sugli emisferi nord ed est nel diciannovesimo secolo. E non finisce qui. Questi concetti vengono già applicati in altri campi, in particolare nel controllo totale della vita economica, nella composizione o, come si esprime il *New York Times*, nel "cablaggio interno" dei governi stranieri, e nella ridefinizione del dissenso come un "problema di sicurezza internazionale".

Ciò viene espresso più apertamente e crudelmente che mai soprattutto da un gruppo selezionato di zotici letterati della stampa americana. In un articolo intitolato "L'unilateralismo è la chiave del nostro successo", Charles Krauthammer del *Washington Post* ha descritto il mondo dei prossimi cinquant'anni come un mondo senza protezione per i cittadini di tutti i paesi, tranne che per quelli degli Stati Uniti, contro attacchi nucleari e danni ambientali; un mondo dove "democrazia" non significa più niente se i suoi benefici sono contrastanti con gli "interessi" americani; un mondo in cui esprimere il dissenso contro questi "interessi" porta a essere etichettato come terrorista e giustifica quindi sorveglianza, repressione e morte[21]. Come ha sottolineato Drew Whitworth, queste convinzioni sono indistinguibili da quelle di Osama Bin Laden, "portate avanti da pochi uomini senza mandato popolare"[22].

C'è un'eco del "Reich di Mille Anni" in ciò, lanciato per la prima volta in un contesto americano dalla bellicosa proclamazione di un "Secolo Americano" fatta da Henry Luce su *Time* nel 1941. Negli Stati Uniti gli accademici populisti dispensano ancora una volta una visione del mondo da *Reader's Digest*, tipo *Lo scontro delle civiltà* di Samuel Huntington o, più recentemente, *Perché l'Occidente ha vinto*, di Victor Davis Hanson, con il suo appello al "militarismo civico"[23]. In nessuno di questi testi che enfatizzano la supremazia "culturale" si riconosce che gli imperativi imperialisti del Secolo Americano abbiano minato alla base la più grande conquista dell'Occidente, cioè la politica laica e redistributiva, e abbiano consentito al vortice generato dalla violenza americana, insieme a una religione introspettiva e vendicativa, di riempire i vuoti.

Questo libro sostiene che abbiamo urgentemente bisogno di antidoti a una propaganda che fa appello a pericoli non inferiori a quelli della guerra fredda.

Dobbiamo prendere coscienza del fatto che esiste un doppio standard, due pesi e due misure: e che la "legge internazionale" e la "comunità internazionale" sono spesso nient'altro che riserve di caccia del grande potere, e non espressione della maggioranza. Gli Stati Uniti mettono su una squadra (chiamata "coalizione") per attaccare altri paesi, e contemporaneamente le numerose risoluzioni dell'Assemblea Generale delle Nazioni Unite che reclamano giustizia per la Palestina non valgono la carta su cui sono scritte. Abbiamo anche bisogno di esaminare bene l'uso comune del "noi" e la sua appropriazione da parte del grande potere. Se "noi" dobbiamo combattere il terrorismo, allora "noi" dobbiamo chiedere agli

Stati Uniti di cessare il loro terrorismo in Medio Oriente, Colombia e altrove. Solo a quel punto "noi" saremo in grado di rendere il mondo un luogo più sicuro.

L'ultimo capitolo, *I prescelti*, che mette a contrasto l'immagine idilliaca degli indigeni che vivono nel mio paese, l'Australia, con la realtà, prosegue e sviluppa quanto ho affermato nel mio libro del 1989 *Un paese segreto* e nel mio film del 1999 *Benvenuti in Australia*. Ho scritto e filmato la lotta dei popoli aborigeni per più di trent'anni, e sono tuttora colpito e scioccato dall'apartheid non risolto che si nasconde dietro la cartolina illustrata dell'Australia.

La lotta degli aborigeni è un esempio di rottura universale del silenzio. La presa di coscienza di molti aborigeni, specialmente in politica, nella legge e nelle espressioni artistiche, è il risultato conseguito da alcuni tra i più tenaci e coraggiosi attivisti del pianeta. Sono uomini e donne risvegliati, che si trovano ad affrontare uno dei più intransigenti e meschini sistemi politici. Talvolta, emergendo dall'ennesima riunione di politici sonnacchiosi, si scoraggiano; poi, come molti dei loro giovani, si tolgono la vita. Rob Riley, un coraggioso leader indigeno, è morto così.

Uno dei miei più vecchi amici, Charlie Perkins, il Martin Luther King australiano, è vissuto più di sessant'anni, una conquista notevole per qualcuno il cui popolo muore il più delle volte tra i trenta e i quaranta. È stato Charlie a guidare le "cavalcate della libertà" negli anni Sessanta attraverso l'equivalente australiano del profondo sud americano e incatenandosi ai cancelli delle piscine in cui era vietato l'ingresso ai ragazzi di colore. La sua ultima, lunga intervista con me è pubblicata qui.

Nel nostro primo viaggio insieme a Alice Springs, nel 1969, la madre di Charlie, Hetti, che era una regina del popolo Arrente, ebbe l'idea di conquistare l'entrata a una "riserva" aborigena, un campo di concentramento nel *bush*, spingendo al massimo il motore della macchina e sfondando il cancello, cosa che abbiamo fatto. Questo libro è un omaggio a chi, come Charlie e Hetti, con le proprie azioni ha svergognato il muro di silenzio e sfidato il mito dell'apatia.

Essi sono il simbolo di tutta la gente che ha poco nel mondo: in India, l'Associazione delle Donne Autogestite (SEWA), forte di

300.000 iscritte; in Brasile il Movimento dei Senzaterra; in Messico gli zapatisti. Le loro vittorie, generalmente non riconosciute dall'Occidente, sono spesso epiche. Nella terza città della Bolivia, Cochabamba, la gente comune riacquistava la propria acqua da un'azienda privata, dopo che la Banca Mondiale aveva fatto pressioni sul governo boliviano perché privatizzasse la fornitura idrica pubblica. Nel rifiutare il credito all'azienda idrica pubblica, la banca aveva richiesto che il monopolio venisse assegnato alla società Aguas del Lunari che a sua volta è parte della International Water Limited, compagnia inglese posseduta per metà dal gigante ingegneristico americano Bechtel.

Forte di una concessione di quarant'anni, la compagnia aveva immediatamente aumentato il prezzo dell'acqua. In un paese dove il salario minimo è inferiore a 100 dollari al mese, la gente si era vista aumentare la bolletta dell'acqua a 20 dollari al mese, più di quanto pagano mensilmente gli utenti dei quartieri residenziali di Washington, dove hanno casa parecchi economisti della Banca Mondiale. Così a Cochabamba era diventato illegale persino raccogliere acqua piovana, senza permesso.

Quindi si sono organizzati; giovani e vecchi, attivisti e chi, come ha scritto Marcela Lopez Levy, era in precedenza "troppo indaffarato a sopravvivere per impegnarsi". Ne aveva parlato a Marcelo Rojas, poi diventato uno dei leader.

"Non mi aveva mai interessato la politica", disse lui. "Mio padre è un politico, e io credevo che la politica consistesse solo nel concludere affari. Ma vedere la gente che combatte per la propria acqua, per i propri diritti, mi ha fatto capire che esiste un bene comune da difendere, che il paese non può essere lasciato nelle mani dei politicanti".

Venne arrestato e torturato dalla polizia, così come molti giovani che costruivano le barricate e proteggevano i vecchi quando le autorità attaccavano. Si sono ripresi la loro città e hanno vinto. Il governo ha stracciato il contratto e la compagnia privata ha sgombrato il campo[24].

Vittorie epiche di questo tipo, dovunque nel mondo, non fanno parte dell'ordine del giorno dei media. Si parla dell'Argentina come di caos, e non come di una lotta che ha collegamenti con le nostre stesse vite. Le lotte dei giornalisti in Turchia per una stampa libera, dei sindacalisti in Colombia e i nuovi sindacati "tigre" in Asia orientale sono poco conosciute in Occidente. In Indonesia, il Fondo Monetario Internazionale avrà pure assestato un opportuno colpo di grazia al genocida Suharto, ma sono state persone straordinariamente coraggiose come Dita Sari e Daniel Indra Kusuma, ai quali è dedicato questo libro, a infrangere il lungo silenzio e ad affrontare i fucili e i blindati forniti dagli amici del dittatore, cioè dal governo britannico.

In Sudafrica, come nel 1976 a Soweto, erano i giovani ad affrontare i temibili "Hippos", le camionette armate dalle quali la polizia uccideva e feriva indiscriminatamente. Guardate la storica fotografia di Paul Weinberg di una donna sola in atteggiamento di sfida, in piedi tra due di quei mostri che avanzano nel suo ghetto; ha le braccia alzate, i pugni serrati. I negoziatori recitavano una parte, ma era gente come lei a sfidare l'apartheid[25].

È una lista senza fine e anche una fonte d'ottimismo, in questi tempi di politica surreale. Contrariamente all'opinione diffusa, la gente non è quasi mai accondiscendente. In un'indagine fatta su trenta paesi, la Gallup ha scoperto che la maggioranza è contraria al bombardamento dell'Afghanistan come mezzo per assicurare i terroristi alla giustizia[26]. Nonostante tutta la propaganda dei "notiziari" e i tentativi di far passare un assassinio di stato per un'azione morale, la gente rimane quanto meno scettica. Esiste un'intelligenza critica pubblica che i giornalisti farebbero bene a rispettare. Il fatto che il vero terrore sia rappresentato dalla povertà, a causa della quale muoiono ogni giorno circa 24.000 persone, è al di là di ogni pubblica disputa[27].

In seguito all'11 settembre, Robin Theurkauf, docente di legislatura internazionale alla Yale University, ha scritto: "Gli impulsi terroristici fermentano nella povertà, nell'oppressione e nell'ignoranza. L'eliminazione di queste condizioni e la promozione attiva di un rispetto universale dei diritti umani devono diventare una priorità".

Robin ha perso suo marito, Tom, nelle Twin Towers[28].

# L'ALLIEVO MODELLO

> Con i suoi cento milioni di abitanti e un arco di cinquecento chilometri di isole contenenti la riserva di risorse naturali più ricca della regione, l'Indonesia è il più ambito trofeo del sud-est asiatico.
>
> *Richard Nixon, 1967*

Volando su Jakarta, non è difficile constatare come la città al disotto calzi perfettamente con la descrizione dell'Indonesia fatta dalla Banca Mondiale. Uno "scolaro modello di globalizzazione" è stato l'ultimo dei molti titoli onorifici tributatole dalla banca. Ciò accadeva quasi quattro anni fa. Poche settimane dopo, il capitale globale a breve termine aveva abbandonato il paese, la Borsa e la moneta erano crollate e le persone che vivevano in assoluta povertà erano diventate quasi 70 milioni. L'anno dopo, nel 1998, il generale Suharto fu obbligato a dimettersi dopo trent'anni di dittatura, portandosi dietro una liquidazione stimata in 15 miliardi di dollari, pari quasi al 13% del debito estero del suo paese, molta parte del quale nei confronti della Banca Mondiale[1].

Dal cielo, colpisce il taglio industriale della città. Jakarta è circondata da vasti comprensori, sorvegliati e relativamente moderni, chiamati EPZ (Export Processing Zones) ["aree di lavorazione per l'esportazione"]. Racchiudono centinaia di fabbriche che realizzano prodotti per multinazionali straniere, vestiti che la gente compra nei negozi inglesi e nei centri commerciali americani e australiani: dal look d'alto bordo della Gap fino alle scarpe da ginnastica Nike, Adidas e Reebok che in Oxford Street, a Londra, costano 100 sterline il paio. In queste fabbriche migliaia di operai guadagnano l'equivalente di settantadue *pence* al giorno, circa un dollaro. In Indonesia è il salario minimo, che, dice il governo, corrisponde a circa la metà del minimo necessario alla sopravvivenza; e qui significa sussistenza al limite dell'indigenza attiva. Gli operai della Nike guadagnano circa il 4% del prezzo al dettaglio delle scarpe che fabbricano, che non basterebbe neanche a comprare i lacci. Eppure si considerano fortunati: hanno un lavoro. Il "fiorente, dinamico successo economico" (altro volo pindarico della Banca Mondiale) ha lasciato più di 36 milioni di indonesiani senza lavoro.

Fingendo di essere un compratore di moda di Londra (per le riprese del mio documentario per la ITV *I nuovi padroni del mondo*)[2], ho avuto modo di fare un giro in una di queste fabbriche che producono i vestiti della Gap per la Gran Bretagna e l'America. Ho trovato più di un migliaio di persone, soprattutto giovani donne, che lavoravano, tipo batteria, sotto il bagliore accecante dei neon, con una temperatura che raggiungeva i 40 gradi. L'aria condizionata c'era solo al piano superiore, dove stavano i boss taiwanesi. La cosa che mi colpì fu un senso di claustrofobia, il vero e proprio parossismo della produzione, e una fatica e una tristezza che pesavano come presenze vive. I volti erano silenziosi, gli occhi abbassati; i loro arti si muovevano come se fossero robotici. Le donne non avevano scelta sull'orario di lavoro, che comprendeva il famigerato "turno lungo": trentasei ore senza andare a casa. Mi venne assicurato che, se anche avessi fatto un ordine all'ultimo minuto, non ci sarebbe stato "alcun problema" perché "non dobbiamo far altro che trattenere un po' più a lungo gli operai".

Gli operai, che incontrai segretamente più tardi, mi dissero: "Se c'è da finire di fare i pantaloni per la Gap, noi non ce ne andiamo. Rimaniamo fino a che l'ordine non è evaso, indipendentemente dal tempo che ci vuole. Andare al bagno è una questione di fortuna. Se il sorvegliante dice di no, puoi pure farla nelle mutande... siamo trattati come animali, dobbiamo lavorare duro tutto il tempo senza dire una parola".

Dissi loro che la Gap si vantava di un "codice di condotta" che proteggeva i diritti fondamentali dei lavoratori.

"Noi non l'abbiamo mai visto", risposero. "Degli stranieri della

Gap vengono qui in fabbrica, ma si interessano solo al controllo della qualità e alla quota di produzione. Non si informano mai delle condizioni di lavoro. Non ci guardano nemmeno".

Attaccati alle fabbriche, tipo detriti abbandonati da un forte uragano, si trovano i campi di lavoro dove vivono gli operai: comunità hobbesiane stipate in lunghi dormitori fatti di scorie pressate, legno da imballaggio e lamiera ondulata. Come la maggior parte dell'umanità che non è toccata dalle delizie di McDonald's e di Starbucks, da internet e dai telefonini, che non può permettersi di mangiare abbastanza proteine e raramente fa una telefonata, esse sono le non-persone della globalizzazione. Vivono con le fogne aperte e straripanti di acqua malsana; circa metà del loro salario se ne va per comprare acqua potabile. Tra le loro case passano canali, ora stagnanti, scavati dagli antichi padroni coloniali olandesi nel consueto e vanaglorioso intento di ricreare l'Europa in Asia.

Il risultato è un disastro ambientale urbano che nutre le zanzare; oggi, nei campi di lavoro, questa piaga ha dato luogo a una forma virulenta di febbre dengue nota come "febbre spacca-schiena". Dopo una serie di visite in quei luoghi venni morso anch'io e mi ci vollero due mesi per rimettermi dall'infezione. Per i denutriti bambini dei campi, il dengue può significare la morte. È una malattia della globalizzazione; man mano che i campi di lavoro sono cresciuti e le persone sono emigrate dalle zone rurali in cerca di lavoro, le zanzare gli andavano dietro. Molti erano fuggiti da un sistema di rastrellamento del denaro contante deciso dalla Banca Mondiale e teso a impoverire la gente, che aveva progressivamente spazzato via l'auto-sostentamento agricolo in buona parte dell'Indonesia.

Riuscivo a malapena a passare, in uno di quei corridoi. Erano zeppi di vestiti appesi nella plastica, sembrava di essere nel retro di una lavanderia. Il candore e la pulizia della gente che vive in questa specie di conigliaia è stupefacente. Abitano in stanze tipo celle, quasi tutte senza finestre né aerazione, nelle quali il mangiare e il dormire sono subordinati ai ritmi massacranti dei turni di lavoro delle fabbriche. Durante la stagione dei monsoni i canali crescono e straripano, e ancora più plastica si materializza per proteggere i propri tesori: un prezioso mangiacassette, i poster delle Spice Girls e di Che Guevara. Sono quasi inciampato su una padella dove friggeva del *tofu* bollente. Ci sono fuochi di paraffina a cielo aperto e bambini che vi saltellano pericolosamente vicini. Ho osservato una famiglia di cinque persone appollaiate su una chiazza d'erba a fissare il tramonto attraverso un'inquinata nebbiolina giallognola; piccoli pipistrelli giravano in tondo sopra le loro teste e a distanza si vedevano le scheletriche silhouette di grattacieli abbandonati. Un apocalittico squarcio di mondo "globalizzato", che noi "consumatori" non conosciamo.

Il "codice di condotta" che la compagnia Gap, con sede a San Francisco, assicura di distribuire ai suoi contraenti, contiene anche questo: "Le infrastrutture dei dormitori [devono] rispondere a tutte le leggi e regolamenti applicabili relativi all'igiene e alla sicurezza, incluse norme antincendio, sanitarie, per la prevenzione dei rischi e per la sicurezza strutturale, meccanica ed elettrica"[3]. Dato che i dormitori non sorgono sul terreno della fabbrica, la Gap e i suoi contraenti non ne sono responsabili. I consumatori occidentali dovrebbero riflettere su questa non-responsabilità, quando spendono per acquistare abiti alla moda fatti da persone che, con il loro stipendio, non possono permettersi un posto decente dove vivere.

A quindici chilometri dai campi, lungo una strada a pedaggio di proprietà della figlia di Suharto (lui aveva distribuito la griglia del potere nazionale tra i suoi figli; banche, alberghi e vasti tratti di foresta erano stati dati in pasto a generali e altri compari), si distende il centro di Jakarta. Che è, o era, la faccia perbene dello "scolaro modello" globale. Vi sono strade per lo shopping dove si vendono giacche di pelle di Versace a 2.000 sterline, saloni espositivi di automobili Jaguar, e un ampio McDonald's con grassi bambini zuccherosi appollaiati sul ginocchio di plastica dell'orrido Ronald. Uno degli alberghi più pieni di vita è lo Shangri-La. Ogni domenica sera vi si tengono quattro ricevimenti nuziali. A uno di questi, del costo di 120.000 dollari, partecipai anch'io. Si svolgeva nel grandioso salone da ballo, versione locale della sala da ballo del Waldorf Astoria di New York, con tanto di lampadari e archi laminati in oro. Gli ospiti indossavano Armani, Versace e diamanti veri, e infilavano assegni nella grande scatola che raccoglieva le offerte per la coppia. Gli sposi provenivano da ricche famiglie cinesi, malgrado si chiamassero Joe e Francesca (appena preso il potere, Suharto aveva bandito i nomi e la scrittura cinesi; a quanto pare, associava i cinesi con il comunismo). C'era una torta a otto piani con le loro iniziali scolpite nel ghiaccio, e foto-ricordo del loro giro del mondo venivano proiettate a dimensione cinematografica. Tra gli ospiti c'erano vecchi compari del deposto dittatore, tipo un infame individuo che aveva fatto la sua fortuna a Timor Est occupata; era presente anche il rappresentante in capo della Banca Mondiale in Indonesia, il neozelandese Mark Baird, che mi sembrò imbarazzato quando gli chiesi se si stava divertendo. Oggi la Banca Mondiale sottolinea che la sua missione in Indonesia consiste nel "ridurre la povertà" e nel "rivolgersi ai poveri". Era stata la Banca Mondiale a stanziare un prestito di 86 milioni di dollari per costruire lo Shangri-La, che "avrebbe fornito la sicurezza di un impiego regolare". Poco dopo le nozze cui Baird aveva preso parte, la maggior parte delle maestranze venne licenziata in seguito a uno sciopero indetto per ottenere un salario di sopravvivenza.

Il profilo alla Gotham City di Jakarta è composto soprattutto da banche, molte delle quali vuote, ed edifici non terminati. Prima del 1997 c'erano più banche che in qualsiasi altra città del mondo; metà di esse sono saltate quando la "dinamica" economia del paese è collassata sotto il peso dell'incredibile corruzione. Durante i trent'anni della dittatura di Suharto in Indonesia è affluito un fiume di capitale "globale". La Banca Mondiale ha tirato fuori più di 30 miliardi di dollari, parte dei quali spesi su programmi validi, tipo l'alfabetizzazione. Più di 630 milioni di dollari furono destinati a un famigerato programma di "emigrazione" che consentì al regime di colonizzare l'arcipelago. Emigranti da ogni parte dell'Indonesia vennero spediti a occupare Timor Est, di cui in breve controllarono l'economia. Nel 2001, il bagno di sangue in Kalimantan (Borneo) si è abbattuto sugli isolani Madura che erano stati mandati lì per "sviluppare" il territorio secondo lo schema della Banca Mondiale. Nell'agosto del 1997, un rapporto interno segreto della Banca Mondiale scritto a Jakarta svelava il più grosso scandalo nella storia dello "sviluppo", cioè che "almeno il 20% o 30%" dei prestiti della banca "sono stati dirottati attraverso pagamenti informali a membri del governo indonesiano e a politici"[4].

Durante la sua dittatura, raramente è passato un giorno senza che i politici occidentali si congratulassero con il generale Suharto per aver portato "stabilità" alla quinta nazione più popolosa del mondo. A esprimere apprezzamento erano in particolare i politici britannici, a cominciare dal ministro degli Esteri di Harold Wilson, Michael Stewart, che nel 1966 lodò "l'assennata politica economica" del dittatore e disse che il regime non era "aggressivo"[5]. Margaret Thatcher definì Suharto "uno dei nostri migliori e più validi amici". Il ministro degli Esteri di John Major, Douglas Hurd, si fece paladino dei "valori asiatici" del suo regime (untuoso eufemismo che sta per mancanza di democrazia e abuso dei diritti umani). Nel 1997, il primo viaggio all'estero di Robin Cook come ministro degli Esteri includeva l'Indonesia, dove scambiò calorose strette di mano con Suharto: talmente calorose che un paio di esse vennero scelte, incredibilmente, per illustrare il rapporto del Foreign Office sui diritti umani nel mondo. Solo gli australiani, con le loro complessate paure dei vicini asiatici percepiti come se dovessero cader loro addosso per forza di gravità, sono riusciti a essere più ossequiosi. Il primo ministro Bob Hawke disse a Suharto: "Sappiamo che il suo popolo la ama"[6]. Il suo successore Paul Keating che, riferiva la stampa australiana, guardava a Suharto come a "una figura paterna", elogiò il tiranno per aver creato una "società tollerante" e aver portato "stabilità" alla regione[7]. Nel 1996 il vice primo ministro Tim Fischer dichiarò che "nel cercare il personaggio mondiale più rappresentativo della seconda metà di questo secolo, le riviste non devono probabilmente andare molto più in là di Jakarta"[8].

Tutti sapevano, naturalmente. Amnesty International ha quasi riempito una stanza con le prove dei macabri record di Suharto. Robin Cook era al corrente di un'esauriente indagine della commissione per gli affari esteri del parlamento australiano la cui conclusione era che le truppe di Suharto avevano causato la morte di "almeno" 200.000 abitanti di Timor Est, un terzo della popolazione[9]. Nel primo anno del New Labour al potere, la Gran Bretagna è stata il maggior fornitore di armi all'Indonesia, con Blair che ha approvato undici contratti per armamenti all'Indonesia facendoli passare come Atti Ufficiali Segreti e con le dichiarazioni di Cook su una dimensione "etica" della politica estera[10].

Il che aveva una certa logica; il commercio di armi è uno dei grandi successi della globalizzazione e l'Indonesia, "l'allievo modello", vi ha giocato un ruolo vitale. Quando "l'economia globale" (cioè il capitalismo sfrenato) ha preso piede in Gran Bretagna nei primi anni Ottanta, Margaret Thatcher si è data da fare per smantellare molte fabbriche e industrie manifatturiere e rimettere in sesto l'industria bellica, fino a raggiungere una supremazia nel settore seconda solo agli Stati Uniti. Ciò è stato fatto con sovvenzioni occulte sul genere di quelle che finanziano e puntellano abitualmente il "libero mercato". Quasi la metà di tutti i fondi per la ricerca e lo sviluppo è stata destinata alla "difesa"; il Dipartimento di Garanzia al Credito per l'Esportazione (ECGD), del Ministero del Commercio e Industria, ha offerto "prestiti morbidi" ai regimi del terzo mondo perché acquistassero sciabole ad alta tecnologia da brandire. Il fatto che molti avessero terrificanti storie di diritti umani e conflitti interni e/o fossero sull'orlo di una guerra con il vicino (India, Pakistan, Iran, Iraq, Israele) non era certo un ostacolo. L'Indonesia era il maggior ricettore di questi veri e propri omaggi. Nel giro di dodici mesi, l'ECGD ha finanziato la vendita di cacciabombardieri Hawks all'Indonesia con quasi un miliardo di sterline. A pagare è stato l'ignaro contribuente inglese; l'industria delle armi ha raccolto i propri profitti, e gli Hawks sono serviti a bombardare i villaggi sulle montagne di Timor Est[11].

Addentrandomi nella regione di Krawang, a Java, ho conosciuto un coltivatore di riso di nome Sarkom. Si può tranquillamente definire Sarkom un rappresentante di quell'80% di umanità i cui mezzi di sussistenza dipendono dall'agricoltura. Non è tra i più poveri; vive con sua moglie e tre figlie in una piccola casa di bambù con il pavimento di mattonelle. Davanti alla casa, sotto le grondaie, c'è un letto di bambù, una sedia e un tavolo dove sua moglie Cucuk arrotonda le loro entrate cucendo.

L'anno scorso il Fondo Monetario Internazionale ha offerto al governo del dopo-Suharto un "pacchetto di salvataggio" di prestiti per molti milioni di dollari. Tra le condizioni poste c'era l'eliminazione delle tariffe d'importazione sui prodotti alimentari di base. "Il commercio di ogni qualità di riso è stato aperto a tutti gli importatori ed esportatori", decretava la lettera d'intenti del Fondo Monetario Internazionale. Anche i sussidi per fertilizzanti e pesticidi sono stati ridotti del 70%[12]. Ciò significa che i contadini come Sarkom si avviano con molta probabilità alla bancarotta, e i loro figli saranno costretti ad andare a cercare lavoro nelle città. Per giunta, è il via libera all'ingresso in Indonesia delle gigantesche multinazionali americane di cereali. Il doppio standard contenuto in queste condizioni toglie il respiro. Il business dell'agricoltura, soprattutto negli Stati Uniti e in Europa, ha generato i suoi famosi surplus e potere di esportazione solo grazie agli alti muri tariffari e a massicce sovvenzioni casalinghe. Il risultato è stato un monopolio sui prodotti di base dell'umanità. Il direttore esecutivo della Cargill Corporation, che domina il commercio mondiale dei cereali, si è vantato che "ogni mattina, quando ci alziamo dal tavolo della prima colazione, molto di ciò che abbiamo mangiato – cereali, pane, caffè, zucchero e così via – è passato per le mani della mia compagnia"[13]. L'obiettivo della Cargill è di raddoppiare le sue dimensioni ogni cinque/sette anni.

Ciò si chiama "libero commercio".

"Sono stato in prigione quattordici anni per cercare di non far accadere questo", mi ha detto Sarkom. "Tutti i miei amici, quelli che non sono stati uccisi, sono stati in prigione per aver cercato di non farci togliere di mezzo dal potere del grande denaro. Non mi interessa come lo chiamano adesso, globalizzazione o altro. È sempre la stessa forza, la stessa minaccia alle nostre vite".

La sua osservazione riapre un capitolo del recente passato indonesiano che politici e uomini d'affari occidentali preferirebbero dimenticare, per quanto ne siano stati tra i maggiori beneficiari. Sarkom era una delle diecimila persone finite in galera quando il generale Suharto, un opportunista, prese il potere nel 1965-66, "l'anno vissuto pericolosamente", deponendo il presidente nazionalista Achmed Sukarno che aveva guidato l'Indonesia fin dalla fine del dominio coloniale olandese. Le stime dei morti di un pogrom diretto principalmente contro il Partito Comunista Indonesiano, il PKI, vanno dai 500.000 a più di un milione.

Sarkom aveva diciannove anni quando fu portato via. Ora sta cercando di scrivere su un quaderno i ricordi degli orrori subiti. Per molti anni è rimasto sull'isola di Buru, dov'erano imprigionati a migliaia, da principio senza alloggi, cibo e acqua. Il giorno che sono andato a trovarlo, aveva riunito per me un gruppo di amici, uomini di sessanta o settant'anni anch'essi *tapol*, prigionieri politici rilasciati dopo la caduta di Suharto. Due erano insegnanti, uno era impiegato statale; un altro, membro del parlamento. Uno di loro era stato imprigionato per aver rifiutato di votare per il partito della fazione di Suharto, il Golkar. Alcuni erano membri del PKI.

"Siamo il popolo, la nazione, che il mondo ha dimenticato", mi ha detto Adon Sutrisna, un insegnante. "Se voi conosceste la verità su ciò che è successo in Indonesia, capireste chiaramente dove il mondo sta venendo trascinato oggi".

A pochi chilometri dalla fattoria di Sarkom c'è una collina di terra, senza alcun segnale particolare, coperta di fiori di senape. È una fossa comune. Trentacinque anni dopo le uccisioni, le famiglie delle vittime, circa una dozzina, hanno ancora troppa paura per mettervi una pietra tombale. Comunque, nell'epoca del dopo-Suharto molti indonesiani stanno finalmente riuscendo a superare quella paura che ha consumato un'intera generazione; e in tutte le famiglie di campagna si stanno cominciando a scavare i resti dei propri cari. Si vedono spesso, nella notte, figure furtive rilucere per un attimo sul margine di una risaia o sulla riva di un fiume. I testimoni più vecchi ricordano fiumi "zeppi di cadaveri come tronchi d'albero"; villaggio dopo villaggio, i giovani venivano massacrati senza ragione, e i loro omicidi conteggiati con file di peni evirati.

Ho un amico a Jakarta che si chiama Roy. Gli altri lo chiamano Daniel. Sono due dei molti alias che lo hanno aiutato a sopravvivere dal 1965. Fa parte di un importante gruppo di rivoluzionari che si sono dati alla macchia durante i lunghi anni della repressione di Suharto, gli anni in cui la Banca Mondiale proteggeva il suo "allievo modello", tornando fuori nei momenti critici per guidare il movimento clandestino di opposizione. Venne arrestato e torturato in numerose occasioni.

"Sono sopravvissuto perché non capivano mai che ero io", mi ha detto. "Una volta un torturatore mi urlò: 'Dicci dove si trova Daniel!'".

Nel 1998 si è dato da fare per portare nelle strade quegli studenti i cui coraggiosi scontri con i militari (che usavano veicoli antisommossa inglesi) hanno giocato un ruolo fondamentale nella caduta del dittatore.

Roy mi condusse alla sua vecchia scuola, dove per lui era cominciato l'incubo delle regole del gioco di Suharto. Ci mettemmo a sedere in una classe vuota e lui richiamò alla memoria il giorno dell'ottobre 1965 in cui vide un gruppo di forsennati fare irruzione e scagliare il preside sul pavimento e picchiarlo a morte. "Era un'ottima persona, simpatico e gentile", mi disse. "Cantava alla classe e mi raccontava storie. Era la persona alla quale io, ragazzino, guardavo come un faro... Ho ancora impresse le sue urla, ma per molto tempo, per anni, l'unica cosa che riuscivo a ricordare era la fuga precipitosa dalla classe e la corsa infinita per le strade, senza fermarmi. Quella sera, quando mi trovarono, ero ammutolito. Per un intero anno non riuscii a parlare".

Il preside era sospettato di essere comunista. Il suo assassinio fu tipico dell'esecuzione sistematica di insegnanti, studenti, impiegati pubblici, contadini. "In termini di numero di persone uccise", dice un rapporto della CIA, "questo massacro si classifica come uno dei peggiori assassinii di massa del ventesimo secolo"[14]. Lo storico Gabriel Kolko ha scritto che "la 'soluzione finale' al problema comunista in Indonesia si configura nello stesso tipo di crimine perpetrato dai nazisti"[15]. Secondo lo specialista in affari asiatici Peter Dale Scott i politici occidentali, i diplomatici, i giornalisti e gli accademici, "alcuni dei quali collegati strettamente alla CIA", sono "forse i principali responsabili" della favola che Suharto e i militari abbiano salvato l'onore della nazione da un tentativo di colpo di stato del PKI, le cui "carneficine" avrebbero causato una "reazione popolare spontanea"[16].

Sukarno aveva puntato sui comunisti come contrappeso a un

esercito che, essendo stato addestrato dai giapponesi durante la seconda guerra mondiale, si crogiolava nel proprio mito di guardiano della nazione. Quando il 30 settembre 1965 vennero assassinati sei generali dell'esercito, Suharto accusò il PKI e questa versione dei fatti dominò sia la propaganda del regime che il racconto fortemente immaginario diffuso in Occidente, così come anche il popolare romanzo di Christopher Koch *Un anno vissuto pericolosamente* che raffigurava il PKI come un nemico interno che "avrebbe soffocato gli antichi sogni, linfa vitale spirituale del paese"[17].

Il commento di un noto accademico australiano, Heinz Arndt, non fece eccezione. "Il governo Suharto", scrisse, "è genuinamente e disperatamente ansioso di non essere considerato antidemocratico, militarista, dittatoriale. Vuole educare e persuadere, senza calpestare i diritti di nessuno... Non è cosa da poco che ora l'Indonesia abbia una leadership molto più moderata, più razionale, più pragmatica di quanto non abbia avuto per molti anni..."[18]. Come sottolinea Scott Burchill, "considerato il numero di storici che si sono occupati della questione, colpisce fino a che punto prevalga questa ortodossia". Burchill cita Greg Sheridan, redattore esteri di *The Australian* che, ancora nel 1998, assolveva Suharto in quanto "mostro prodotto dall'immaginario di sinistra"[19].

*The Australian* di Rupert Murdoch, l'unico quotidiano nazionale del paese, è stato un importante sostenitore del dittatore. Sheridan attaccava continuamente chiunque mettesse in rilievo la complicità di Suharto negli abusi dei diritti umani. I suoi bersagli includevano anche la commissione per gli affari esteri del parlamento australiano, rea di aver scoperto che "almeno 200.000" persone erano morte a Timor Est in seguito all'occupazione militare di Suharto. Prendeva in giro i testimoni oculari dei massacri. "La verità", scrisse, "è che spesso persino le vittime autentiche si inventano delle storie..."[20]. Al tempo della repressione di Timor Est, il corrispondente di *The Australian* da Jakarta, Patrick Walters, scrisse che "ora nessuno viene più arrestato senza il rispetto delle procedure legali". Dopotutto, aveva ricevuto assicurazioni dal governatore-fantoccio che "per quanto concerne i diritti umani la situazione è al momento molto buona"[21]. Il redattore-capo, Paul Kelly, era membro del comitato direttivo dell'Istituto Australia-Indonesia, un organo fondato dal governo australiano per promuovere gli "interessi comuni" tra i due paesi. Nel 1994 Kelly era a Jakarta a fianco di Suharto per presentare in una veste rispettabile gli omicidi di massa di Suharto ai cronisti australiani[22]. "Non esiste alternativa a Suharto", dichiarò Kelly poco tempo prima che il tiranno venisse finalmente estromesso, ponendo fine a un regno che il suo giornale aveva definito "moderato"[23].

Dopo la caduta di Suharto è stato raccolto un cumulo di prove che dimostrano sia la finzione del regime "moderato" che quella della "carneficina comunista" del 1965-66. Per la prima volta i testimoni hanno parlato e sono venuti alla luce documenti che lasciano fortemente intendere come Suharto, che aveva il comando militare di Jakarta, avesse sfruttato le lotte intestine per prendere il potere. Certo, per essere un "colpo di stato comunista" aveva una caratteristica peculiare: nessuno degli ufficiali accusati del complotto era un comunista. Oggi non c'è più dubbio che il pogrom che ne seguì sia stato alimentato da Suharto e dai suoi complici, e che ne furono vittime i membri del PKI e chiunque altro capitasse nel mezzo.

Un'altra cosa ormai fuori di dubbio è la collaborazione dei governi occidentali con il susseguente ruolo delle grandi imprese occidentali. In realtà si può dire che la globalizzazione in Asia sia stata concepita nel bagno di sangue indonesiano.

Per gli inglesi l'obiettivo immediato era proteggere i loro interessi post-coloniali in Malesia, a quell'epoca minacciati dal "confronto" con un "instabile" Sukarno. Sukarno aveva contestato che la formazione nel 1963 di una Federazione Malese (Malesia e Singapore) fosse un "intrigo neo-colonialista" per favorire gli interessi commerciali inglesi. Documenti del Foreign Office, ora disponibili, rivelano che non aveva tutti i torti. Un rapporto del 1964 invoca la "difesa" degli interessi occidentali nel sud-est asiatico, "uno dei più importanti produttori di beni essenziali. La regione produce quasi l'85% del caucciù mondiale, più del 45% dello stagno, il 65% della copra e il 23% di cromo grezzo"[24]. Inoltre due anni prima, stando a un memorandum della CIA, il primo ministro Harold Macmillan e il presidente John Kennedy avevano dato il loro assenso a "liquidare il presidente Sukarno, compatibilmente con la situazione e le occasioni che si presentano". L'autore del memorandum aggiunse: "Non mi è chiaro se con il termine 'liquidare' si intenda omicidio o defenestrazione"[25].

Sukarno era un populista, fondatore della moderna Indonesia e del movimento dei paesi in via di sviluppo non-allineati, che sperava avrebbe dato origine a una genuina "terza via" tra le sfere delle due superpotenze. Nel 1955 convocò la "Conferenza Asia-Africa" nella città di Bandung, sulle colline di Java. Era la prima volta che i leader del mondo in via di sviluppo, cioè la maggioranza dell'umanità, si incontravano per mettere a fuoco i comuni interessi: una prospettiva che allarmava i poteri occidentali, specialmente in quanto il punto di vista e l'idealismo dei non-allineati rappresentavano una potenziale forza popolare in grado di sfidare seriamente il neo-colonialismo. Le speranze riposte in questo meeting senza precedenti si possono ancora intravedere negli sbiaditi pannelli e nelle fotografie in bianco e nero del museo di Bandung e dello splendido piazzale art-déco dell'Hotel Savoy, dove sono affissi i seguenti "Principi di Bandung":

- Rispetto dei diritti umani fondamentali e dei principi della Carta delle Nazioni Unite.
- Rispetto della sovranità e dell'integrità territoriale di tutte le nazioni.
- Riconoscimento dell'uguaglianza tra tutti i popoli.
- Risoluzione delle dispute con mezzi pacifici.

Sukarno era democratico e demagogico. Per un periodo l'Indonesia era stata una democrazia parlamentare, poi era diventata ciò che lui stesso aveva definito una "democrazia guidata". Aveva appoggiato la formazione di sindacati unitari e i movimenti culturali dei contadini e delle donne. Tra il 1959 e il 1965, più di 15 milioni di persone si iscrissero ai partiti politici o si affiliarono alle organizzazioni popolari che venivano spinte a sfidare l'influenza inglese e americana nella regione. Con tre milioni di membri, il PKI era il più numeroso partito comunista del mondo, a parte l'Unione

Sovietica e la Cina. Secondo lo storico australiano Harold Crouch, "il PKI aveva guadagnato un larghissimo sostegno non in quanto partito rivoluzionario ma in quanto organizzazione che difendeva gli interessi dei poveri all'interno del sistema esistente"[26]. Era la popolarità, più che la rivolta armata, a impensierire gli americani. Come il Vietnam del Nord, l'Indonesia avrebbe potuto "diventare comunista".

Nel 1990, un'indagine della giornalista Kathy Kadane rivelò l'esistenza di una collaborazione americana segreta ai massacri del 1965-66 che consentirono a Suharto di conquistare la presidenza. Dopo una serie di interviste con ex-funzionari americani, scrisse: "Hanno compilato elenchi sistematici dei comunisti operativi. Ai militari indonesiani sono stati forniti più di cinquemila nominativi e gli americani, in seguito, hanno spuntato i nomi di quelli che erano stati uccisi o catturati"[27]. Uno degli intervistati era Robert J. Martens, funzionario politico dell'ambasciata americana a Jakarta. "È stato un grosso aiuto per l'esercito", disse. "Loro hanno probabilmente ucciso un mucchio di persone e le mie mani sono probabilmente sporche di parecchio sangue, ma non è così grave. Ci sono momenti in cui devi colpire duro e al momento decisivo"[28].

Joseph Lazarsky, capo della base CIA a Jakarta, disse che la conferma delle uccisioni arrivò direttamente dal quartier generale di Suharto.

"A Jakarta ricevevamo un conto preciso di chi veniva preso", disse. "L'esercito aveva una 'lista di fucilazione' di quattro o cinquemila persone. Non avevano abbastanza squadre per prenderli tutti, e alcuni di loro andavano bene per essere interrogati. L'infrastruttura [del PKI] fu beccata quasi subito. Noi sapevamo quello che stavano facendo... 'Se li tieni in vita devi nutrirli', dicevano Suharto e i suoi collaboratori"[29].

Dopo aver già armato ed equipaggiato buona parte dell'esercito, Washington aveva segretamente fornito alle truppe di Suharto una rete di comunicazioni da campo, così era partita la carneficina. Sganciata nottetempo da aerei americani partiti dalle Filippine, si trattava di un'attrezzatura d'avanguardia le cui alte frequenze erano note alla CIA e alla Agenzia per la Sicurezza Nazionale (NSA) che ne riferiva al presidente Johnson. Ciò significava non solo che i generali di Suharto erano in grado di coordinare le uccisioni, ma che i più alti gradi dell'amministrazione USA li stavano ascoltando, e inoltre che Suharto poteva isolare vaste aree del paese. Sebbene esistano filmati d'archivio di persone ficcate sui camion e portate via, l'unico documento d'immagine dell'olocausto asiatico è, a quanto ne so, un'isolata fotografia sbiadita del massacro[30].

L'ambasciatore americano a Jakarta era Marshall Green, conosciuto al Dipartimento di Stato come "*coupmaster*" ["maestro di colpi di Stato"]. Green era arrivato a Jakarta solo pochi mesi prima, accompagnato dalla reputazione di aver coordinato il rovesciamento del leader coreano Syngman Rhee, reo di aver litigato con gli americani. Quando in Indonesia cominciarono le uccisioni, l'ambasciata americana distribuì agli studenti del Comando Indonesiano d'Azione Studentesca (KAMI), i cui leader erano sponsorizzati dalla CIA, manuali sull'organizzazione degli studenti scritti in coreano e in inglese.

Il 5 ottobre del 1965 Green inviò un cablogramma a Washington su come gli Stati Uniti avrebbero potuto "plasmare gli sviluppi a proprio vantaggio". Il piano era di infangare il nome del PKI e del suo "protettore" Sukarno. La propaganda si sarebbe dovuta basare sulla "[diffusione] della favola della colpevolezza, tradimento e brutalità del PKI". Al tempo del bagno di sangue, Green rassicurò il generale Suharto: "Gli Stati Uniti ammirano l'esercito e sono totalmente d'accordo con ciò che sta facendo"[31]. Quanto al numero degli uccisi, Howard Federspiel, nel 1965 esperto di Indonesia all'Ufficio Informazioni e Ricerche del Dipartimento di Stato, disse: "A nessuno importava niente, visto che erano comunisti, che venissero macellati. Nessuno si preoccupava più di tanto della faccenda"[32].

Gli americani lavoravano a stretto contatto con gli inglesi, ritenuti i maestri e gli inventori di quella propaganda "sommersa" apprezzata e adattata da Joseph Goebbels negli anni Trenta. Sir Andrew Gilchrist, ambasciatore inglese a Jakarta, chiarificò la sua posizione con un cablogramma al Foreign Office: "Non ho mai nascosto la mia convinzione che qualche colpo di fucile in Indonesia sia un preliminare essenziale per un effettivo cambiamento"[33]. Mentre era in corso qualcosa di più che "qualche colpo di fucile", e senza alcuna prova della colpevolezza del PKI, l'ambasciata consigliò il quartier generale dei servizi segreti britannici a Singapore sulla linea di condotta da tenere, con l'obiettivo di "indebolire costantemente il PKI".

> Temi adeguati alla propaganda potrebbero essere: la brutalità dimostrata dal PKI nell'uccisione dei generali e della figlia [del ministro degli Esteri] Nasution... Il sovvertimento dell'Indonesia da parte del PKI in quanto agenti di comunisti stranieri... Ma questi temi devono essere trattati in maniera sottile, cioè: a) tutte le attività devono essere rigorosamente inattribuibili, b) la partecipazione o cooperazione inglese deve essere tenuta accuratamente nascosta[34].

Nel giro di due settimane, veniva aperto a Singapore un ufficio del Dipartimento Informazioni e Ricerche (IRD) del Foreign Office. L'IRD era un'unità di propaganda top-secret della guerra fredda diretta da Norman Reddaway, uno dei più esperti bugiardi di Sua Maestà britannica. Sarebbe molto salutare per i giornalisti di oggi studiare il ruolo critico giocato allora dalla propaganda occidentale nel plasmare le notizie, come del resto fa tuttora. In realtà Reddaway e i suoi colleghi manipolarono la stampa così scaltramente da vantarsi con Gilchrist, in una lettera contrassegnata "segreta e personale", che la storiella da lui diffusa, cioè che la prosecuzione del governo di Sukarno avrebbe condotto a una presa di potere da parte dei comunisti, "ha fatto il giro del mondo e ritorno". Raccontò come un esperto giornalista di Fleet Street fosse stato d'accordo "a fornire nel suo articolo esattamente il nostro punto di vista... cioè che si trattava di un colpo di stato con i guanti, senza macelleria"[35].

Roland Challis, corrispondente della BBC per il sud-est asiatico, era uno dei bersagli preferiti di Reddaway, il quale protestava che "tramite la BBC" la versione ufficiale degli eventi avrebbe potuto "invertire la rotta a favore dell'Indonesia"[36]. Non potendo entrare in Indonesia, così come molti altri giornalisti stranieri, Challis non si rendeva conto della portata della mattanza.

"Per la propaganda occidentale fu un trionfo", mi disse. "Le mie fonti inglesi pretendevano di non sapere cosa stava accadendo, mentre invece conoscevano benissimo il piano degli americani. C'erano corpi che venivano lavati sui prati del consolato britannico a Surabaya e un convoglio di truppe indonesiane fu scortato con navi da guerra inglesi attraverso lo Stretto di Malacca perché potessero prendere parte a quel terribile olocausto. Solo molto più tardi venimmo a sapere che era l'ambasciata americana a fornire i nomi e a spuntarli man mano che venivano uccisi. Vedi, c'era un accordo per mettere su il regime di Suharto, e il coinvolgimento del Fondo Monetario Internazionale e della Banca Mondiale ne faceva parte. Sukarno li aveva cacciati via a calci; ora Suharto li avrebbe fatti rientrare. Questo era l'accordo"[37].

Con Sukarno ormai praticamente senza potere e malato, e Suharto pronto a calarsi nella parte del presidente, la stampa americana riferì del colpo di stato pilotato da Washington non come una grossa tragedia umana, ma in termini di nuovi vantaggi economici. I massacri vennero descritti dal *Time* come "la miglior notizia dell'Occidente in Asia". Un titolo del *US News and World Report* recitava: "Indonesia: speranza... dove prima non ce n'era alcuna". Il famoso giornalista del *New York Times* James Reston celebrò "Un raggio di luce in Asia" e scrisse una versione edulcorata dei fatti che gli era stata chiaramente passata[38]. Il primo ministro australiano Harold Holt, in visita negli Stati Uniti, offrì un formidabile esempio del suo senso dell'umorismo:

"Ora che da 500.000 a un milione di simpatizzanti comunisti sono fuori dai piedi", disse con approvazione, "credo sia sensato ritenere che sia in atto un riorientamento"[39].

L'osservazione di Holt rifletteva perfettamente la complicità della classe politica e del Ministero degli Esteri australiano con l'agonia del suo più prossimo vicino. L'ambasciata australiana a Jakarta definì i massacri "un'operazione di pulizia"[40]. L'ambasciatore australiano K.C.O. Shann annunciò entusiasta a Canberra che l'esercito indonesiano era "piacevolmente determinato a far fuori il PKI", aggiungendo che i generali avevano parlato con approvazione del servizio di Radio Australia, da lui stesso definito "un po' disonesto"[41]. Nel dipartimento del primo ministro, i funzionari puntavano ad appoggiare "qualsiasi misura che assistesse l'esercito indonesiano... facendo fronte alla situazione interna"[42].

Nel febbraio del 1966, l'ambasciatore Gilchrist scrisse un rapporto sulla dimensione del massacro basato sulle scoperte dell'ambasciatore svedese che, in compagnia della moglie indonesiana, aveva viaggiato attraverso le zone centrale e orientale di Java e aveva potuto parlare con la gente lontano dalle orecchie dei funzionari governativi. Gilchrist scrisse al Foreign Office: "L'ambasciatore e io avevamo parlato delle uccisioni prima che lui partisse [per il viaggio] e lui aveva trovato piuttosto incredibile la cifra da me azzardata di 400.000 vittime. Le sue indagini l'hanno portato a riconsiderare quella cifra come notevolmente sottostimata. A Surabaya, un dirigente di banca con venti impiegati raccontò che una notte ne presero quattro e li decapitarono... Un terzo dei tecnici di un'industria tessile venne ucciso in quanto membri di un sindacato comunista... A Bali, gli omicidi erano stati particolarmente terrificanti. In certe aree si ritenne che *non abbastanza persone* [evidenziato nell'originale] erano state uccise"[43].

Sull'isola di Bali, il "riorientamento" descritto dal primo ministro Holt significò la morte violenta di almeno 80.000 persone, sebbene questa venga comunemente ritenuta una cifra cauta. I molti turisti occidentali, soprattutto australiani, che da allora hanno usufruito di vacanze economiche tutto compreso sull'isola, dovrebbero riflettere sul fatto che sotto i parcheggi di molti dei più importanti alberghi per turisti sono interrati una quantità di cadaveri.

La famosa veterana e scrittrice Carmel Budiardjo, inglese sposata a un *topol* e lei stessa ex-prigioniera politica, è tornata in Indonesia nel 2000 scoprendo che "il trauma lasciato trentacinque anni fa dagli omicidi attanaglia ancora molte comunità dell'isola". Racconta di aver incontrato a Denpasar una cinquantina di persone che prima non avevano mai parlato delle loro esperienze in pubblico. "Un testimone", scrisse, "che all'epoca aveva vent'anni ci raccontò con calma di essere stato arrestato dai militari e rinchiuso in una larga cella con altre cinquantuno persone, molte delle quali membri delle organizzazioni popolari dei villaggi vicini. Ogni qualche giorno veniva prelevato un gruppetto di prigionieri, venivano loro legate le mani dietro la schiena e portati via per essere fucilati. Ne sopravvissero solo due... Un altro testimone, indonesiano di etnia cinese, riferì dell'uccisione di 103 persone, alcune di nemmeno quindici anni. In quel caso le persone non vennero neanche arrestate, ma semplicemente tirate fuori dalle loro case e uccise, come se i loro nomi venissero spuntati da un elenco"[44].

A Jakarta andai a trovare Heru Atmojo, ufficiale dell'aeronautica al tempo del colpo di stato e uno delle migliaia che, sebbene sopravvissuti, hanno pagato a caro prezzo la loro lealtà a Sukarno. Ha passato quindici anni in prigione, molti dei quali in isolamento. Tengo a dire che è uno degli individui che mi hanno colpito di più; mi ha fatto venire in mente quelli che sono emersi da Robben Island, indomiti.

"Sono stato giudicato da uno speciale tribunale militare", disse. "C'erano solo due verdetti possibili: ergastolo o morte. A me fu dato l'ergastolo, e ho scontato quindici anni. La mia prima cella era così piccola che era quasi impossibile stendersi; per l'aria c'erano solo due buchi. Era un deposito e soffrivo il freddo. Si trovava a Bandung, sulle montagne, dove fa molto freddo giorno e notte. La prigione era stata costruita dagli olandesi per i prigionieri che dovevano scontare dodici giorni di reclusione. Mi misero lì perché volevano uccidermi lentamente. Il problema per loro era che conservavo le mie convinzioni e i miei principi fondati sulla ragione e sui diritti universali, e non li ho mai abbandonati durante la segregazione. Vedi, alle persone come me succede che malgrado il corpo e la salute vengano provati, lo spirito cresce nelle avversità. Questo i nostri nemici non lo capiscono".

Durante la prigionia aveva nascosto la sua Stella della Guerriglia che, sotto Sukarno, era la più alta onorificenza dell'Indonesia e gli era stata conferita dal presidente in persona. Gli chiesi di indossarla, per poterlo fotografare; si presentò avvolto nella fascia rossa e bianca, con il suo portamento militare, i baffetti e lo sguardo umano. Sua figlia Dewi entrò nella stanza e si abbracciarono. Durante la prigionia del padre, lei e gli altri due fratelli erano stati ostracizzati in quanto "parassiti" e, quando fu rilasciato, lei riuscì a malapena a parlargli. Ora il trauma si è affievolito, e si vede chiaro quanto lei lo ami e lo ammiri.

"Nei primi anni Sessanta", disse, "la pressione, in Indonesia, a fare ciò che volevano gli americani era molto intensa. Sukarno voleva avere buoni rapporti con loro, ma non voleva il loro sistema economico. Con l'America, questo non è mai possibile. Così diventò un nemico. Tutti noi che volevamo un paese indipendente, libero di fare i propri sbagli, diventammo il nemico. Allora non la chiamavano globalizzazione, ma era la stessa cosa. Se la accettavi, eri un amico dell'America. Se sceglievi un'altra strada ti venivano dati degli avvertimenti e, se non ti adeguavi, su di te si scatenava l'inferno. Ma io sono tornato, sto bene, ho la mia famiglia. Loro non hanno vinto"[45].

Ralph McGehee, agente operativo anziano della CIA negli anni Sessanta, definisce il terrore in Indonesia a partire dal 1965-66 "un'operazione-modello" per il colpo di stato a guida americana che sette anni dopo si sbarazzò di Salvador Allende in Cile. "La CIA redasse un documento che pretendeva di svelare l'esistenza di un complotto di sinistra per uccidere i leader militari cileni", scrisse, "[proprio come] era accaduto in Indonesia nel 1965". Disse che l'Indonesia fu anche il modello per l'Operazione Phoenix in Vietnam, in cui le squadre della morte dirette dagli americani assassinarono oltre 50.000 persone[46].

"In tutti i più importanti eventi sanguinari diretti da Washington puoi ritrovare il modo in cui Suharto è andato al potere", mi disse. "Quel successo fece sì che venisse replicato e replicato più volte"[47].

Nel novembre del 1967, conquistato il "trofeo più ambito", si procedé alla spartizione del bottino. La Time-Life Corporation patrocinò una conferenza straordinaria a Ginevra in cui, nel corso di tre giorni, fu definita la presa collettiva del potere in Indonesia. I partecipanti comprendevano i più potenti capitalisti del mondo, come David Rockefeller. Vi erano rappresentati tutti i giganti dell'Occidente: le più importanti banche e compagnie petrolifere, la General Motors, la Imperial Chemical Industries, la British Leyland, la British-American Tobacco, l'American Express, la Siemens, la Goodyear, l'International Paper Corporation, la U.S. Steel. Intorno al tavolo sedevano gli uomini di Suharto, che Rockefeller definì il "top team economico dell'Indonesia".

Il "top team" era guidato dal Sultano di Jogjakarta, Hamengku

Buwono, che Suharto aveva persuaso a unirsi a lui, e da Adam Malik, vecchio cavallo di battaglia politico; questo triumvirato ora governava il paese. Suharto sapeva di aver bisogno del sostegno dell'America; e nell'aprile del 1967 aveva chiesto al sultano di preparare un piano per "un'economia di mercato". In realtà il piano era ispirato dalla Ford Foundation, che in Indonesia aveva una lunga storia avendo spesso operato attraverso organismi di copertura della CIA tipo il Centro Studi Internazionali o l'Istituto Stanford di Ricerca il quale, immediatamente dopo il colpo di stato, aveva spedito un gruppo di lavoro a Jakarta. Il piano venne redatto da Dave Cole, un economista di Harvard ingaggiato dall'Agenzia di Sviluppo Internazionale americana, una branca del Dipartimento di Stato. Cole aveva appena riscritto i regolamenti bancari della Corea del Sud in conformità alle richieste di Washington.

A Ginevra il team del sultano era noto come la "mafia di Berkeley", visto che molti di loro avevano usufruito del sapere governativo americano all'università californiana di Berkeley. Erano venuti a chiedere e, puntualmente, si erano guadagnati la cena. Elencando le principali qualità del suo paese e del suo popolo, il sultano offrì "... abbondanza di manodopera economica... un tesoro in risorse naturali... un enorme mercato potenziale"[48]. Trentatré anni dopo incontrai uno di loro, il dottor Emil Salim. Gli domandai se nessuno alla conferenza di Ginevra avesse mai menzionato il fatto che per portare al potere questo nuovo governo così orientato verso gli affari fossero morte circa un milione di persone.

"No, l'argomento non era all'ordine del giorno", mi rispose. "Io stesso ne venni a conoscenza solo in un secondo tempo. Tenga presente che non c'era la televisione, allora, e anche i telefoni funzionavano male"[49].

La conferenza fu chiamata *Aiuto alla ricostruzione di una nazione*. La pagina d'apertura del programma era un disgustoso e fantasioso tributo al generale Suharto "scampato per un pelo alla morte", fu detto, "nel colpo di stato comunista"[50]. James Linen, il corpulento presidente di Time Inc. le cui ossequiose lettere all'indirizzo del presidente Suharto avevano dato inizio alla conferenza, aprì i lavori con una descrizione profetica della globalizzazione[51]. "Stiamo cercando di creare un nuovo clima", dichiarò, "in cui le imprese private e i paesi in via di sviluppo possano lavorare insieme... a totale beneficio del mondo libero. Il mondo dell'impresa internazionale vale più dei governi... è la rete senza saldature dell'imprenditoria, che sta plasmando l'ambiente globale a velocità rivoluzionaria"[52].

Il secondo giorno vennero definite le basi dell'economia indonesiana, settore per settore.

"È stato fatto nella maniera più spettacolare", mi ha raccontato Jeffrey Winters, professore alla Northwestern University di Chicago che, con il suo laureando Brad Simpson, aveva studiato le carte della conferenza. "Si sono divisi in cinque differenti sezioni: questioni minerarie in una stanza, servizi in un'altra, industria leggera in un'altra, banche e finanza in un'altra ancora; l'unica cosa che fece la Chase Manhattan fu sedersi al tavolo con una delegazione e dettare norme di condotta accettabili a loro e agli altri investitori. C'erano questi grossi personaggi delle multinazionali intorno al tavolo che dicevano: 'Ecco ciò di cui abbiamo bisogno: questo, questo e questo', tracciando così le basi dell'infrastruttura legale per gli investimenti in Indonesia. Non avevo mai sentito di una situazione come questa, dove il capitale globale siede insieme alle rappresentanze di uno Stato cosiddetto sovrano e detta le condizioni del proprio ingresso nel paese"[53].

La Freeport Company (di cui Henry Kissinger è tuttora nel consiglio d'amministrazione) ottenne una montagna di rame in Papuasia Occidentale. Un consorzio euro-americano ottenne il nichel, sempre in Papuasia Occidentale. La gigantesca Alcoa Company ebbe la più grossa fetta di bauxite dell'Indonesia. Un gruppo di compagnie americane, giapponesi e francesi ottenne lo sfruttamento delle foreste tropicali di Sumatra, Papuasia Occidentale e Kalimantan. Una "Legge sugli investimenti stranieri", emanata in fretta e furia da Suharto, rese questo saccheggio libero da imposte per almeno cinque anni. Il vero, e segreto, controllo dell'economia indonesiana passò al Gruppo Inter-Governativo per l'Indonesia (IGGI) i cui membri erano Stati Uniti, Canada, Europa, Australia e, più rilevanti, il Fondo Monetario Internazionale e la Banca Mondiale.

Il presidente Johnson scrisse a James Linen congratulandosi

per "una magnifica storia di opportunità rilevata e speranza risvegliata"[54]. Wall Street salutava la conquista. "Il flusso del business americano ha girato verso ovest", celebrava uno speciale rapporto della Copley Corporation. "È [in Indonesia] che i concetti americani profondamente radicati di libera impresa e ingenuità yankee stanno trovando nuove forme di espressione. Inoltre, il profitto potenziale è tale da far vacillare qualsiasi immaginazione"[55].

Sotto Sukarno, l'Indonesia aveva avuto pochi debiti; aveva buttato fuori la Banca Mondiale, limitato il potere delle compagnie petrolifere e detto pubblicamente agli americani che potevano "andare all'inferno" con i loro prestiti[56]. Ora invece i grossi prestiti facevano il loro ingresso, soprattutto da parte della Banca Mondiale, che aveva il compito di fare da guida allo "scolaro modello" negli interessi dei padrini dell'IGGI.

"L'Indonesia", disse un funzionario della banca, "è la cosa migliore che sia accaduta allo Zio Sam dalla seconda guerra mondiale in poi"[57].

A partire dal 1967 l'Indonesia fu inondata dai dollari della Banca Mondiale. Nel 1995, tre anni prima della caduta di Suharto, presidente della banca divenne James Wolfensohn, un banchiere d'investimenti australo-americano strettamente legato al governo degli Stati Uniti. "Riformatore" schietto, spesso brutale, aveva attaccato personalmente i pochi giornalisti che avevano rivelato come la banca avesse consentito che milioni di dollari passassero nelle tasche del regime di Suharto.

A Washington, presi un appuntamento per incontrare Wolfensohn. La mattina dell'intervista il suo assistente mi chiama in albergo e mi dice:

"Mister Wolfensohn è molto spiacente, ma deve partecipare a un meeting imprevisto con l'ambasciatore bulgaro. No, scusi, danese".

"Qual è il vero motivo?", chiesi.

"Il vero motivo?... Oh, accidenti, il *Guardian* di Londra sta pubblicando cose terribili sul signor Wolfensohn, sta dicendo che c'è una guerra civile all'interno della banca. Il presidente è furioso, ha chiuso la porta del suo ufficio e ha detto che non vuole parlare con i media. Vuole incontrare il signor Stern, al suo posto?".

Così intervistai il capo economista della banca, Nicholas Stern, un ex-*don* di Oxford che si teneva in disparte e che aveva recentemente lanciato la nuova immagine della banca come istituzione che "conferiva potere ai poveri". Gli chiesi di spiegarmi come aveva fatto la Banca Mondiale a "perdersi" dieci miliardi di dollari in Indonesia.

"È una cifra campata in aria".

"Ma la fonte è un rapporto della stessa Banca Mondiale".

"Sì, molte volte dobbiamo tirare a indovinare con i numeri".

"Ma altre fonti lo confermano. La Camera di Commercio americana a Jakarta mi ha detto che si tratta di almeno otto miliardi di dollari".

"Non impuntiamoci su una cifra...".

"Perché no? La Ragioneria Generale del governo americano se ne è occupata e al Senato americano è stato detto che il direttore regionale della Banca Mondiale in Indonesia ignorò i rapporti interni con i dettagli delle tangenti, scremature e frodi per evitare di turbare la famiglia di Suharto e i suoi compari".

"Ok, è una faccenda seria, e dobbiamo riconoscere che non sappiamo quanto [è andato perso] ed è un problema, uno sbaglio, siamo i primi a riconoscerlo. Ma dobbiamo anche andare avanti... stiamo cercando di appoggiare il processo di decentralizzazione con un pacchetto di programmi che favoriscano le attività a livello dei villaggi: strade rurali, cisterne per l'acqua pulita. Ho visitato un vecchio lebbrosario dove ora fabbricano mattoni, cose così. Insomma, stiamo cercando di imparare dall'esperienza passata e di sostenere un paese che sta attraversando un periodo molto difficile di assestamento".

Gli chiesi perché per trent'anni la Banca Mondiale avesse taciuto su un regime che si era macchiato di assassinio di massa, sia in Indonesia che a Timor Est.

"Credo che abbiamo commesso molti errori", replicò, "e questo dobbiamo comprenderlo...".

Lo stato d'animo di legittima contrizione non sopravvisse alla breve passeggiata lungo il tunnel che collega la Banca Mondiale al Fondo Monetario Internazionale, dove incontrai il vicedirettore generale Stanley Fischer, un economista cresciuto in Sudafrica. Gli chiesi perché dovevano essere i poveri dell'Indonesia a pagare il prezzo dei crimini e della corruzione di regimi puntellati dalla Banca Mondiale e dal Fondo Monetario Internazionale.

"Noi siamo un'istituzione finanziaria", disse. "L'unico modo in cui possiamo operare è se i debiti vengono restituiti... Mi lasci spiegare: lei è indebitato e io sono indebitato, e io non potrei uscirne meglio che chiedendo a qualcuno di venire e cancellare il mio debito, perché altrimenti non sarò mai in grado di ottenere altri prestiti... Il concetto che tutti i debiti debbano venire cancellati è un brutto concetto".

"La Commissione per i Diritti Umani delle Nazioni Unite", dissi, "ha recentemente affermato che 'le istituzioni di globalizzazione devono ancora affrontare seriamente la questione dei diritti umani. La globalizzazione ha provocato disuguaglianza e discriminazione'. Si riferivano ai lavoratori in Indonesia. Cosa risponde a questo?".

"La crescita economica in Indonesia è il risultato di un'integrazione nell'economia globale... C'era una dittatura, e la gente non aveva alcuni dei propri diritti umani...".

"Dice che la gente non godeva di alcuni dei suoi diritti fondamentali? Un terzo della popolazione di Timor Est è morta o è stata uccisa sotto il regime di Suharto...".

"E lei perché mi fa questa domanda? Crede che abbiamo appoggiato il regime di Suharto? Non sia ridicolo!".

"Beh, vi siete mai pronunciati contro di lui? Il Fondo Monetario l'ha mai fatto?".

"Il Fondo Monetario si occupa dell'economia dei paesi...".

L'Indonesia, che una volta non doveva niente a nessuno ma era stata depredata dagli antichi padroni coloniali, gli olandesi, del suo oro, pietre preziose, legno, spezie e altre ricchezze naturali, oggi ha un debito totale stimato in 262 miliardi di dollari, equivalenti al 170% del prodotto interno lordo. Sulla terra non esiste debito più grosso. Non potrà mai essere restituito. È un pozzo senza fondo[58].

Quelli che continueranno a ripagarlo, talvolta con le loro vite, sono le persone comuni. Ho conosciuto Zaenal, di ventotto anni, sua moglie Ferlios, di ventidue, e i loro due figli, Abriyan, di tre anni, e Mohammed, di nove mesi. Entrambi i bambini hanno un raro, ereditario disturbo del sangue e hanno bisogno di una trasfusione una volta al mese. Quando li ho incontrati, la scadenza della trasfusione era già trascorsa, come risultava chiaro dalla pelle giallastra e dagli occhi infossati. Qualche altra settimana senza nuovo sangue e sarebbero quasi sicuramente morti. Zaenal lavora in una fabbrica di appendiabiti; metà del suo salario minimo di sussistenza, 40 sterline al mese, se ne va per la cura e le medicine. Vivono in un campo di lavoro dall'altra parte di un canale di fronte alla fabbrica. L'aria è immobile e fetida, si sente il costante ronzio delle zanzare. Hanno da poco venduto il loro unico ventilatore; la televisione e il telefono non funzionano più da un pezzo. I pesciolini nella vaschetta sono morti. Hanno rinunciato alla carne e al latte e certi giorni sono in grado di nutrire i propri figli soltanto con tè zuccherato.

Ciò che li ha portati sull'orlo di questo baratro tra la vita e la morte è l'altissimo costo di cibo e carburante. Solo bollire l'acqua per renderla asettica costa l'equivalente di una sterlina al giorno. Quando Stanley Fisher ha dato il via libera a un prestito del Fondo Monetario Internazionale "su cauzione" all'Indonesia le cui condizioni includevano la fine delle sovvenzioni ai carburanti, tipo la paraffina, e agli alimenti-base, soprattutto il riso, ha affidato a Zaenal e a migliaia di altri poveri il compito di rimborsare i debiti contratti da un dittatore corrotto e assassino e dai suoi compari. Come ha detto Fisher, "il concetto che i debiti debbano essere cancellati è un brutto concetto". Mentre sto scrivendo, il bambino più piccolo di Zaenal è in ospedale e sta per morire.

# PAGARE IL PREZZO

Noi non vogliamo la distruzione dell'Iraq. E neanche vogliamo punire il popolo iracheno per le decisioni e le condotte dei suoi leader.

*Presidente George Bush senior*

Riteniamo che il prezzo ne valga la pena...

*Ambasciatore degli Stati Uniti Madeleine Albright, alla domanda se la morte di mezzo milione di bambini iracheni fosse il prezzo da pagare per le sanzioni*

Essi sanno che il loro paese è nostro... che dettiamo noi il modo in cui loro vivono e parlano. E questa è la cosa importante dell'America, ora. È una buona cosa, specialmente se là c'è un sacco di petrolio che serve a noi.

*Generale di Brigata William Looney, U.S. Air Force, comandante dei bombardamenti in Iraq*

Dovunque si vada, nella città di Bassora nell'Iraq meridionale, c'è polvere. Rotola giù sulle lunghe strade che sono come dita di deserto. Ti entra negli occhi, nel naso, nella gola; turbina in mulinelli nei mercati e nei cortili delle scuole, logorando i bambini che tirano calci a una palla di plastica; e, secondo il dottor Jawad Al-Ali, porta con sé "i semi della nostra morte". Il dottor Al-Ali è specialista in tumori nell'ospedale cittadino e membro del Real Collegio Britannico di Medicina. Ha i baffi curati e un volto cordiale e segnato. Il suo camice bianco inamidato è consunto, così come il colletto della sua camicia.

"Prima della Guerra del Golfo avevamo al massimo tre o quattro decessi al mese per cancro", mi ha detto. "Ora, solo nel mio dipartimento, muoiono dai trenta ai trentacinque pazienti al mese. Vuol dire un incremento di mortalità per cancro di dodici volte maggiore. Le nostre analisi indicano che dal 40% al 48% della popolazione di questa zona prenderà il cancro a partire dai prossimi cinque anni e per molto tempo a venire. Significa quasi metà della popolazione. La maggior parte della mia stessa famiglia in questo momento ha il cancro, e non è una malattia ereditaria per noi. Si è esteso anche allo staff medico dell'ospedale; ieri è morto il figlio del direttore sanitario. Non conosciamo con esattezza la fonte della contaminazione, perché non ci è consentito di procurarci l'attrezzatura necessaria a condurre un controllo serio e nemmeno di verificare il livello di radiazioni in eccesso dei nostri corpi. Abbiamo forti sospetti che si tratti di uranio impoverito utilizzato da americani e inglesi nella Guerra del Golfo da una parte all'altra dei campi di battaglia meridionali. Qualunque sia la causa qui è come Chernobyl; gli effetti genetici sono una novità per noi. I funghi crescono enormi e i pesci di quello che una volta era un bel fiume sono diventati immangiabili. Perfino l'uva del mio giardino ha subito mutazioni e non è più commestibile"[1].

In corridoio ho incontrato la dottoressa Ginan Ghalib Hassen, pediatra. In altri tempi l'avrei descritta come una personalità effervescente; ora ha anche lei un'espressione melanconica che non cambia mai: è il volto dell'Iraq.

"Lui si chiama Ali Raffa Asswadi", mi ha detto, fermandosi per prendere la mano a un bambino sciupato che, azzardai, doveva avere più o meno quattro anni.

"Ne ha nove", ha detto lei. "Ha la leucemia. Ora non possiamo curarlo. Sono disponibili solo alcuni dei farmaci che servono. Riceviamo medicine per due o tre settimane, e quando smettono gli invii, basta. La cura è inutile se non viene fatto un trattamento continuato. Non siamo neanche in grado di fare trasfusioni, non abbiamo abbastanza sacchetti per il sangue...".

Nel letto accanto, un bambino giace avvolto nelle braccia di sua madre. Una parte della testa presenta numerosi rigonfiamenti.

"È neuroplastoma", mi ha spiegato la dottoressa Hassen. "Un tumore molto raro. Prima del 1991 ne avevamo visto un solo caso in due anni. Ora siamo pieni di casi come questo".

Un altro bambino aveva gli occhi fissi su di me e le ho chiesto cosa avesse.

"Una massa addominale", ha risposto lei. "L'abbiamo operato, ma senza le cure il tumore rispunterà. Abbiamo solo qualche farmaco. Per la cura completa stiamo aspettando. Adesso ha un'insufficienza renale, il suo futuro non è molto roseo. Non lo è il futuro di nessuno, qui".

La dottoressa Hassen ha un album di fotografie dei bambini che sta cercando di salvare, senza riuscirci.

"Questo è Talum Saleh", ha detto aprendo l'album sulla foto di un bambino con un pullover blu e gli occhi luminosi, "cinque anni e mezzo. È un caso di morbo di Hodgkin. A cose normali, con il morbo di Hodgkin il paziente sopravvive e la cura è efficace al 95%. Ma se mancano le medicine sorgono complicazioni, e si muore. Aveva un bel carattere quel ragazzino. È morto".

"Mentre stavamo camminando, ho notato che lei si è fermata e ha appoggiato la faccia contro il muro", ho osservato.

"Sì, è l'emozione... Sono un dottore e in quanto tale non dovrei scoppiare a piangere, invece piango ogni giorno, perché qui è una vera tortura. Questi bambini potrebbero vivere, potrebbero vivere e crescere; e quando vedi tuo figlio e tua figlia di fronte a te che muoiono, sai cosa ti succede?".

"Cosa risponde a chi in Occidente nega qualsiasi nesso tra l'uranio impoverito e le deformità di questi bambini?", ho domandato.

"Che non è vero. Quante prove vogliono, ancora? C'è una quantità di legami tra le malformazioni congenite e l'uranio impoverito. Prima del 1991 non avevamo mai visto cose del genere. Se non c'è alcun nesso, perché allora queste cose non accadevano prima? La maggior parte di questi bambini non ha una storia ereditaria di cancro. Io ho studiato quel che è successo a Hiroshima. Quasi identico a ciò che è successo qui; un incremento percentuale di malformazioni congenite, un incremento di tumori maligni, di leucemia, di cancro al cervello: la stessa cosa"[2].

Con l'embargo economico, imposto dal Consiglio di Sicurezza delle Nazioni Unite nel 1990 e rinnovato gli anni successivi, l'Iraq non riceve attrezzatura e manodopera esperta per decontaminare i propri campi di battaglia, a differenza del Kuwait che è stato ripulito subito dopo la Guerra del Golfo. Il medico dell'esercito americano incaricato della decontaminazione del Kuwait era il professor Doug Rokke, che ho incontrato a Londra. Oggi è lui stesso una vittima.

"Sono come molte persone dell'Iraq meridionale", mi ha detto. "Il livello di radiazioni del mio corpo è cinquemila volte più alto di quello consentito. La contaminazione ha colpito l'Iraq e il Kuwait. Se poi ci aggiungiamo i test alle munizioni e la preparazione delle stesse in Arabia Saudita, possiamo dire che l'intera regione è contaminata. Gli effetti variano a seconda se una persona respira l'uranio o lo ingerisce mangiando e bevendo, oppure lo assume attraverso una ferita aperta. Ciò a cui stiamo assistendo ora, problemi respiratori, problemi renali, cancro, sono il risultato diretto dell'utilizzo di questo materiale altamente tossico. La diatriba sul fatto che ne sia o meno la causa è fittizia; la mia stessa malattia ne è la prova vivente".

Il professor Rokke sostiene che la gente in Occidente, almeno "chi ha il senso di ciò che è giusto e sbagliato", deve urgentemente confrontarsi con due questioni: la prima è la decisione di Stati Uniti e Gran Bretagna di utilizzare "armamenti di distruzione di massa", quale è l'uranio impoverito.

"Nella Guerra del Golfo ne sono state esplose molto di più di 300 tonnellate", dice. "Un attacco aereo di Warthog A-10 tirava oltre 900.000 colpi. Ogni singolo colpo conteneva 300 grammi di uranio solido 238. Quando un carro armato spara i suoi proiettili, ogni colpo mette in giro 4.500 grammi di uranio solido. I proiettili non sono corazzati, non hanno la punta: sono puro uranio solido. Come se non bastasse, abbiamo prove che indicano come fosse mischiato al plutonio. Quello che è successo nel Golfo è stata una forma di guerra nucleare.

"La seconda questione è il rifiuto di prestare cure mediche ai soldati americani, inglesi e altri alleati contaminati, oltre che alle decine di migliaia di iracheni. Nei simposi internazionali ho visto funzionari iracheni avvicinare le loro controparti del Dipartimento della Difesa e del Ministero della Difesa e chiedere, supplicare aiuto per la decontaminazione. Non sono stati gli iracheni a usare uranio impoverito; non era una loro arma. Solo che non sanno come decontaminare il loro ambiente. Li ho visti esporre il loro caso, descrivere le morti e le orribili deformazioni che stanno succedendo; e li ho visti incassare secchi rifiuti. Una cosa patetica"[3].

A New York il Comitato delle Nazioni Unite per le Sanzioni all'Iraq, dominato da inglesi e americani, ha posto il veto o procrastinato un vasto assortimento di attrezzature mediche vitali, farmaci per la chemioterapia, persino antidolorifici (nel gergo del rifiuto, "bloccato" equivale a sotto veto, e "in attesa" significa procrastinato, o magari bloccato). A Bagdad sono rimasto seduto in una clinica a guardare i medici che ricevevano i genitori con i loro bambini, molti dei quali calvi e con la pelle grigiastra, alcuni moribondi. Ogni due o tre visite la dottoressa Lekaa Fasseh Ozeer, una giovane oncologa, scriveva in inglese: "farmaci non disponibili". Le chiesi di buttare giù sul mio block-notes un elenco dei farmaci che l'ospedale aveva ordinato ma non ricevuto, o ricevuto a intermittenza. Riempì una pagina.

Ero andato in Iraq per le riprese del mio documentario *Paying the Price: Killing the Children of Iraq* [Pagare il prezzo: uccidere i bambini dell'Iraq] [4]. Tornato a Londra, avevo fatto vedere la lista della dottoressa Ozeer al professor Karol Sikora che, in qualità di capo del programma cancro dell'Organizzazione Mondiale della Sanità (WHO), scrisse sul *British Medical Journal*: "Le richieste di attrezzature per la radioterapia, farmaci per la chemioterapia e analgesici sono costantemente bloccate dai consiglieri inglesi e americani [del Comitato sulle Sanzioni]. Sembra esserci una quasi comica convinzione che tali materiali possano essere convertiti in armi chimiche o di altro tipo"[5].

"In qualunque ospedale inglese si possono trovare quasi tutti questi farmaci", mi disse. "Sono molto comuni. Quando sono tornato dall'Iraq, l'anno scorso, con un gruppo di esperti abbiamo elencato una lista di diciassette farmaci giudicati essenziali per la cura del cancro. Abbiamo informato le Nazioni Unite che non c'era alcuna possibilità di convertire quei farmaci in armamenti chimici. Non ne abbiamo saputo più niente. La cosa più triste che ho visto in Iraq sono stati i bambini che morivano perché non c'era chemioterapia né possibilità di controllo del dolore. Sembrava pazzesco che non potessero avere morfina, che è la cosa migliore contro i dolori del cancro. Quando ero lì io, c'era una bottiglietta di aspirine che doveva bastare per duecento pazienti sofferenti. Magari un particolare farmaco anti-cancro arrivava, ma di altri ne ricevevano piccole dosi qua e là, e così pianificare diventava impossibile. Una cosa assurda".

Gli raccontai che uno dei medici si era particolarmente arrabbiato perché il Comitato sulle Sanzioni dell'ONU aveva bandito il protossido d'azoto in quanto "arma a doppio uso"; eppure veniva utilizzato nei tagli cesarei per fermare l'emorragia, magari per salvare la vita a una madre.

"Non c'è logica nel metterlo al bando", osservò. "Non sono un esperto di armamenti, ma la quantità di sostanza utilizzata è talmente piccola che se anche si raccogliessero tutte le forniture del farmaco dell'intera nazione e si mettessero insieme, mi pare molto difficile che se ne potrebbe cavare fuori un qualsiasi armamento chimico".

Gli domandai che reazione suscitavano le sue critiche presso l'Organizzazione Mondiale della Sanità.

"Ci hanno detto chiaro e tondo di non parlarne, di non parlare dell'intera questione irachena. Al WHO erano imbarazzati, non è un'organizzazione che ha piacere a essere coinvolta in politica"[6].

Lo studio di Mohamed Ghani a Bagdad è dominato da un enorme crocifisso che sta scolpendo per la chiesa dell'Assunzione a Bagdad. Essendo lo scultore più famoso dell'Iraq, è fiero che il Vaticano abbia commissionato a lui, un musulmano, di scolpire le stazioni della Via Crucis a Roma; un riconoscimento culturale, dice, del suo paese in quanto Mesopotamia, "culla della civiltà occidentale". Quando sono andato a trovarlo, Mozart suonava da un vecchio registratore appollaiato sopra un frigorifero altrettanto arcaico dentro il quale c'erano due bottigliette di birra. Me ne porse una.

"Alla vita e alla fine delle sofferenze", disse.

Il suo ultimo lavoro è una figura di donna alta sei metri con il figlio abbarbicato alle sue gambe che implora cibo.

"La vedo ogni mattina", mi disse, "in attesa con altri come lei, una lunga fila per l'ospedale alla fine di questa strada".

Ha realizzato una serie di statuette che illustrano la loro attesa; tutte le teste sono chine di fronte a una porta che non si apre mai.

"La porta è il dispensario medico", spiegò, "ma è anche il mondo, tenuto chiuso da quelli che lo comandano"[7].

Il giorno dopo vidi anch'io la stessa fila di donne e bambini di fronte all'ospedale pediatrico Al Mansour. L'angoscia dei medici era palpabile.

"Bambini con la meningite possono sopravvivere con un preciso dosaggio di antibiotici", mi disse il dottor Mohamed Mahmud. "Quattro milligrammi possono salvare una vita, ma troppo spesso ce ne viene assegnato solo un milligrammo. In questo ospedale si fanno analisi, ma i bambini muoiono perché non ci autorizzano i pezzi di ricambio delle macchine che separano le piastrine del sangue"[8].

E qui, mentre camminavamo lungo la fila della gente in attesa, il mio amico Denis Halliday fece un incontro straordinario. Denis è un gentile irlandese che l'anno prima, nel 1998, aveva rassegnato le dimissioni da coordinatore delle Nazioni Unite per i Soccorsi Umanitari in Iraq per protestare contro gli effetti dell'embargo sulla popolazione civile, ed era tornato con me a Bagdad. Ora aveva incontrato un uomo e sua figlia, e tutti e tre si scambiavano calorosi saluti.

"Saffa!", esclamò chinandosi per prendere le mani di una bambina di nove anni. "John, questi sono Saffa Majid e suo padre, Majid Ali. Ho conosciuto Saffa due anni fa in questo ospedale, quando ero il rappresentante delle Nazioni Unite in Iraq e lei era in condizioni pietose per la leucemia. Uno non ce la può fare con migliaia di loro, ma con due o tre o quattro bambini è possibile. E io ero riuscito, con l'aiuto dell'Organizzazione Mondiale della Sanità, a far entrare dei farmaci di nascosto. Ce n'era abbastanza per due anni di cure. Guardala oggi! Sta bene e suo padre dice che adesso deve venire qui solo una volta al mese. Credo che ormai sia quasi completamente guarita dalla leucemia. Saffa era una dei quattro che ho aiutato. Due bambine sono morte".

"Perché sono morte?".

"Perché le medicine non erano disponibili".

"E quando ti sei dato da fare per aiutare questi bambini eri il rappresentante delle Nazioni Unite qui?".

"Esatto. E per aiutarli ho dovuto agire in maniera illegale. Ho dovuto infrangere le mie stesse sanzioni economiche, per così dire, decise dal Consiglio di Sicurezza e ispirate da Washington e Londra. Oggi, in questo ospedale, abbiamo la prova dell'assassinio di cui sono responsabili gli Stati membri del Consiglio di Sicurezza, in particolare Bill Clinton e Tony Blair. Dovrebbero esserci loro, qui con noi. Avrebbero modo di vedere gli effetti provocati dalle loro decisioni e dal loro sostegno alle sanzioni economiche.

Le norme fondamentali della Carta delle Nazioni Unite e della Dichiarazione dei Diritti dell'Uomo sono state accantonate. Stiamo conducendo una guerra, attraverso l'ONU, contro i bambini e il popolo dell'Iraq, e con effetti impensabili; effetti che non ti aspetti di trovare in una guerra che ricade sotto la Convenzione di Ginevra. I nostri bersagli sono i civili. Peggio, i bambini come Saffa, che non erano neanche nati quando l'Iraq è entrato in Kuwait. Perché? È una situazione mostruosa, per le Nazioni Unite, per il mondo occidentale, per tutti quelli di noi che fanno parte di un qualche sistema democratico e che sono, alla fine, responsabili delle politiche dei propri governi e dell'attuazione delle sanzioni economiche in Iraq"[9].

Denis Halliday ha dato le dimissioni dopo trentaquattro anni passati alle Nazioni Unite. All'epoca era assistente del segretario generale, con una lunga e gloriosa carriera nello sviluppo, "tesa ad aiutare la gente, non a danneggiarla". La sua è stata la prima espressione pubblica di una rivolta senza precedenti all'interno della burocrazia dell'ONU. "Mi sono dimesso", ha scritto, "perché la politica delle sanzioni economiche è un fallimento totale. Stiamo distruggendo un'intera società. Nient'altro che questo... Ogni mese muoiono cinquemila bambini... Non voglio amministrare un programma che produce questo tipo di cifre".

Fin da quando ho conosciuto Halliday, sono rimasto colpito dai principi che stanno dietro le sue parole accuratamente ponderate, senza compromessi.

"Mi avevano dato istruzioni", mi disse, "di tenere una linea di condotta che equivale al genocidio: una politica intenzionale che ha di fatto ucciso già più di un milione di persone, tra adulti e bambini. Sappiamo tutti che non è il regime, non è Saddam Hussein a pagare il prezzo delle sanzioni economiche; al contrario, esse lo hanno rafforzato. È la gente comune che sta perdendo i propri bambini o i propri genitori per mancanza di acqua potabile. È chiaro che il Consiglio di Sicurezza ha perso il controllo, visto che il suo operato qui va contro la sua stessa Carta, oltre che contro la Dichiarazione dei Diritti dell'Uomo e la Convenzione di Ginevra. La storia farà giustizia dei responsabili"[10].

In seno alle Nazioni Unite Halliday ha rotto un prolungato muro di silenzio collettivo. Il 13 febbraio del 2000 ha dato le dimissioni Hans Von Sponeck che aveva preso il suo posto come coordinatore umanitario a Bagdad. Come Halliday anche lui era all'ONU da più di trent'anni. "Quanto ancora", domandò, "la popolazione civile dell'Iraq deve essere sottoposta a una tale punizione per qualcosa che non ha commesso?"[11]. Due giorni dopo ha dato le dimissioni Jutta Burghardt, capo del Programma Alimentare Mondiale in Iraq, altra agenzia dell'ONU, dicendo anche lei che non poteva più tollerare ciò che stavano facendo al popolo iracheno.

Quando conobbi Von Sponeck, nell'ottobre del 1999 a Bagdad, era evidente l'angoscia che trapelava dietro una facciata misurata e dimessa. Come Halliday, il suo lavoro era stato di amministrare il cosiddetto *Oil for Food Programme* [Programma "petrolio in cambio di cibo"], che dal 1996 permette all'Iraq di vendere una piccola parte del suo petrolio in cambio di denaro che va direttamente su un conto controllato dal Consiglio di Sicurezza. Quasi un terzo dei fondi non viene usato per scopi umanitari, ma per pagare le "spese" delle Nazioni Unite o i risarcimenti richiesti dal Kuwait, una delle nazioni più benestanti del mondo, o gli indennizzi reclamati dalle compagnie petrolifere e da altre multinazionali. Quindi, per avere rifornimenti alimentari e medici e altre risorse umanitarie, l'Iraq deve operare sui mercati internazionali. Ogni contratto deve essere approvato dal Comitato sulle Sanzioni dell'ONU a New York.

Quando nell'agosto del 1990, in seguito all'invasione del Kuwait, all'Iraq furono imposte le sanzioni, tutte le importazioni, incluso il cibo, vennero di fatto bandite per otto mesi, nonostante la Risoluzione 661 del 6 agosto 1990 del Consiglio di Sicurezza esentasse esplicitamente alimenti e medicine. Per un anno l'ONU negò all'Iraq la facoltà di procurarsi fondi, al di là di ciò che erano le sue esauste riserve monetarie. Visto che l'Iraq importava quasi tutto, l'effetto fu immediato e devastante, accentuato dai risultati di una campagna di bombardamenti appositamente studiata per paralizzare le infrastrutture civili. "Gli strateghi militari degli Stati Uniti", scrisse il *Washington Post*, "speravano che i bombardamenti avrebbero amplificato l'impatto psicologico ed economico delle sanzioni internazionali sulla società irachena... Con questi obiettivi il danno alle strutture e agli interessi civili, invariabilmente descritto dai commentatori della guerra come 'collaterale' e non intenzionale, non era spesso né l'uno né l'altro. I danni peggiori per i civili, dicono gli alti gradi militari, non erano provocati tanto dalle bombe vaganti quanto dai proiettili di precisione che venivano guidati a colpire esattamente i bersagli stabiliti: centrali elettriche, raffinerie di petrolio, rete dei trasporti. Tra le varie giustificazioni fornite c'era quella secondo cui anche i civili iracheni non erano poi così innocenti. 'In fondo vivono lì...', era stato il commento di un alto ufficiale dell'aeronautica"[12].

Riferendo sugli effetti dei bombardamenti, il sottosegretario generale delle Nazioni Unite Martti Ahtisaari descrisse lo stato "quasi apocalittico" in cui versavano i servizi fondamentali del paese. "Per un po' di tempo l'Iraq si troverà a essere relegato a un'epoca pre-industriale", scrisse, "ma con tutti i disagi dell'assuefazione post-industriale a un uso intensivo di energia e tecnologia"[13]. La conclusione di un gruppo di studio dell'Università di Harvard è stata che l'Iraq si stava avviando a una "catastrofe sanitaria pubblica", con decine di migliaia di decessi entro la fine del solo 1991, la maggior parte dei quali infantili. Il gruppo, composto da accademici e professionisti americani indipendenti, ha stimato che durante i primi otto mesi delle sanzioni in cui era stato sospeso qualsiasi invio di cibo e medicine sarebbero morti all'incirca 47.000 bambini sotto i cinque anni[14]. L'amministrazione di George Bush senior sembrava concordare con queste valutazioni[15]; ciò nonostante, scrisse il dottor Eric Herring, specialista in sanzioni dell'Università di Bristol, "le onnicomprensive sanzioni economiche sono rimaste al loro posto. I politicanti che hanno spinto per le sanzioni non possono dire che non sapevano cosa stesse succedendo. Indipendentemente dalle finalità politiche era una scelta cosciente e spietata quella di negare a un'intera società i mezzi necessari alla sopravvivenza"[16].

Nel 1991 il Consiglio di Sicurezza con la sua Risoluzione 687 ha stabilito che l'embargo sarebbe stato tolto se l'Iraq avesse rinunciato alle "armi di distruzione di massa" (armi nucleari, batteriologiche e chimiche) e ai missili balistici con una portata di più di 150 chilometri e avesse accettato il controllo di una Commissione Speciale delle Nazioni Unite in Iraq (UNSCOM)[17]. Nel 1998 l'UNSCOM riferì che, malgrado l'ostruzionismo iracheno in certe zone, "la fase di disarmo richiesta dal Consiglio di Sicurezza nelle aree di produzione delle armi chimiche e dei missili si avvicinava alla sua conclusione"[18]. Il 15 dicembre 1998 l'Agenzia Internazionale per l'Energia Atomica riferì che il programma di armamenti nucleari dell'Iraq era stato "efficacemente ed effettivamente" eliminato[19].

Scott Ritter, per cinque anni ispettore superiore alle armi per l'UNSCOM, era d'accordo.

"Dal 1998 l'infrastruttura degli armamenti chimici è stata completamente smantellata o distrutta dall'UNSCOM o dallo stesso Iraq in conformità al nostro mandato", mi disse. "Il programma di armamenti batteriologici è saltato, eliminate tutte le principali infrastrutture. Il programma di armamenti nucleari totalmente smantellato. E totalmente eliminato anche il programma di missili balistici a lungo raggio. Se dovessi quantificare la minaccia costituita dall'Iraq, direi zero"[20].

Malgrado cibo e medicine siano tecnicamente esenti, il Comitato sulle Sanzioni ha frequentemente posto il veto e procrastinato le richieste di alimenti per l'infanzia, attrezzature agricole, farmaci per il cuore e contro il cancro, tende a ossigeno, macchine per i raggi x. Sedici apparecchiature per il cuore e i polmoni sono state messe "in attesa" perché contenevano microchip. La fornitura di un lotto di ambulanze è stata bloccata perché il loro equipaggiamento comprendeva contenitori termici che servono a mantenere freddi i medicinali; i thermos sono classificati dal Comitato sulle Sanzioni come "doppio uso", potrebbero cioè venire utilizzati nella fabbricazione di armi[21]. Materiali per la pulizia, come il cloro, sono "doppio uso", così come la grafite delle matite; e, a quanto pare, persino le carriole, vista la frequenza con la quale appaiono nella lista degli articoli "in attesa"[22]. Alla data dell'ottobre 2001, presso il Comitato sulle Sanzioni erano "in attesa" 1.010 contratti per forniture umanitarie, per un valore di 3,85 miliardi di dollari[23]. Comprendevano forniture alimentari, sanitarie, idriche, igieniche, agricole e didattiche.

La maggioranza dei membri del Consiglio di Sicurezza vuole che le sanzioni vengano considerevolmente alleggerite o tolte del tutto. I francesi le hanno definite "crudeli, inefficaci e pericolose"[24]. Ma il peso degli Stati Uniti nel Consiglio è tale che i soli rappresentanti inglese e americano nel Comitato sulle Sanzioni sono in grado di porre il veto o procrastinare contratti. Gli inglesi affermano di aver bloccato solo "1%" dei contratti umanitari[25]. Questa è pura ipocrisia: non opponendosi mai all'ostruzionismo americano, in realtà danno il loro tacito consenso. Per giunta, un veto o una "attesa" possono essere sbloccati solo dal membro del Consiglio che li ha decretati.

L'ostruzionismo è così sfacciato che Kofi Annan, il segretario generale dell'ONU di fatto nominato dagli americani, ha lamentato che i continui rinvii e divieti stanno "seriamente compromettendo il concreto svolgimento del programma [Oil for Food]". Ha sollecitato l'approvazione dei contratti che riguardano l'acqua, la sanità e l'elettricità "senza indugio", data la loro "somma importanza per il benessere del popolo iracheno"[26]. Il direttore esecutivo del Programma Iraq dell'ONU, Benon Sevan, ha attaccato il Consiglio per aver trattenuto pezzi di ricambio destinati alla disastrata industria petrolifera irachena, ricordando che meno petrolio l'Iraq riuscirà a pompare meno denaro avrà a disposizione per comprare cibo e medicine[27]. Nel 1999 un alto funzionario dell'amministrazione Clinton ha detto al *Washington Post* che "più riusciamo a tergiversare nel Consiglio [di Sicurezza] e a mantenere le cose statiche, e meglio è"[28].

In Gran Bretagna Customs and Excise ha bloccato i pacchi destinati ai parenti in Iraq contenenti vestiti per bambini e giocattoli. Il presidente della British Library, John Ashworth, ha scritto al parlamentare Harry Cohen che "dopo essersi consultati con il Foreign Office" avevano deciso di non inviare più libri agli studenti iracheni[29]. Dal canto suo, la British Library si era già distinta informando un traduttore di Bagdad che non erano in grado di mandargli una copia dell'*Ulisse* di James Joyce. Dal vile e meschino fino al farsesco: un tentativo di spedire in Iraq una documentazione informativa agli iracheni sui diritti umani e la libertà di stampa è stata bloccata a Londra dal Dipartimento del Commercio e dell'Industria. Il pacco, che conteneva anche istruzioni sulla pianificazione familiare e sull'Aids, era indirizzato all'Università di Mosul ma era stato intercettato e restituito al mittente, il gruppo anti-censura Articolo 19[30].

Quando Denis Halliday era il più alto funzionario delle Nazioni Unite in Iraq, nell'anticamera del suo ufficio c'era un armadio a vetri. Conteneva un sacco di grano, della margarina, saponette e qualche altro genere di prima necessità.

"Faceva tristezza", mi ha detto, "e rappresentava la scorta mensile di ciò che eravamo autorizzati a spendere. Io vi ho aggiunto del formaggio, per alzare un po' il livello delle proteine, ma il fatto è che proprio non avanzava un centesimo dalla somma che eravamo autorizzati a spendere e che a sua volta proveniva dal petrolio che l'Iraq era autorizzato a vendere"[31]. Definisce le spedizioni di cibo "un esercizio di doppiezza". Una spedizione che gli americani dichiarano contenere 2.300 calorie pro capite al giorno può tranquillamente contenerne solo 2.000, o anche meno.

"Quel che manca", ha continuato, "sono proteine animali, minerali e vitamine. La maggior parte degli iracheni non ha alcuna fonte di entrate, il cibo è diventato merce di scambio; viene venduto per procurarsi altri beni primari, abbassando ulteriormente la quantità di calorie. Devi pur procurarti vestiti e scarpe per mandare i tuoi figli a scuola, in qualche modo. Così hai madri denutrite che non riescono ad allattare, e usano acqua non potabile. C'è bisogno di investimenti per la depurazione e la distribuzione dell'acqua, per produrre energia elettrica per la lavorazione, il magazzinaggio e il raffreddamento del cibo, per l'educazione e l'agricoltura"[32].

Il suo successore, Hans Von Sponeck, ha calcolato che il programma Oil for Food contempla 100 dollari a persona come fabbisogno annuo. Questa stessa cifra deve anche contribuire a pagare le infrastrutture e i servizi essenziali dell'intera società, come la corrente elettrica e l'acqua.

"È semplicemente impossibile vivere con una cifra del genere", mi ha detto Von Sponeck. "Prendi questa miseria, e con essa cerca di far fronte alla mancanza di acqua potabile, al fatto che l'elettricità vada via per anche ventidue ore al giorno, al fatto che la maggior parte delle persone malate non sia in grado di procurarsi le medicine e giorno dopo giorno subisca il vero e proprio trauma di provarci, e avrai una pallida idea dell'incubo che è. E, attenzione: è intenzionale. In passato non ho mai voluto usare la parola genocidio, ma ora non la posso evitare"[33].

Il costo in termini di vite umane è raggelante. Uno studio del Fondo delle Nazioni Unite per l'Infanzia (UNICEF) ha scoperto che tra il 1991 e il 1998 ci sono stati 500.000 decessi in più della quota prevista per i bambini iracheni sotto i cinque anni di età. In media, ciò significa 5.200 morti al mese sotto i cinque anni che potevano essere evitati[34].

"Ogni giorno muoiono circa 167 bambini iracheni", ha detto Hans Von Sponeck[35].

"Se ci aggiungiamo gli adulti, la cifra va certamente ben oltre il milione", ha rincarato Denis Halliday[36].

Nel 1999 una commissione umanitaria istituita dal Consiglio di Sicurezza riferiva che l'Iraq era scivolato dalla "relativa abbondanza" di prima del 1991 alla attuale "forte povertà". La commissione criticò il programma Oil for Food in quanto "inadeguato" a porre rimedio a una situazione umanitaria "atroce" che "non deve essere più sottovalutata". I membri della commissione presero l'ammirevole iniziativa di attaccare il loro stesso patrocinatore, accusandolo del fatto che "il popolo iracheno non starebbe subendo tali privazioni se non esistessero le prolungate misure imposte dal Consiglio di Sicurezza". Una volta di più è stato riconosciuto che le vittime principali sono i bambini, con un tasso di mortalità infantile passato da uno dei più bassi del mondo, nel 1990, al più alto[37].

In un'analisi separata, Richard Garfield, famoso epidemiologo alla Columbia University di New York, sostiene che il tasso di mortalità infantile in Iraq, triplicato dal 1990, è unico. "Nel mondo moderno", ha scritto, "quasi non ci sono casi documentati di aumento di mortalità infantile sotto i cinque anni di età"[38]. Estrapolando i risultati di queste statistiche, i ricercatori americani John Mueller e Karl Mueller concludono che "probabilmente le sanzioni economiche in Iraq hanno già causato la morte di più persone di quante ne abbiano mai uccise tutte le armi di distruzione di massa della storia"[39].

Nel 1999, settanta membri del Congresso degli Stati Uniti sottoscrissero una lettera insolitamente franca al presidente Clinton appellandosi a lui perché togliesse l'embargo e fermasse quello che loro definivano "un infanticidio mascherato da piano politico"[40]. L'amministrazione Clinton aveva già dato la sua risposta. Nel 1996, in un'infame intervista nel corso del programma americano di attualità *60 Minutes*, era stato chiesto a Madeleine Albright, all'epoca ambasciatore americano alle Nazioni Unite: "Sappiamo che sono morti mezzo milione di bambini... valeva la pena pagare questo prezzo?". E la Albright: "Credo che sia una scelta molto dura, ma il prezzo... riteniamo che valesse la pena pagarlo"[41].

Il mio viaggio in Iraq fu quasi surreale. Con Denis Halliday e i miei colleghi della televisione Alan Lowery, Preston Clothier e Grant Roberts, passammo sedici angoscianti ore su una strada che è una striscia di detriti. Davanti a noi volteggiavano pezzi di pneumatico come giganteschi uccellacci neri in fuga dalle raffiche di sabbia e polvere. A lato della strada c'erano due corpi. Erano due vecchi con la giacca, come se si fossero preparati per il loro funerale, le braccia rigide contro i fianchi. Un taxi si era cappottato mentre i due uomini stavano camminando sul ciglio della strada, ognuno con i propri poveri averi ora sparpagliati tra i rovi. A quanto pare, i freni del taxi non avevano funzionato e i due erano stati falciati. Alcuni abitanti del luogo, spuntati dalla polvere, stavano in piedi davanti ai cadaveri: uno spettacolo consueto per loro, su quella che è l'unica strada per entrare e uscire dall'Iraq.

La strada che da Amman, in Giordania, conduce a Bagdad non è mai stata considerata un'arteria, eppure adesso vi si svolge la maggior parte del traffico e del commercio con il mondo esterno consentiti in Iraq. Le due strette corsie uniche sono dominate dalle autocisterne, che avanzano in una carovana infinita; macchine, bus stracolmi e furgoni schizzano dentro e fuori in una specie di *danse macabre*. L'inevitabile carneficina fa fiorire ai lati della strada cisterne bruciate e autobus accartocciati come lattine. C'è una Mercedes dell'ONU coricata di fianco, morti i suoi passeggeri un tempo privilegiati. Certo, i freni dei taxi sgangherati si rompono dappertutto, ma qui le probabilità di sopravvivenza sono fortemente ridotte. I pezzi di ricambio dei modelli più vecchi ormai non esistono più e gli autisti guidano notte e giorno dormendo pochissimo. Con il dinaro iracheno che vale praticamente zero, sono costretti ad andare avanti e indietro tra Bagdad e Amman, Amman e Bagdad, il più spesso e il più velocemente possibile. E quando loro o i loro passeggeri rimangono uccisi o mutilati, diventano anch'essi vittime del più spietato embargo economico dei tempi moderni.

Immersa in una cappa di inquinamento, Bagdad era appena visibile. I finestrini del nostro pulmino vennero raggiunti da braccia smagrite: un bambino ci offriva una banana troppo matura, una ragazza un fiore solitario. Prima del 1990, chiedere l'elemosina era un'attività quasi sconosciuta e comunque disapprovata. Oggi Bagdad è una versione urbana del *Silent Spring* ["Primavera silenziosa"] di Rachel Carson. In quella che era una volta la terra dei datteri, gli uccelli hanno abbandonato le palme morte dei viali. I banchi di frutta sono macchie di colore tridimensionali. Qualche banana Dole e un sacchetto di mele di Beirut costano lo stipendio mensile di un insegnante; solo i ricchi e gli stranieri mangiano frutta.

I ricchi – quelli che fanno mercato nero, la cricca del regime, i postulanti privilegiati – non si vedono, fatta eccezione per le occasionali Mercedes ultimo modello che, vetri oscurati, si fanno strada tra le carcasse arrugginite. L'élite, cui era stato ordinato di chinare la testa, mantiene la propria rete di club, ristoranti e cliniche ben fornite, la cui esistenza fa apparire ridicole le pretese di Londra e Washington secondo cui il regime viene indebolito dalle sanzioni.

La gente di Saddam Hussein si fa vedere all'Hotel Al Rasheed. Vi pullulano occhiali scuri, baffi impomatati e spie. Subito all'ingresso ci si imbatte in un esempio di humor nero iracheno: un grande ritratto sul pavimento, realizzato in mosaico, di George Bush senior, piuttosto somigliante, con la scritta: "George Bush è un criminale di guerra". Le suole dei passanti levigano perennemente la sua faccia. Feci la conoscenza di un impiegato della direzione che lavorava nell'albergo fin dagli anni Ottanta, il cui sardonico senso del doppio standard occidentale era una vera goduria.

"Ah, un giornalista inglese!", esclamò. "Vuole vedere dove stavano il signor Douglas Hurd, il signor David Melon [sic], il signor Tony Newton e gli altri membri di governo della signora Thatcher?... I signori erano nostri amici, nostri *benefattori*".

Possiede una raccolta del *Bagdad Observer* dei "bei tempi andati". In copertina c'è Saddam Hussein, come sempre. L'unica variazione tra le fotografie è il diverso ministro del governo inglese, sorridente o titubante, che siede con lui sul bianco divano presidenziale.

C'è Douglas Hurd, il ministro degli Esteri che nel 1981 venne a vendere a Saddam Hussein un sistema missilistico della British Aerospace e a "celebrare" l'anniversario della presa di potere del Partito Ba'ath [Redenzione], schiacciante trionfo della CIA che nel 1968 aveva spento ogni speranza di pluralismo in Iraq e generato Saddam Hussein. Hurd c'è due volte: sul divano e a pagina due, mentre si inchina al tiranno, il famoso inquisitore e torturatore del Qasr-al-Nihayyah, il "palazzo della fine". E c'è pure il corpulento David Mellor, anche lui uomo del Foreign Office e anche lui sullo stesso divano bianco, nel 1988. Mentre intratteneva il signor Mellor, o "Melon" come preferiva chiamarlo l'impiegato dell'albergo, il suo anfitrione ordinava la morte per gas di 5.000 curdi nella città di Halabja, notizia che il Foreign Office cercò di sopprimere[42]. Poi c'è Tony Newton, sottosegretario al commercio di Margaret Thatcher, che neanche un mese dopo la strage dei curdi sedeva sullo stesso divano bianco offrendo a Saddam 340 milioni di sterline dei contribuenti inglesi in crediti per l'esportazione. C'è di nuovo tre mesi dopo, ovviamente sul divano, a festeggiare il fatto che l'Iraq fosse ormai per gli inglesi il terzo più importante mercato di strumentazioni meccaniche, con le quali veniva realizzata una vasta gamma di armi. Come rivelò una successiva indagine di sir Richard Scott, queste celebrità del *Bagdad Observer* sapevano che stavano commerciando con il tiranno illegalmente.

"La prego, porga i miei omaggi al signor Melon", mi disse l'impiegato.

Letta attentamente, in genere, la Storia ci offre una spiegazione. A otto chilometri dall'Hotel Al Rasheed c'è un cimitero cintato da un'inferriata metallica dietro la quale, attraverso le matasse volteggianti di polvere e sabbia, si intravedono file di croci di pietra. È il cimitero inglese, dove sono sepolti i soldati che hanno combattuto contro i turchi verso la fine della prima guerra mondiale. "Qui", dice una targa, "sono stati ritrovati o seppelliti i corpi dei soldati inglesi e degli uomini che, dopo la caduta di Kut, finiti prigionieri nelle mani dei turchi, sono morti... Essi sono coloro che sono usciti da una grande sofferenza". Il soldato semplice F.R. Reynolds dell'Imperial Camel Corps aveva diciannove anni quando, l'11 ottobre 1918, venne ucciso. La sua croce si è sbriciolata. Frederic Ivor Hesiger, sottotenente della Royal Field Artillery, venne ferito a morte quando aveva vent'anni, il 30 aprile 1917, alla battaglia di Shatt-Eladhaim. In quanto figlio maggiore del terzo barone di Chelmsford, viceré dell'India, ha la sua tomba privata, ormai requisita da erbacce e rampicanti. Nessuna delle iscrizioni dice: "È morto per assicurare una fantastica fonte di potere strategico e uno dei trofei più ambiti nella storia del mondo", che è come il Dipartimento di Stato americano ha descritto nel 1945 i bacini petroliferi del Medio Oriente[43].

Con la scoperta del petrolio, alla fine dell'Ottocento, le potenze europee non avevano perso tempo nel mettere le mani sul "più ambito trofeo". Dopo il 1918, avevano congedato i turchi ottomani e spartito il loro impero. L'Iraq e tutti i territori arabi diventarono colonie, nonostante le precedenti promesse di indipendenza. La Francia si tenne la Siria, il Libano e l'Iraq del nord; la Gran Bretagna si prese Bagdad e la città di Bassora, nel sud. I poveri curdi vennero circoscritti in una regione separata sotto la giurisdizione inglese; e, quando si sollevarono, l'allora ministro delle Colonie Winston Churchill osservò: "Non capisco tutti questi schizzinosi scrupoli sui gas. Io sono molto favorevole all'uso di gas velenosi contro le tribù selvagge".

Dopo aver messo sul trono dell'Iraq il fantoccio Feisal, gli inglesi provvidero a distruggere il movimento indipendentista polverizzando i villaggi a cannonate e bombardando i terreni agricoli con bombe al fosforo e chiodi a quattro punte studiati apposta per storpiare il bestiame. L'Iraq, fonte della migliore qualità di petrolio del mondo, rimase una colonia britannica in tutto fuorché nel nome fino all'invasione di Suez del 1956.

Due anni dopo, la monarchia irachena fu deposta da un nazionalista, Abd al-Karim Kassem, il quale rimase a sua volta vittima di una lotta intestina. Il nuovo regime si chiamava "Unione Socialista Araba", e uno dei provvedimenti pluralisti contemplava un'amministrazione decentralizzata e il riconoscimento della lingua e dell'identità nazionale curde. Quando l'Iraq Petroleum Company, il consorzio straniero che sfruttava il petrolio iracheno, venne minacciato dalla nazionalizzazione del 1963, il nuovo potere imperiale, cioè gli Stati Uniti, organizzò quello che la CIA chiamò il suo "colpo di stato preferito". "È una grande vittoria, per noi", disse James Critchfield, allora capo della CIA in Medio Oriente[44]. Il segretario generale del Partito Ba'ath, Ali Saleh Sa'adi, condivise il suo parere. "Siamo andati al potere sul treno della CIA", dichiarò, promuovendo a partire da allora quel regno del terrore che generò Saddam Hussein, divenutone nel 1979 il personaggio principale. Era un uomo dell'America.

"Saddam ha un bel po' di cose di cui esser grato alla CIA", mi ha detto Said Aburish, il suo biografo. "Deve ringraziarli per aver portato il Partito Ba'ath al potere, per averlo aiutato personalmente, per avergli fornito aiuto finanziario durante la guerra con l'Iran, per averlo protetto contro i colpi di stato interni. È un rapporto continuato che va avanti dai primi anni Sessanta, ed è un rapporto di amore-odio"[45].

Così tenace era l'ardore dell'America, o forse la sua gratitudine all'Iraq per aver protetto i propri clienti, gli stati arabi, dal virus rivoluzionario dell'Iran, che a Saddam Hussein fu dato tutto quello che voleva, fino quasi al giorno in cui invase il Kuwait, nell'agosto del 1990. "Voi siete una forza moderatrice della regione", gli disse l'assistente del segretario di stato americano John Kelly nel 1989, recandosi a Bagdad, "e gli Stati Uniti vogliono allargare le proprie relazioni con l'Iraq"[46]. La "forza moderatrice" aveva appena gridato vittoria nella guerra contro l'Iran, che aveva dato come risultato più di un milione di vittime da entrambe le parti, tra morti e feriti. Quando i gruppi per i diritti umani esibirono le prove che Saddam Hussein aveva usato iprite e gas nervino contro i soldati iraniani e i civili curdi, il Dipartimento di Stato rifiutò di esprimere la sua condanna[47]. Mentre Saddam stava preparando le sue forze per attaccare il vicino meridionale, un funzionario del Dipartimento per l'Energia scoprì che erano stati inviati all'Iraq reattori nucleari avanzati. Quando ne avvertì i suoi superiori, fu trasferito ad altro incarico.

"Sapevamo del loro piano di bombardamenti", ha detto un ex membro dell'amministrazione Bush, "ma Saddam era nostro alleato..."[48].

Nel 1992 un'indagine del Congresso scoprì che il presidente George Bush senior e i suoi principali consiglieri avevano ordinato di insabbiare il loro appoggio segreto a Saddam Hussein e le spedizioni illegali di armi che gli venivano recapitate attraverso paesi terzi. Tecnologia missilistica veniva spedita al Sudafrica e al Cile e poi "venduta" all'Iraq, mentre le carte del Dipartimento del Commercio venivano alterate e cancellate (il che rispecchia lo scandalo emergente dall'altra parte dell'Atlantico, che ha visto tecnologia bellica inglese spedita illegalmente in Iraq, con l'indicazione della Giordania come "utente finale" sui documenti). Ancora qualche settimana dopo l'invasione irachena del Kuwait, la CIA riforniva copiosamente Bagdad di informazioni. Il membro del Congresso Henry Gonzalez, presidente del comitato bancario della Camera dei Deputati, ha detto: "Bush e i suoi consiglieri hanno finanziato, equipaggiato e assistito lo stesso mostro che poi hanno cercato di distruggere, e ora stanno provando a seppellirne le prove"[49].

Un rapporto del Senato del 1994 documenta la consegna all'Iraq di ingredienti per le armi batteriologiche: botulino sviluppato da una compagnia del Maryland su licenza del Dipartimento del Commercio e con l'approvazione del Dipartimento di Stato[50]. Venne fornito anche l'antrace, prodotto dai laboratori inglesi di Porton Down, uno stabilimento governativo[51].

"Denaro e avidità", commentò un investigatore del Congresso. "Il governo americano sapeva, il governo inglese sapeva. Gliene importava qualcosa? No. Erano in concorrenza con i tedeschi. Il commercio delle armi funziona così"[52].

Mentre era in corso la parallela Inchiesta Scott sullo scandalo delle armi all'Iraq, Tim Laxton, revisore dei conti del municipio londinese, fu incaricato di esaminare i libri contabili dell'azienda di armamenti inglese Astra, che il governo Thatcher aveva usato di nascosto e illegalmente come canale per le armi all'Iraq. Laxton fu uno dei pochi osservatori a rimanere al suo posto per tutta l'inchiesta. Lui ritiene che se il rapporto di sir Richard Scott fosse stato reso pubblico e non limitato, e i più alti collaboratori della Thatcher e funzionari pubblici fossero stati costretti a fornire le prove sotto giuramento, così come numerosi altri importanti testimoni che non sono stati chiamati, il risultato sarebbe stato molto diverso da quel temporaneo imbarazzo ripartito tra pochi ministri.

"A centinaia", ha detto, "avrebbero dovuto affrontare un'indagine criminale, comprese figure politiche di primo piano, altissimi funzionari del Foreign Office, del Ministero della Difesa, del Dipartimento del Commercio... i gradini più alti del governo"[53].

Nel centro di Bagdad c'è un monolite che sovrasta la visuale; commemora, o celebra, la guerra 1980-90 tra Iraq e Iran cominciata da Saddam Hussein su pressione degli americani che volevano fargli distruggere il loro nuovo nemico nella regione, l'*ayatollah* Khomeini. Colata in una fonderia di Basingstoke, la scultura mostra due enormi avambracci, notoriamente modellati su quelli di Saddam Hussein, che reggono trionfalmente delle spade incrociate. Le macchine guidano sopra gli elmetti dei soldati iraniani morti, che costituiscono la pavimentazione della piazza. In nessuna parte del mondo credo di aver visto qualcosa che simboleggi meglio il crimine della guerra sacrificale e il business della fabbricazione e vendita di armamenti: America e Gran Bretagna hanno fornito armi a entrambi i contendenti.

Noi stavamo all'Hotel Palestine, una bella differenza con l'Hotel Al Rasheed. C'è un costante odore di petrolio; se stai troppo dentro, ti senti male. Con i contratti per i disinfettanti "in attesa" a New York, il petrolio, più abbondante dell'acqua, ha preso il loro posto. Nel salone c'è un ufficio della Iraqi Airways che apre ogni giorno, con un'impiegata seduta dietro la scrivania che sorride e dice buongiorno agli ospiti dell'albergo che le passano davanti. Non ha clienti perché l'Iraqi Airways non esiste, è morta con le sanzioni. Due dei piloti erano fuori, in attesa accanto ai loro taxi vuoti; altri stavano scopando il piazzale o vendendo vestiti usati.

Nella mia stanza ogni tanto si sbriciolava un pezzo di intonaco e dal rubinetto usciva un brodo marrone. L'unico consumatissimo asciugamano veniva accudito dalla donna delle pulizie come un cimelio. Quando chiesi che mi portassero su un caffè, il cameriere rimase fuori a gironzolare finché non ebbi finito: le tazze sono merce rara.

"Sono sempre triste", disse asciutto. In un mese avrebbe guadagnato quanto serviva per pagare qualcuno che andasse ad Amman a comprare le pillole per l'epilessia di suo fratello.

La gente è sprofondata nella tristezza. Me ne resi pienamente conto alle aste serali di Bagdad, durante le quali gli averi personali vengono messi in vendita per comprare cibo e medicine. Un classico articolo messo all'incanto sono i televisori. Una donna con due bambini piccoli vide le sue carrozzine andar via in cambio di pochi centesimi. Un uomo che aveva collezionato piccioni fin da quando aveva quindici anni arrivò con il suo ultimo uccello; alla fine avrebbe dato via anche la gabbia. Io e la mia troupe eravamo lì per curiosare, eppure venivamo accolti bene, o al massimo, depressa, la gente accettava la nostra presenza. In tre settimane di permanenza in Iraq, solo una volta sono stato l'obiettivo della rabbia di qualcuno.

"Perché fate morire i nostri bambini?", mi gridò un uomo per strada. "Perché ci bombardate? Che vi abbiamo fatto?".

Alcuni passanti si affrettarono a calmarlo; uno di loro gli passò affettuosamente il braccio sulle spalle; un altro, un insegnante, si materializzò al mio fianco.

"Noi non identifichiamo il popolo inglese con le azioni del suo governo", mi disse, rassicurante. Quei musulmani in Gran Bretagna, che dopo i bombardamenti in Afghanistan sono terrorizzati pure di uscire di casa, possiedono molto poco della sicurezza individuale che ho percepito qui in Iraq.

Dietro le porte a vetri degli uffici dell'UNICEF a Bagdad, si possono leggere i seguenti scopi dell'organizzazione: "Sopra ogni cosa sopravvivenza, speranza, sviluppo, rispetto, dignità, uguaglianza e giustizia per donne e bambini". Per fortuna, i bambini che stanno per strada con le loro gambe gracili e le loro facce smagrite non sanno leggere l'inglese, o forse non sanno leggere del tutto.

"Un cambiamento del genere in un periodo di tempo così breve è senza precedenti, per quanto ne sappia", mi ha detto la dottoressa Anupama Rao Singh, capo della rappresentanza UNICEF in Iraq. "Nel 1989 l'alfabetizzazione era più del 90%; i genitori venivano multati se non mandavano i loro figli a scuola. Il fenomeno dei bambini di strada qui era sconosciuto. L'Iraq aveva raggiunto un livello in cui gli indicatori base che usiamo per misurare la qualità della vita degli esseri umani, inclusi i bambini, risultavano tra i migliori del mondo. Adesso quel livello è precipitato nella fascia più bassa della classifica, che occupa circa il 20% del totale". La minuscola dottoressa Singh, che con i suoi capelli grigi e il suo modo di parlare preciso ricorda proprio l'insegnante che era una volta in India, ha passato la maggior parte della sua vita lavorativa con l'UNICEF. La sua vocazione è aiutare i bambini ma ora, incaricata di un programma umanitario che non potrà mai aver successo, dice: "Sono scoraggiata".

Mi recai con lei in una tipica scuola elementare di Saddam City, dove vive la maggioranza dei più poveri di Bagdad. La strada per arrivarci era allagata, il sistema di fognature e di distribuzione dell'acqua saltato fin dai bombardamenti della Guerra del Golfo. Il preside, Ali Hassoon, ci condusse in cortile attraverso le pozzanghere di liquame di scarico e indicò il più alto dei livelli dell'acqua segnati sul muro.

"In inverno arriva fino a qui. A quel punto noi ce ne andiamo. Cerchiamo di rimanere il più a lungo possibile, ma senza banchi e sedie i bambini devono arrangiarsi con i mattoni. Ho paura che prima o poi verrà giù l'edificio". Mentre parlavamo, a poca distanza suonò una sirena d'allarme aereo.

La scuola è sul bordo di un vasto cimitero industriale. Le pompe degli impianti di smaltimento dei liquami e delle cisterne d'acqua potabile sono silenziose, tranne che per pochi scatti a energia ridottissima. Gli impianti che non sono stati bombardati si sono nel frattempo deteriorati, e i pezzi di ricambio di fabbricazione inglese, francese e tedesca sono perennemente "in attesa". Prima del 1991, l'acqua di Bagdad era potabile come in qualunque altro luogo del mondo sviluppato. Oggi, che viene attinta direttamente dal Tigri senza essere depurata, è letale.

"Questi bambini sono appena guariti dalla dissenteria", disse il preside accarezzando due fratellini sulla testa. "Ma avranno ricadute continue, fino a che saranno troppo deboli".

La dottoressa Singh mi disse che nel 1990 un bambino iracheno con la dissenteria o altra malattia causata dall'acqua aveva una probabilità su seicento di non sopravvivere; oggi è una su cinquanta[54].

Poco prima del Natale 1999, il Dipartimento del Commercio e Industria a Londra ha ridotto l'esportazione dei vaccini che dovevano proteggere i bambini iracheni dalla difterite e dalla febbre gialla. Il dottor Kim Howells ha spiegato al parlamento il perché. Il suo titolo di sottosegretario per gli Affari di Concorrenza e Problemi dei Consumatori calza perfettamente con la sua orwelliana risposta. Disse che i vaccini per i bambini potevano "essere utilizzati nelle armi di distruzione di massa"[55].

"Molta sofferenza non è visibile", disse la dottoressa Singh. "Abbiamo avuto il 125% di incremento sulle richieste di assistenza a bambini con problemi di salute mentale. In una società che prende l'educazione molto seriamente, molte case sono state deprivate dei fondamentali oggetti di stimolazione, tipo libri o giocattoli, perché la maggior parte delle famiglie per tirare avanti hanno venduto tutto meno l'essenziale. Qui c'è un'intera generazione che è cresciuta con un senso di isolamento totale, di dipendenza e di mancanza di speranza. Penso spesso ai miei nipoti e alle mie nipotine, e mi chiedo se sarei in grado di accettare la stessa cosa per la mia famiglia; ma se non è accettabile per me, non può esserlo neanche per i bambini iracheni. Non è una semplice reazione emotiva. È un principio fondamentale della Convenzione per i Diritti dei Bambini [delle Nazioni Unite]: articolo due, il Principio di Non-Discriminazione. Si tratta semplicemente di non far perdere loro il diritto alla vita".

Sotto un colonnato edoardiano in capitelli dorici e corinzi, studenti di scuola e di college vendono i loro libri, non però come al mercato delle pulci, ma spinti dal bisogno urgente. Insegnanti e altri professionisti si disfano di amati volumi di storia e libri d'arte, volumi in pelle rilegati a Bagdad negli anni Trenta, testi di ostetricia e radiologia, copie del *British Medical Journal*, prime e seconde edizioni di *Aspettando Godot*, copie di *Il sole sorgerà ancora* e, non ultimo, il *British Housing Policy 1958*.

"Devo andare al sud a trovare mia sorella malata", dice un uomo dai baffetti grigi ben curati, un Bertie Wooster iracheno. "Per piacere, sia gentile e mi dia venticinque dinari [circa un penny] ". Li prende, fa un cenno del capo e si allontana rapidamente.

"Ho venduto tutti i libri che avevo", dice un insegnante, "compresi il Corano e il dizionario".

"Ho appena venduto tutte le mie penne", dice uno studente diciannovenne di ingegneria. "Ne ho tenuta una".

Io e Felicity Arbuthnot notiamo un libro intitolato *Peace Flows from the Sky* ["La pace scende dal cielo"]. Sgraniamo gli occhi alla triste ironia dei termini e lo compriamo. È talmente tragica la situazione di questa società che perfino una raccolta di poesie sentimentali quasi infantili ha il potere di scuoterti:

La pace scende
dal cielo
attraverso l'aria
su di me...
Il canto degli uccelli
mi risveglia dalla trance
per ricordarmi la vita...

Felicity ha passato gli ultimi dieci anni a richiamare l'attenzione del mondo esterno sulle sofferenze del popolo iracheno. Infinite volte ha affrontato la terribile strada da Amman ignorando la propria fatica, sempre ispirata dal coraggio degli iracheni di cui ha abbracciato la causa, soprattutto dei bambini (leggete il suo tributo e necrologio per Jassim, "Il Piccolo Poeta", sul *New Internationalist*, novembre 1998). Quando con Felicity e Denis Halliday (entrambi irlandesi) siamo partiti dalla Giordania, lei aveva un polso rotto tenuto insieme da una fascia elastica. Ogni minima buca le provocava un'acuta sofferenza che lei celava con grazia. Mi ricorda un'altra avventurosa giornalista molto umanitaria, Martha Gelhorn: una che beve, ride, s'infiamma di fronte all'ingiustizia e all'ipocrisia, si occupa della povertà e scrive stupendamente, e una volta guidò un'Alfa Romeo rossa ("ha il cruscotto in radica") da Miami a Città del Messico in un'unica tirata[56].

Avevo chiesto a Felicity di fare ricerche per le riprese del mio documentario *Paying the Price*. Guidammo fino alla città settentrionale di Mosul in un paesaggio lunare che ricordava la Monument Valley californiana. Arrivammo in quella che sei mesi prima, quando Felicity era giunta qui, era stata una scena di devastazione. Sul polveroso piazzale c'erano ancora pezzi di un'autocisterna, frammenti di granate di missile, una scarpa, lana e resti di pecora.

"L'intera area era disseminata di pecore morte", raccontò. "C'erano i corpi di due cani da pastore e oggetti personali in giro. Il tutto chiaramente provocato da un'esplosione. L'autobotte era crivellata di colpi. La gente del posto mi raccontò che era accaduto di venerdì, giorno di festa, quando dalla campagna erano tutti venuti giù, e in quaranta o cinquanta stavano condividendo un pasto mattutino. Tornando, avevano lasciato una famiglia di sei persone – nonno, padre e quattro figli – a badare al gregge. Sentirono l'aeroplano e le bombe cadere. Tornarono precipitosamente indietro. Mi raccontarono di aver cercato dalla mattina presto fino a sera per riuscire a trovare i corpi da seppellire entro dodici ore, in accordo con i precetti dell'Islam"[57].

Rintracciammo il fratello del pastore, Hussain Jarsis. Accettò di incontrarci al cimitero dove erano sepolti suo padre, suo fratello e i quattro bambini. Arrivò su un vecchio furgone Toyota in compagnia della vedova del pastore, che si chiamava Icdai Thanoon. Aveva la schiena curva dalla disperazione, la faccia coperta. Teneva per mano l'unica figlia che le era rimasta, sedettero tra i tumuli di terra delle tombe dei figli e lei scoppiò a piangere. Quando Felicity le si avvicinò per compiangere l'atrocità, la figura in nero si alzò, la guardò e disse:

"Voglio parlare con il pilota che ha ucciso i miei quattro bambini".

Anche il fratello di suo marito fa il pastore.

"Quando sono tornato a cercare mio fratello e il resto della famiglia", disse dopo aver pregato sulle tombe, "gli aerei stavano girando in tondo sopra di noi. Quando cominciò il quarto bombardamento non avevo ancora raggiunto la strada principale. Loro sono stati colpiti dagli ultimi due razzi. In quel momento non riuscivo a capire cosa stesse succedendo. Il camion stava bruciando. Era un grosso camion, ma completamente in pezzi. È rimasta solo la targa e i copertoni che hai visto. Di cadaveri ne abbiamo trovati tre, il resto erano solo parti di corpo. Poi le pecore. Con l'ultimo razzo ho visto le pecore esplodere in aria. Il missile aveva bruciato un'area di un centinaio di metri quadrati: incenerimento totale. Nell'ultimo bombardamento gli aerei volavano molto bassi. Fu allora che spararono due razzi contemporaneamente. Morirono sei persone: mio padre, che aveva settant'anni, mio fratello, di trentacinque, e i suoi quattro figli. Il più piccolo si chiamava Sultan, aveva cinque anni. Ancora non era stato ammesso a scuola. 'Zio, l'anno prossimo mi prendono', mi aveva detto. L'Onnipotente non l'ha permesso. Apparteniamo a Dio e a Lui dobbiamo tornare"[58].

Senza bestiame la famiglia è rovinata. Gli offrii del denaro. Lui rifiutò, ma mi chiese se volevo andare a casa sua a mangiare qualcosa.

Sull'attacco aveva indagato e verificato Hans Von Sponeck, il più alto funzionario delle Nazioni Unite in Iraq, venuto apposta da Bagdad. Nei dintorni, non c'era niente che somigliasse a un'installazione militare. La valle è senza alberi, aperta e desolata. Von Sponeck ha riportato le sue conclusioni in un documento interno riservato, "Attacchi aerei in Iraq: 28 dicembre 1998-31 maggio 1999", istruito dalla Sezione di Sicurezza delle Nazioni Unite (UNOHCI). Vi erano descritti dozzine di attacchi simili: a villaggi, a una banchina di pescatori, vicino a un magazzino del Programma Alimentare Mondiale. Ordinò lui di sospendere le spedizioni per parecchie ore nel pomeriggio, quando avevano luogo molti degli attacchi aerei.

Tornata a Londra dopo aver visto la prova delle atrocità, Felicity aveva telefonato al Ministero della Difesa.

"Sono appena tornata da Mosul", disse, "dove voi state bombardando pecore, e mi chiedevo se avete qualcosa da dire a riguardo".

"Ci riserviamo il diritto di intraprendere azioni di forza", replicò il funzionario, "se minacciati"[59].

Ci inoltrammo tra le colline color letame dietro Mosul, lungo una strada precaria che conduce al monastero del quarto secolo che sovrasta la valle. Qui è sepolto San Matteo, e qui i cristiani iracheni vengono a centinaia per pregare sul suo sacrario. Durante i weekend, il monastero è un classico posto da pic-nic; ci incontrai una famiglia di venti persone: il più giovane aveva due anni, il più vecchio ottantasei. Avevano parenti in Australia; feci loro delle fotografie e in seguito le spedii sia a loro a Mosul che ai parenti australiani alla periferia di Sydney. Parlavano dei bombardamenti, scuotevano la testa e tenevano i loro piccoli vicino. "Perché?", chiedevano.

"La sicurezza e la pace di questa gente sono state portate via", disse un prete. "L'anno scorso dozzine di persone si erano arrampicate sui pendii per vedere l'eclissi di sole – era uno dei punti d'osservazione più nitidi del mondo – e gli aerei sono arrivati e hanno bombardato: americani o inglesi, non lo so. Sono rimaste uccise cinque persone, ci hanno detto. Ogni giorno sentiamo il brontolio sordo delle bombe. Cosa stanno attaccando?".

L'aviazione americana e quella inglese operano sull'Iraq in quelle che i loro governi hanno unilateralmente dichiarato "*no fly zones*" ["zone dove è vietato il volo"]. Ciò significa che solo loro e i loro alleati possono sorvolarle. Le aree vietate sono nel nord, intorno a Mosul, fino al confine con la Turchia, e immediatamente sotto Bagdad fino al confine kuwaitiano. I governi inglese e americano insistono che le *no fly zones* sono "legali", sostenendo che fanno parte, o sono comunque sostenute, dalla Risoluzione 688 del Consiglio di Sicurezza.

C'è un bel po' di nebbia intorno a questa storia, del genere di quella prodotta dal Foreign Office quando le sue affermazioni vengono messe in dubbio. Non c'è riferimento alle zone di non-volo nelle risoluzioni del Consiglio di Sicurezza, il che fa pensare che la cosa non abbia alcun fondamento nella legislazione internazionale. Per esserne sicuro, mi recai a Parigi e lo chiesi al dottor Boutros Boutros-Ghali, segretario generale dell'ONU nel 1992, quando era passata quella risoluzione.

"L'argomento delle *no fly zones* non è stato sollevato, pertanto non è stato discusso: nemmeno una parola", mi disse. "Loro non sono in grado di dimostrare agli altri paesi alcuna legittimità, mandando gli aerei ad attaccare l'Iraq".

"Intende dire che sono illegali?", domandai.

"Sono illegali", rispose.

La progressione dei bombardamenti nelle *no fly zones* è stupefacente. In diciotto mesi, fino al 14 gennaio 1999, le forze aeree e navali americane hanno compiuto 36.000 sortite sull'Iraq, di cui 24.000 erano missioni di combattimento[60]. Durante il 1999, l'aviazione anglo-americana ha sganciato più di 1.800 bombe e colpito 450 obiettivi[61]. Il costo per i contribuenti inglesi è stato di 800 milioni di sterline[62]. Ci sono bombardamenti quasi tutti i giorni: è la più lunga campagna aerea anglo-americana dalla seconda guerra mondiale; eppure viene quasi completamente ignorata dai media inglesi e americani. In una delle sue rare ammissioni, il *New York Times* ha scritto che "gli aerei da guerra americani hanno attaccato l'Iraq metodicamente e senza passare il vaglio di alcuna discussione pubblica... i piloti hanno effettuato i due terzi in più delle missioni effettuate dai piloti NATO in Jugoslavia durante i settantotto giorni di guerra continua in quell'area[63].

Lo scopo delle *no fly zones*, secondo i governi americano e inglese, sarebbe di proteggere i curdi al nord e gli sciiti al sud dalle forze armate di Saddam Hussein. L'aviazione sta eseguendo "compiti umanitari di vitale importanza", dice Tony Blair, che daranno "alle minoranze speranza di libertà e diritto di determinare i propri destini".

Le speciose parole di Blair vengono sbugiardate da una storia segreta. Quando Saddam Hussein fu buttato fuori dal Kuwait, nel 1991, i suoi generali si stupirono nel sentirsi dire dai vincitori che potevano tenere i loro elicotteri ad armamento pesante. Il comandante inglese, generale sir Peter de la Billière, difese questa decisione con la seguente stupefacente logica: "Gli iracheni avevano la responsabilità di mantenere la legge e l'ordine. Non è possibile amministrare la regione senza usare gli elicotteri"[64].

Legge e ordine? La stessa legge e ordine con cui è stato approvato lo sterminio con gas di 5.000 curdi a Halabja? Un indizio ci viene fornito da un'osservazione casuale del primo ministro John Major: "Non ricordo", disse Major, "di aver chiesto ai curdi di mettere su questa insurrezione in particolare..."[65].

La Turchia è cruciale per "l'ordine americano". Membro della NATO nonché destinatario di armi americane per un valore di miliardi di dollari, la Turchia sovrintende ai giacimenti petroliferi del Medio Oriente e dell'Asia Centrale ex-sovietica. Inoltre è la base dei cacciabombardieri inglesi e americani. La prolungata insurrezione dei curdi di Turchia, guidata dal Partito Curdo dei Lavoratori (PKK), viene vista da Washington come una minaccia alla "stabilità" del regime cripto-fascista turco. Dopo la Guerra del Golfo, l'ultima cosa che gli americani volevano era che decine di migliaia di curdi iracheni arrivassero in Turchia da rifugiati e si unissero alle sommosse dei curdi locali contro il regime di Ankara. Le loro preoccupazioni furono espresse nella Risoluzione 688 del Consiglio di Sicurezza dell'ONU che metteva in guardia contro "un massiccio flusso di rifugiati verso e al di là delle frontiere internazionali... che minacciano la pace internazionale e la sicurezza della regione...".

Con i rifugiati veniva minacciata la capacità della Turchia di continuare a negare i basilari diritti umani ai curdi all'interno dei propri confini. La *no fly zone* settentrionale offriva una soluzione. Dal 1992, infatti, offre copertura alle ripetute invasioni della Turchia in Iraq. Nel 1995 e nel 1997, circa 50.000 soldati turchi appoggiati da carri armati, cacciabombardieri ed elicotteri armati, hanno occupato intere fasce del "sicuro asilo" dei curdi con il pretesto di attaccare le basi del PKK. Sono tornati di nuovo nel dicembre 2000, spargendo il terrore nei villaggi curdi e assassinando i civili. Americani e inglesi non hanno detto niente; il Consiglio di Sicurezza non ha detto niente. C'è di più, americani e inglesi hanno collaborato all'invasione sospendendo i loro voli per permettere ai turchi di procedere con i loro massacri. Naturalmente, niente di tutto ciò è stato riportato dai media occidentali.

Nel marzo 2001 piloti della RAF che pattugliavano la *no fly zone* settentrionale hanno protestato per la prima volta pubblicamente riguardo al ruolo che avevano nei bombardamenti dell'Iraq. Lungi dall'eseguire quei "compiti umanitari di vitale importanza" descritti da Tony Blair, si lamentavano di ricevere continuamente l'ordine di tornare alle loro basi in Turchia, per permettere all'aviazione turca di bombardare i curdi in Iraq, cioè le stesse persone che loro avrebbero dovuto "proteggere". Parlando sulla base di fonti occultate con il dottor Eric Herring, specialista in sanzioni all'Iraq dell'Università di Bristol, essi hanno dichiarato che in qualsiasi momento i turchi volevano bombardare i curdi in Iraq, gli aerei della RAF venivano richiamati alla base, mentre agli equipaggi di terra veniva detto di spegnere i radar in modo che i bersagli dei turchi non risultavano visibili. Ripreso il pattugliamento, un pilota inglese ha riferito di aver visto la devastazione dei villaggi curdi provocata dagli attacchi turchi.

"Tutti si sentivano molto a disagio per ciò che era stato loro ordinato di fare e per ciò che avevano visto di persona", ha detto il dottor Herring. "Specialmente perché non c'era stata alcuna spiegazione ufficiale"[66].

Nell'ottobre 2000, il *Washington Post* riportò: "In più di un'occasione [i piloti americani che volano in tandem con quelli inglesi] hanno ricevuto un messaggio radio di 'viaggio TSM in atto': cioè, '*Turkish Special Mission*'['Missione Speciale Turca'] diretta in Iraq. In base agli ordini consueti, gli aerei americani facevano dietro-front e tornavano in Turchia. 'Vedevi gli F-16 e gli F-14 turchi in viaggio, pieni fino all'orlo di munizioni', racconta [il pilota Mike Horn]. 'Mezz'ora dopo tornavano indietro senza più munizioni. Quando gli americani tornavano a sorvolare lo spazio aereo iracheno, ricorda, vedevano 'villaggi in fiamme, colonne di fumo e incendi'"[67].

Durante la Guerra del Golfo, il presidente George Bush senior esortò "le forze armate irachene e il popolo iracheno a prendere in mano la situazione e a costringere Saddam Hussein a farsi da parte"[68]. Nel marzo 1991, la maggioranza della gente sciita nel sud rispose all'esortazione di Bush e si sollevò. All'inizio la rivolta ebbe un tale successo che nel giro di due giorni il potere di Saddam Hussein al sud era crollato e la sollevazione popolare si era allargata alla seconda città del paese, Bassora. Per il popolo iracheno un nuovo inizio sembrava a portata di mano. Ma il vecchio amante del tiranno, a Washington, intervenne giusto in tempo.

"L'opposizione", mi disse Said Aburish, "si trovò a fare i conti con gli Stati Uniti che aiutavano Saddam Hussein contro di loro. Ed effettivamente, erano stati gli americani a impedire ai ribelli di raggiungere i depositi di armi. Avevano negato loro asilo. Avevano consentito alla Guardia Repubblicana di Saddam Hussein di passare incolume attraverso le linee americane per poterla attaccare. Avevano fatto di tutto, meno che mettersi a lottare al loro fianco"[69]. Nel loro libro *Out of the Ashes: the Resurrection of Saddam Hussein* ["Risorgere dalle ceneri: la risurrezione di Saddam Hussein"], Andrew e Patrick Cockburn descrivono la sofferenza di uno dei leader ribelli, un generale di brigata, nel vedere gli elicotteri americani che giravano in cerchio sopra le loro teste mentre gli equipaggi degli elicotteri iracheni rovesciavano kerosene sulle colonne dei rifugiati in fuga e poi davano loro fuoco con proiettili traccianti. "Ho visto con questi stessi occhi gli apparecchi americani che volavano al di sopra degli elicotteri", disse. "Ci aspettavamo che ci aiutassero, invece erano lì a guardare la nostra fine... Scattavano fotografie, sapevano perfettamente cosa stava succedendo"[70].

A Nasiriyah le truppe americane avevano impedito ai ribelli di prendere i fucili e le munizioni dalla caserma dell'esercito. "Gli iracheni avevano spiegato al comandante americano chi erano e perché erano lì", scrivono i Cockburn, "ma non avevano ricevuto un'accoglienza calorosa... L'ufficiale americano si era allontanato per dieci minuti, poi era tornato con l'assurda scusa che non era in grado di mettersi in contatto con il quartier generale. Seccamente, aveva consigliato loro di provare a rivolgersi alle forze armate francesi, quidici chilometri a ovest".

In effetti i ribelli trovarono un colonnello francese disposto ad aiutarli; ma quando quest'ultimo cercò di organizzare un incontro con il comandante americano generale Schwarzkopf, gli fu risposto che non era possibile. La rivolta venne domata; troppo tempo prezioso era stato perso. La prima città che capitolò a Saddam Hussein fu Bassora. I carri armati occuparono la strada principale e distrussero i focolai di resistenza. "Sono stati momenti molto duri", raccontò un medico dell'ospedale. "Per strada si vedevano i cani che mangiavano i cadaveri"[71].

Anche al nord i curdi si erano sollevati: l'insurrezione che John Major aveva detto di "non aver mai richiesto". Le Guardie Repubblicane di Saddam Hussein, che Schwarzkopf aveva intenzionalmente risparmiato, entrarono nella città curda di Sulaimaniya e spensero la resistenza dei curdi. Saddam Hussein ce l'aveva fatta per un pelo; mentre celebravano la vittoria, le munizioni delle sue truppe terminavano[72]. Cinque anni dopo, quando Saddam Hussein mandò i suoi carri armati in un'altra città curda ribelle, Arbil, gli apparecchi americani sorvolarono in cerchio la città per venti minuti, poi se ne andarono. Il contingente CIA tra i curdi fece in modo di mettersi in salvo, mentre novantasei membri dell'Iraqi National Congress (INC), sostenuto dalla stessa CIA, furono presi e giustiziati[73]. Secondo Ahmed Chalabi dell'INC, il tacito appoggio americano al regime è stato "il fattore più significativo nella repressione dell'insurrezione. Ha permesso a Saddam di radunare le sue forze e lanciare un devastante contrattacco, facendo fuoco indiscriminatamente sulla gente"[74].

Perché? Gli americani avevano paura che i curdi potessero mettere su un loro Stato, magari socialista e democratico, e che gli sciiti potessero costituire una "alleanza islamica" con l'Iran. Non volevano fargli "prendere in mano la situazione". Il giornalista televisivo americano Peter Jennings la mette così: "Gli Stati Uniti desideravano che Saddam Hussein non se ne andasse, perché non volevano che il popolo iracheno prendesse il sopravvento"[75]. Brent Scowcroft, alto consigliere del presidente Bush per la Sicurezza Nazionale, era d'accordo. Nel 1997 dichiarò: "Avremmo sicuramente preferito un colpo di stato, non c'è dubbio"[76]. L'articolista del *New York Times* Thomas Friedman, cane da guardia della politica estera americana, era ancora più preciso. Ciò che Washington desiderava era "una giunta militare irachena dal pugno di ferro" che sarebbe stata "la migliore del mondo"[77]. L'ovvia conclusione è che vogliono un altro Saddam Hussein, simile a quello che c'era prima del 1991, uno che faceva ciò che gli veniva detto di fare.

"Probabilmente, la cosa più schifosa di questo modo di agire", ha scritto Eric Herring, "è che chi prende le decisioni negli Stati Uniti e in Gran Bretagna si è servito del sentimento popolare umanitario per i più cinici obiettivi di *realpolitik*. Non hanno alcuna voglia che la maggioranza sciita prenda il controllo o che i curdi conquistino l'indipendenza. La loro politica è di mantenerli abbastanza in forze da causare fastidi a Saddam Hussein e allo stesso tempo assicurarsi che Saddam Hussein sia abbastanza forte da reprimerli. È una linea di condotta che discende direttamente dalla politica imperiale britannica, finalizzata dalla prima guerra mondiale in poi [al controllo] del petrolio iracheno... Era ed è la politica del *divide et impera*"[78].

Nel 1999 gli Stati Uniti si trovarono ad affrontare un "vero dilemma", come riportato dal *Wall Street Journal*. "Dopo otto anni di applicazione della *no fly zone* nel nord [e sud] dell'Iraq, rimangono pochi obiettivi militari. 'Siamo arrivati all'ultima capanna', ha protestato un ufficiale americano. 'Qualcosa è rimasto, ma ben poco'"[79].

Erano rimasti un po' di bambini. Più o meno nel periodo in cui veniva fatta quest'ultima osservazione, sei bambini morivano per un razzo americano ad Al Jumohria, un quartiere della zona più povera di Bassora. In quella occasione erano anche rimaste ferite sessantatré persone, di cui molte gravemente ustionate. "Danno collaterale", lo definì il Pentagono. Mi incamminai lungo la strada dove il missile aveva colpito alle prime ore del mattino; la sua traiettoria aveva seguito la linea delle case, distruggendole una dopo l'altra. Ora le stanno ricostruendo, ma molte famiglie sono state evacuate. Un uomo era seduto su una soglia con il figlioletto. Mi disse che aveva perso le altre due figlie, una di otto e l'altra di dieci anni. "Sono morte dormendo", aggiunse. La sua faccia triste era scavata dallo shock ancora vivido e da una inimmaginabile disperazione. Gli domandai se aveva loro fotografie. No, non le aveva. Chiesi agli altri parenti. Scossero la testa, come se fosse stata una domanda strana. Certo: i poveri non possiedono macchine fotografiche. Delle donne in fila per l'ospedale mi chiesero di far loro delle foto insieme ai loro bambini, perché non ne avevano.

Nell'enorme, cadente e semivuoto Hotel Sheraton di Bassora c'è un negozio, nel salone, che è ancora aperto. Il titolare è Nabil Al-Jerani, che prima si guadagnava da vivere sviluppando le pellicole per i turisti. Ora non ci sono più turisti.

"Faccio qualche matrimonio", mi disse. "La mattina dopo che il missile era caduto su Al Jumohria, mi sono recato sul posto con la macchina fotografica". Aveva fotografato lui le due sorelline, figlie del padre che avevo incontrato. Sono in camicia da notte, una ha i capelli stretti da un nastro. I corpi sono sepolti sotto i calcinacci della casa dove sono state bombardate mentre dormivano. Ho inserito queste immagini nel mio documentario *Paying a Price*; mi perseguitano.

Volai a Washington nella speranza di incontrare il segretario di stato Madeleine Albright e chiederle un commento alla sua affermazione "riteniamo che il prezzo ne valga la pena". Non era disponibile, peccato, ma il suo portavoce, l'assistente del segretario di stato James Rubin, accettò di farsi intervistare. Sui trentacinque anni, sicuro di sé e della sua ideologia, Rubin è il classico esempio di "dottore a effetto" del dopo-guerra fredda, un professionista della propaganda che riesce anche a essere gradevolmente candido. Quando il segretario generale dell'ONU Boutros Boutros-Ghali venne decisamente mandato a spasso dalla Albright per la sua scarsa malleabilità, si era incaricato Rubin di dire ai media: "Il dottor Boutros-Ghali non riusciva a capire l'importanza della cooperazione con la prima potenza del mondo"[80].

L'intervista ebbe luogo al Dipartimento di Stato in una stanza arredata con bandiere e stampe della Guerra d'Indipendenza. L'assistente di Rubin, Price Floyd, un uomo inquieto, mostrava segni di agitazione riguardo alla natura delle mie domande e al tempo che Rubin avrebbe potuto dedicarmi. La tensione cresceva. Quando Rubin arrivò fu subito chiaro che preferiva fornire quelle che lui chiamava "presentazioni" alla stampa. E difatti molto di ciò che disse aveva ben poco fondamento.

Per esempio: "Noi [Stati Uniti] stanziamo miliardi dollari in cibo e medicine per il popolo iracheno". In realtà gli Stati Uniti non tirano fuori un dollaro: tutti gli aiuti umanitari vengono pagati dal governo iracheno con gli incassi del petrolio autorizzati dal Consiglio di Sicurezza dell'ONU. Disse che la politica americana non spingeva "le sanzioni in quanto tali, ma come mezzo per impedire al regime di Saddam Hussein di ricostruire la propria macchina militare... Le sanzioni che abbiamo imposto ci assicurano che Saddam Hussein non abbia accesso alle centinaia di miliardi di valuta pregiata che potrebbe usare per rimettere su quella folle macchina militare... per fabbricare nuovi possibili armamenti chimici o nuovi possibili armamenti batteriologici...".

"Non trova ironico che per molti anni gli Stati Uniti abbiano aiutato Saddam Hussein a ottenere queste stesse armi di distruzione di massa in modo che le potesse utilizzare contro i suoi vicini?", gli chiesi.

"No, non ci trovo alcuna ironia. Ne è responsabile il regime iracheno, è il solo responsabile. Non sono stati gli Stati Uniti a tirare il gas sui curdi...".

"Il pacchetto-base per le armi batteriologiche di Saddam Hussein è stato fornito dalla American Type Culture Collection, una ditta che è qui dietro l'angolo, a Rockville, nel Maryland".

"Saranno sicuramente stati perseguiti dalla legge, per questo".

"No, avevano l'approvazione del Dipartimento del Commercio".

"È ridicolo insinuare che abbiamo ratificato la vendita di armi chimiche all'Iraq".

"Però è vero. Un'indagine conoscitiva del Senato, nel 1994, ha appurato che il Dipartimento del Commercio aveva dato a questa particolare ditta l'approvazione a vendere agenti batteriologici a Saddam Hussein. I documenti sono tutti negli archivi della Biblioteca del Congresso".

"Intende dire che una cosa del genere sarebbe rientrata in un obiettivo americano?".

"È successo, e intendo dire soltanto che è ironico come gli Stati Uniti abbiano appoggiato questo dittatore e poi abbiano posto un embargo che sta causando sofferenze non a lui ma alla popolazione civile".

"Le sofferenze non sono colpa nostra... hanno a disposizione quantitativi enormi di cibo e medicine. Li tengono nei magazzini; non li distribuiscono".

"Il coordinatore capo delle Nazioni Unite lo nega. Ha detto che l'88% di tutti i rifornimenti umanitari vengono portati a destinazione entro una settimana dalla loro entrata nel paese. Un rapporto del direttore dell'Ufficio dell'ONU per l'Iraq a New York dice che il 76% delle medicine viene distribuito e il resto rimane come magazzino d'emergenza, secondo le indicazioni dell'Organizzazione Mondiale della Sanità".

"Se legge attentamente quello stesso rapporto, troverà che vi sono casi in cui il governo iracheno ha importato cibo e medicine e non li ha distribuiti...".

"Al momento attuale il vostro governo sta bloccando a New York più di 73 milioni di dollari di scorte alimentari diretti in Iraq. Se ciò che dice lei è vero, perché Kofi Annan, segretario generale dell'ONU, ha recentemente criticato gli Stati Uniti per il blocco di 700 milioni di dollari in forniture umanitarie?".

"Lo chieda a lui".

Poi cominciò a dire che un rapporto dell'UNICEF dimostrava come nelle zone dove il governo iracheno era incaricato della distribuzione, cioè nel sud del paese, si registrasse un più alto tasso di mortalità infantile. Replicai che quel rapporto aveva stabilito esattamente il contrario, cioè che "la differenza nel tasso di mortalità tra nord e sud non può essere attribuita al modo in cui lo sforzo umanitario è stato condotto".

"Se vuole fare lei un discorso, possiamo scambiarci le sedie", ribatté.

"Non credo che un alto funzionario del Dipartimento di Stato possa parlare così".

"Sentiamo il suo discorso, allora".

"Perché ha distorto il rapporto dell'UNICEF?".

"Le nostre analisi si basano su una grande varietà di fonti, non solo sul rapporto dell'UNICEF...".

"Il rappresentante delle Nazioni Unite in Iraq, Hans Von Sponeck, si è appellato agli Stati Uniti e alla Gran Bretagna perché permettano ai rifornimenti di passare. 'Non combattete la guerra contro Saddam Hussein sulle spalle della popolazione civile', ha detto".

"Il signor Von Sponeck sta commentando argomenti che non sono di sua competenza".

"Sta commentando la situazione umanitaria, è il più alto funzionario umanitario delle Nazioni Unite in territorio iracheno... Signor Rubin, secondo quale logica un'intera nazione può essere resa ostaggio della sottomissione a un dittatore brutale solo perché sono stati così sfortunati da trovarsi a vivere sotto il suo brutale regime?".

"Ascolti... Nel mondo reale vanno fatte scelte reali, ed è nostra opinione che permettere a Saddam Hussein di accedere senza controllo alle centinaia di miliardi di dollari di incassi del petrolio rappresenterebbe un grave e palese pericolo per il mondo. Dobbiamo mettere sulla bilancia il nostro profondo dispiacere per le sofferenze del popolo iracheno e la sfida alla sicurezza nazionale che Saddam Hussein imporrebbe al mondo se non venisse controllato dal regime delle sanzioni e dalla politica di contenimento".

Gli domandai se la scelta che aveva appena citato era stata sintetizzata da Madeleine Albright, quando aveva detto che il "prezzo" di mezzo milione di bambini morti "valeva la pena".

"Quella frase è stata presa totalmente fuori dal suo contesto".

Gli porsi la trascrizione dell'intervista rilasciata dalla Albright. Le sue parole erano in pieno contesto.

"Comunque la cifra di mezzo milione è inaccettabile...".

"È fornita dall'Organizzazione Mondiale della Sanità" (e sostenuta dall'UNICEF).

"Viene da una metodologia che non accettiamo. Accettiamo che per scegliere, per decidere una linea, uno abbia in genere la scelta tra due scelte cattive, non tra una buona e una cattiva, e purtroppo gli effetti delle sanzioni sono stati maggiori di quanto ci fossimo augurati".

"Perché gli Stati Uniti bombardano i civili in Iraq?".

"La nostra aviazione è lì per impedire a Saddam Hussein di far piovere l'inferno sul suo stesso popolo. Se non sparasse ai nostri apparecchi, non avremmo bisogno di distruggere le postazioni dei missili terra-aria".

"La vostra aviazione sta distruggendo i pastori, i loro figli e le loro pecore. E' in un rapporto delle Nazioni Unite".

"Quel rapporto si basava soprattutto su fonti irachene. La propaganda irachena farebbe qualsiasi cosa per presentare sotto falsa luce quello che succede...".

"Sono stato in Iraq a constatare di persona, e ho scoperto che è vero".

"Beh, non sono a conoscenza dei fatti [e] non sono un esperto militare. Deve rivolgersi al Pentagono".

"Lei è stato in Iraq?".

"No. Non credo che sarei proprio il benvenuto, lì!".

"Allora come fa a parlare con tanta autorità di ciò che succede là?".

"Ne ho parlato con parecchia gente... Lei deve capire che Saddam Hussein ha invaso un altro paese. La questione è che l'Iraq ha violato le regole fondamentali del sistema internazionale. E ne sta pagando il prezzo".

"*Chi* sta pagando il prezzo?".

"Stiamo cercando di ridurre al minimo il prezzo da pagare per il popolo iracheno... Lei deve capire che esiste un mondo reale e un mondo ideale".

"È troppo idealistico chiedere chi ne sta pagando il prezzo in Iraq? Qui non si parla di Saddam Hussein, ma di innocenti. Era troppo idealistico chiedere chi ha pagato il prezzo dell'Olocausto, e di Timor Est e di tutte le altre atrocità che succedono in giro per il mondo?".

"Beh, l'idea di paragonare quello che succede in Iraq con l'Olocausto, personalmente la trovo offensiva".

"È anch'esso un olocausto".

"Beh... paragonare [gli effetti delle] sanzioni con l'Olocausto è un'offesa alla gente che è morta nell'Olocausto".

"Non crede che la morte di mezzo milione di bambini lo qualifichi tale?".

"Di questo abbiamo già parlato"[81].

Da lì volai a New York per intervistare il segretario generale delle Nazioni Unite, Kofi Annan. Sembra un uomo stranamente insicuro, con un modo di parlare talmente pacato da risultare quasi impercettibile.

"In quanto segretario generale dell'ONU che ha imposto il blocco all'Iraq", chiesi, "cosa intende dire ai genitori dei bambini che stanno morendo?".

Rispose che il Consiglio di Sicurezza stava vagliando "sanzioni intelligenti" che avrebbero "puntato ai capi" invece di agire come un "ottuso strumento che colpisce i bambini".

Dissi che le Nazioni Unite esistono per aiutare la gente, non per minacciarla.

"Per piacere", replicò, "non giudichi l'ONU da quello che è successo in Iraq"[82].

Traversai a piedi l'United Nations Plaza per raggiungere l'ufficio di Peter van Walsum, ambasciatore olandese presso le Nazioni Unite oltre che presidente del Comitato sulle Sanzioni. La cosa che più mi colpì in questo diplomatico che aveva potere di vita e di morte su ventidue milioni di persone fu che, come gli altri politici liberali occidentali, sembrava avere simultaneamente in testa due pensieri diametralmente opposti. Da una parte parlava dell'Iraq come se tutti assomigliassero a Saddam Hussein; dall'altra sembrava ritenere che la maggior parte degli iracheni fossero vittime, ostaggi dell'intransigenza di un dittatore. Mi fece l'impressione di un uomo turbato, uno che, dopo l'intervista, mi mandò un cortese fax dicendo che avrei potuto usare anche le risposte che aveva dato alle domande alle quali non aveva acconsentito in anticipo.

Gli chiesi perché la popolazione civile doveva essere punita per i crimini di Saddam Hussein.

"È un problema complesso", rispose. "Deve capire che le sanzioni sono uno dei mezzi di intervento di cui dispone il Consiglio di Sicurezza... e ovviamente fanno male. Sono come una misura militare".

"A chi fanno male?".

"Ecco, infatti, questo è il problema... ma anche con le azioni militari c'è sempre l'eterno problema del danno collaterale".

"In questo modo un'intera nazione diventa un danno collaterale. È così?".

"No, intendo dire che le sanzioni hanno effetti [simili]... Io... Vede... Dobbiamo approfondire questo aspetto, cerchi di capirmi".

"È d'accordo che le persone debbano godere dei diritti umani indipendentemente da dove e sotto quale regime vivono?".

"Sì".

"E questo non significa che le sanzioni che state imponendo violano i diritti umani di milioni di persone?".

"È anche ampiamente documentato come il regime iracheno abbia commesso gravissime violazioni dei diritti umani...".

"Su questo non c'è dubbio. Ma qual è la differenza di principio tra le violazioni dei diritti umani commesse dal regime e quelle causate dal vostro comitato?".

"È una questione molto complessa, signor Pilger".

"Cosa risponde a chi afferma che le sanzioni hanno causato lo stesso numero di morti che le 'armi di distruzione di massa'? Che sono letali tanto quanto le armi chimiche?".

"Non mi sembra un paragone corretto".

"La morte di mezzo milione di bambini non le sembra distruzione di massa?".

"Trovo che sia una domanda poco corretta... Stiamo parlando di una situazione provocata da un governo che ha usurpato i propri vicini e possiede armi di distruzione di massa".

"Allora perché le stesse sanzioni non vengono applicate a Israele, [che] occupa buona parte della Palestina e attacca il Libano quasi ogni giorno? Perché non vengono applicate alla Turchia, che ha provocato la morte di 30.000 curdi e ne ha evacuati tre milioni?".

"Beh, è pieno di paesi che fanno cose che non ci piacciono. Non possiamo essere dovunque. Glielo ripeto, è una questione complessa".

"Quanto potere esercitano gli Stati Uniti sul vostro comitato?".

"Noi agiamo su consenso".

"E se gli americani si oppongono?".

"Non agiamo"[83].

A Londra, cercai di procurarmi un'intervista con Robin Cook, all'epoca ministro degli Esteri, un'altra figura ambigua, o almeno così mi sembrò. Era stato uno dei più attivi sostenitori delle sanzioni, nonché inventore della "dimensione etica" della politica estera inglese sotto il New Labour (che da allora è stata abbandonata). Inoltrai la mia richiesta per iscritto al Foreign Office e mi venne detto che c'erano "buone prospettive per un'intervista ministeriale". Però un funzionario mi disse che Cook era riluttante ad apparire in un documentario "accanto a immagini di bambini morenti", perché il documentario avrebbe avuto un "impatto emotivo" e lui non voleva rimanerci "infilzato". Fornii assicurazioni che l'intervista sarebbe stata montata correttamente e senza stacchi e dissi che la maggior parte delle domande gli sarebbero state fornite in anticipo.

Dopo due mesi di tira e molla, lettere, telefonate e temporeggiamenti vari, Cook propose una proiezione privata del documentario seguita da una sua "risposta" di dieci minuti alla fine, senza tagli. Replicai che volevo un'intervista con lui come con chiunque altro nel documentario. Inoltre il suo vice-ministro Peter Hain voleva il controllo editoriale. Declinai.

Quando *Paying the Price: Killing the Children of Iraq* andò in onda, scatenando una significativa risposta di pubblico, il Foreign Office produsse una lettera ufficiale standard firmata da Cook o da Hain o da un altro funzionario. Era un esempio classico della "cultura della menzogna" descritta da Mark Higson, funzionario addetto all'Iraq durante lo scandalo delle "armi all'Iraq" negli anni Ottanta. Quasi ogni parola era una distorsione o una falsità. Si andava da "le sanzioni non sono dirette contro il popolo iracheno" a "le sanzioni non hanno mai riguardato il cibo e le medicine". Una delle bugie più ricorrenti era che "Saddam Hussein tiene nei suoi depositi farmaci e forniture mediche per un valore di 275 milioni di dollari che rifiuta di distribuire". Le Nazioni Unite, a cominciare da Kofi Annan, avevano confutato la cosa. George Somerwill, portavoce delle Nazioni Unite per l'Iraq, aveva dichiarato: "Nessuno dei meccanismi d'osservazione [dell'ONU] ha rilevato grossi problemi relativi all'occultamento, dirottamento o qualsiasi altro cattivo utilizzo delle forniture umanitarie".

Poi c'era la bugia da 10 miliardi di dollari.

"Ora", aveva affermato Cook, "Bagdad può vendere più di 10 miliardi di petrolio all'anno per comprarsi medicine, cibo e altri beni umanitari". Cook sapeva benissimo che più di un terzo andavano via in indennizzi e spese dell'ONU. A lui si era aggiunto Peter Hain, dichiarando che "l'anno scorso il popolo iracheno ha avuto a disposizione più di 16 miliardi di dollari in aiuti umanitari". Citando documenti delle Nazioni Unite, Hans Von Sponeck replicò che la cifra citata da Hain copriva in realtà quattro anni e che, tolti gli indennizzi, agli iracheni rimanevano 100 dollari a testa l'anno per sopravvivere.

"Sapendo quello che sapete", accusò Von Sponeck, "continuate a ripetere sempre la stessa disinformazione fabbricata ad arte per i vostri scopi".

Hain: "La Risoluzione 1284 [proseguimento delle sanzioni] rispecchia la volontà collettiva del Consiglio di Sicurezza".

Von Sponeck: "Sa bene quanto questa affermazione sia falsa. Tre dei cinque membri permanenti e la Malesia non hanno appoggiato questa risoluzione"[84].

L'entusiasmo di Hain nel sostenere le sanzioni ha fortemente stupito quelli che lo ricordavano tenace sostenitore della campagna anti-apartheid e oppositore dell'invasione americana in Indocina. Forse gli apostati ambiziosi sono così. Ha perfino dichiarato che "non ci sono dati attendibili" sul legame tra l'uranio impoverito usato da inglesi e americani in Iraq e l'incremento sette volte maggiore di cancro tra la popolazione civile. Come ha mostrato il professor Doug Rokke, le prove degli effetti cancerogeni dell'uranio impoverito sono moltissime, a cominciare da un ammonimento del 1944 del generale di brigata Leslie Groves, direttore del Progetto Manhattan, fino ai numerosi rapporti interni trapelati dal Pentagono e dal Ministero della Difesa. Nel 1991 l'Ente per l'Energia Atomica inglese ha calcolato che se solo l'8% dell'uranio impoverito esploso nella Guerra del Golfo fosse stato inalato avrebbe potuto causare "500.000 potenziali morti"[85].

Nessuno dubita che se Saddam Hussein avesse intravisto un vantaggio politico nell'affamare e affliggere in qualsiasi altro modo il proprio popolo, l'avrebbe fatto. E neanche sorprende che abbia pensato a se stesso, alla sua cerchia e, soprattutto, al suo apparato militare e di sicurezza. I suoi palazzi e le sue spie, così come i suoi giganteschi ritratti su cartone, sono ovunque. Ma diversamente dagli altri tiranni non solo è sopravvissuto, ma prima della Guerra del Golfo ha conosciuto un picco di popolarità ottenuto tacitando il suo popolo con i guadagni del petrolio. Eliminati o mandati in esilio i suoi oppositori, infatti, più di ogni altro leader arabo ha impiegato la ricchezza derivata dal petrolio per modernizzare le infrastrutture civili, costruire ospedali di prima categoria, scuole e università.

In questo modo ha generato una classe media relativamente

ampia, sana, ben nutrita e bene educata. Prima delle sanzioni, gli iracheni consumavano più di 3.000 calorie al giorno a testa; il 92% della popolazione aveva acqua potabile e il 93% usufruiva di assistenza sanitaria pubblica. L'alfabetizzazione adulta era tra le più alte del mondo, circa il 95%[86]. Secondo l'Unità di Servizio Informativo dell'*Economist*, "il benessere dell'Iraq era, fino a qualche tempo fa, tra i più alti e completi del mondo arabo"[87].

Si dice che l'unico vero beneficiario delle sanzioni sia Saddam Hussein stesso. Ha usato l'embargo per accentrare il potere dello Stato e così rafforzare il controllo diretto sulle vite del suo popolo. Dato che la maggior parte degli iracheni per la propria sopravvivenza quotidiana dipende ormai dal sistema di razionamento del cibo, dare una qualsiasi forma organizzata al dissenso è assolutamente impensabile. E comunque, nella maggior parte degli iracheni esso viene sovrastato dal rancore e dalla rabbia che provano per il nemico esterno, cioè i governi occidentali. Nella società relativamente aperta e filo-occidentale che esisteva prima del 1991, il pericolo di sommosse era sempre in agguato, come dimostrarono le rivolte dei curdi e degli sciiti in quello stesso anno. Nell'attuale stato di assedio non ce n'è alcuna. Questo è il risultato, non celebrato, del blocco anglo-americano.

Tutto questo non viene reso noto. "La maggior parte degli americani", ha scritto Roger Normand, "ignora che le sanzioni contro l'Iraq hanno fatto più morti delle due bombe atomiche sganciate sul Giappone perché i media hanno focalizzato la loro attenzione esclusivamente sulla figura demonizzata di Saddam Hussein e presentato l'Iraq come un paese di obiettivi militari anziché di persone"[88]. Nel fare il collegamento tra la barbarie della politica occidentale e la barbarie del tiranno, gli oppositori delle sanzioni vengono spesso definiti "creduloni" (lo scomparso James Cameron, un giornalista che non era estraneo all'abuso di questo termine, mi disse una volta: "Se ti danno del credulone, significa che sei capitato su qualcosa di vero").

Questa era stata la tattica senza scrupoli di Peter Hain nel gettare fango sulle sacrosante denunce di Denis Halliday e Hans Von Sponeck: ironico rimasuglio di quel giovane Hain che il regime di apartheid del Sudafrica definiva un "credulone del comunismo". Forse si tratta del consueto rituale della smentita, di cui coloro che hanno ritrattato il proprio passato sono i più fervidi adepti.

Il commediografo Arthur Miller è stato più caritatevole. "Pochi di noi", ha scritto, "rinunciano facilmente all'idea che la società debba in qualche modo essere ragionevole. Il pensiero che lo Stato abbia perso la testa e stia punendo così tanti innocenti è intollerabile. Così l'evidenza deve essere smentita internamente"[89].

Il blocco economico all'Iraq deve essere tolto per la semplice ragione che è immorale, e le sue conseguenze disumane. Perché ciò succeda, dice Scott Ritter, "gli ispettori agli armamenti devono tornare in Iraq e completare il loro mandato, che dovrebbe essere riconfigurato. Inizialmente era stato concepito per un disarmo quantitativo, per rendere conto di ogni singolo dado, vite, bullone o documento che esisteva in Iraq. Finché l'Iraq non dava conto di tutto, non era in ottemperanza e non c'era progresso. Dobbiamo cambiare questo mandato in disarmo qualitativo. L'Iraq ha oggi un programma di armamenti chimici? No. Un programma di missili a lungo raggio? No. Nucleare? No. Armi batteriologiche? No. L'Iraq è qualitativamente disarmato? Sì. Quindi gli ispettori dovrebbero andare lì, certificare questo stato di cose, poi monitorare l'Iraq per assicurarsi che non sia in grado di rimettere in piedi nessuna di queste possibilità"[90]. L'Iraq ha già accettato il ritorno di ispettori della Agenzia Internazionale per l'Energia Atomica.

La Risoluzione 687 del Consiglio di Sicurezza dell'ONU stabilisce che il disarmo iracheno deve essere uno scalino "verso l'obiettivo di rendere il Medio Oriente una zona libera da armi di distruzione di massa...". In altre parole, se l'Iraq elimina, o ha eliminato, le sue apocalittiche armi, altrettanto dovrebbe fare Israele. Dopo l'11 settembre 2001, fare continue recriminazioni sull'Iraq chiudendo gli occhi su Israele non può più funzionare.

"Più le sanzioni andranno avanti", dice Denis Halliday, "più ci troveremo a veder emergere una generazione che giudicherà Saddam Hussein troppo moderato e troppo propenso a dialogare con l'Occidente"[91].

E nemmeno può più essere applicato il vecchio doppio standard di giustizia. Mentre sto scrivendo, quarantatré paesi hanno ratificato la fondazione di un Tribunale Criminale Internazionale; ne mancano sessanta. Gli Stati Uniti sono tra gli oppositori di questo tribunale, terrorizzati che l'America possa essere inquisita. È certo che se Saddam Hussein dovesse essere perseguito, dovrebbe esserlo anche Ariel Sharon; e così anche i loro mefistofelici sostenitori in Occidente, del passato e del presente.

In una lettera al *New Statesman,* Peter Hain ha definito "gratuito" il mio riferimento alla possibilità che lui, insieme ad altri politici occidentali, possa ritrovarsi citato in giudizio di fronte al Tribunale Criminale Internazionale[92]. Non è gratuito. Un rapporto per il segretario generale dell'ONU scritto dal professor Marc Bossuyt, un'autorità nel campo della legge internazionale, afferma che "secondo le attuali leggi dei diritti umani, il regime delle sanzioni contro l'Iraq è inequivocabilmente illegale" e "potrebbe sollevare obiezioni presso la Convenzione per i Genocidi". Il suo messaggio è che se il nuovo tribunale deve avere autorità, non può limitarsi a dispensare la giustizia del più forte[93].

Un movimento di opinione legale, in crescita, concorda sul fatto che questo tribunale abbia il dovere di indagare, come ha scritto Eric Herring, "non solo sul regime, ma anche sui bombardamenti e sulle sanzioni delle Nazioni Unite che hanno violato i diritti umani dei civili iracheni su larga scala... Dovrebbe anche indagare su quelli che hanno collaborato ai programmi [di Saddam Hussein] di armamenti ora proibiti, compresi i governi e le grosse compagnie occidentali"[94].

Nel 2000, Hain ha bloccato la richiesta parlamentare di pubblicare la lista completa delle aziende inglesi fuorilegge. L'eventuale procuratore potrebbe chiedersi il perché, e poi chiedersi chi ha ucciso la maggior parte degli innocenti in Iraq: Saddam Hussein o gli ispiratori della politica inglese e americana? La risposta potrebbe tranquillamente relegare in secondo piano l'attività del tiranno assassino.

La mia ultima sera in Iraq mi recai alla Rabat Hall, al centro di Bagdad, per assistere alle prove dell'orchestra nazionale irachena.

Avevo voluto incontrare Mohammed Amin Ezzat, il direttore d'orchestra la cui personale tragedia incarna la punizione subita dal suo popolo. Dato che l'energia elettrica va e viene, gli iracheni si sono trovati costretti a usare precarie lampade a kerosene per illuminare, riscaldare e cuocere; e spesso queste esplodono. Era quanto successo alla moglie di Mohammed Amin Ezzat, Jenan, morta avvolta dalle fiamme.

"Fu terribile", raccontò. "Vedevo mia moglie bruciare completamente davanti ai miei occhi. Mi gettai su di lei nel tentativo di spegnere le fiamme, ma fu inutile. Morì. Certe volte vorrei essere morto con lei"[95].

Salì sul podio con il suo braccio sinistro immobile, malamente ustionato, le dita fuse insieme. L'orchestra stava provando *Lo schiaccianoci* di Ciaikovskij e c'era una strana dissonanza. Alcuni clarinetti non avevano l'ancia e ai violini mancava qualche corda.

"Dall'estero non riusciamo a riceverle", mi disse. "Qualcuno ha deciso che non sono permesse".

Gli spartiti sono logori, sembrano antiche pergamene. I musicisti non possono avere la carta pentagrammata. Dell'orchestra originale rimangono solo due membri; gli altri sono partiti sulla lunga e pericolosa strada per la Giordania e oltre.

"Non posso condannarli", disse. "Nel nostro paese la sofferenza è troppa. Ma perché non è ancora stata fermata?".

Girai la domanda a Denis Halliday una sera, a New York. Eravamo all'Assemblea Generale delle Nazioni Unite, in cui era stato assistente del segretario generale. Mentre attraversavamo quella sala vuota, dal taglio e dall'arredamento come fermi nel tempo agli anni Cinquanta, gli chiesi se la risposta era contenuta nell'osservazione di James Rubin a proposito del "mondo reale e mondo ideale".

"È *qui* che il mondo reale viene rappresentato", disse. "*Qui* è dove si applica la democrazia: uno Stato, un voto. Per contro, il Consiglio di Sicurezza ha cinque membri permanenti che hanno diritto di veto. Quella non è democrazia; non rappresenta in alcun modo il mondo reale. Se la questione delle sanzioni all'Iraq fosse andata all'Assemblea Generale, sarebbe stata respinta con una maggioranza schiacciante. Dobbiamo cambiare le Nazioni Unite, chiedere la restituzione di ciò che è nostro. Il genocidio in Iraq è un test per la nostra volontà. Tutti noi dobbiamo rompere il silenzio: fare in modo che i responsabili, a Washington e a Londra, si rendano conto che la Storia li sconfiggerà".

# IL GRANDE GIOCO

Confesso che per me [i paesi] sono pezzi di una scacchiera sulla quale si sta giocando un grande gioco per il dominio del mondo.

*Lord Curzon, viceré delle Indie, 1898*

Abbiamo il 50% del benessere mondiale ma solo il 6,3% della sua popolazione. In questa situazione, il nostro vero compito nel prossimo periodo... sarà di mantenere questa posizione di disparità. Per far ciò, dovremo fare a meno di ogni sentimentalismo... smetterla di pensare ai diritti umani, al miglioramento degli standard di vita e alla democratizzazione.

*George Kennan,*
*pianificatore strategico degli Stati Uniti, 1948*

Questa è la terza guerra mondiale.

*Thomas Friedman, New York Times, 2001*

"La guerra non è mai piacevole", dichiarò il progressista *Independent on Sunday* durante la Guerra del Golfo, nel 1991. "Ci sono alcune azioni che una società civile non dovrebbe mai prendere in considerazione. Questo bombardamento a tappeto è senza dubbio terribile. Ma non per questo è sbagliato"[1]. In un'altra guerra, nelle risaie vicino a Saigon, vidi tre scale compiere una curva nel cielo, e ogni volta che un piolo toccava terra c'era un pennacchio di fuoco e un rumore di tuono che rimbombava nelle profonde vallate, non tanto esplodendo quanto increspandosi ed eruttando. Erano le bombe di tre B-52 che volavano in formazione, invisibili sopra le nuvole. Tra tutti e tre avevano sganciato circa settanta tonnellate di esplosivo in ciò che veniva chiamata griglia a "riquadri lunghi", termine militare che sta per bombardamento a tappeto. Si presume che ogni cosa compresa nel "riquadro" vada completamente distrutta.

Quando raggiunsi un villaggio all'interno del "riquadro", al posto della strada c'era un cratere; per centinaia di metri dal punto di contatto, non era rimasta nemmeno l'ombra bruciacchiata delle persone, come invece era stato per i morti di Hiroshima. C'erano brandelli di braccia e gambe e corpi interi di bambini scagliati in aria dall'esplosione; la loro pelle era arricciata come pergamena. La mia testa si riempì di un'ansietà estranea: avevo paura di imbattermi in qualcuno, disturbare l'agonia. Ma erano tutti morti; in compenso scivolai sullo stinco di un bufalo d'acqua.

Sono state esperienze del genere che mi hanno portato a interrogarmi sulla natura del potere imposto da lontano, e non tanto da quelli che volano sopra le nuvole, quanto dalle impeccabili, distanti figure che ordinano gli omicidi di massa e giustificano i loro crimini presentando le vittime come terroristi o tutt'al più numeri senza nome, faccia e storia, oppure come inevitabili incidenti di una morale superiore.

Trent'anni dopo, il segretario alla Difesa britannico Geoffrey Hoon disse al parlamento che "l'uso delle bombe a grappolo [in Afghanistan] è assolutamente appropriato. Per determinati bersagli sono le armi più efficaci che abbiamo"[2].

Ero in piedi nella veranda di un ospedale che dominava Hongai, città mineraria e di pescatori sulla costa della bellissima Baia di Ha Long nel Golfo del Tonchino, nel Vietnam del Nord. Secondo le stime del dottor Luu Van Hoat, il 10% dei bambini della città erano diventati sordi.

"C'è stato un bel rullo di tamburi, nelle nostre teste", osservò. Per tre giorni, nel giugno del 1972, i cacciabombardieri americani avevano volato contro Hongai, cinquantadue sortite senza interruzione. È considerato un record. Hongai venne bombardata, a intermittenza, per altri sei anni: uno dei bombardamenti più duri e più concentrati mai eseguiti.

Un altro motivo di distinzione della città è che fu uno dei primi bersagli sul quale vennero utilizzate quelle che allora si chiamavano "bombe a frammentazione", il prototipo delle bombe a grappolo. Queste nuove armi scagliavano in giro centinaia di frammenti, molti dei quali affilati come frecce. Nell'unica scuola, che era stata rasa al suolo, trovai una lettera tra i calcinacci. Era stata scritta da una ragazza di nome Nguyen Thi An.

"I bambini scrivevano molte lettere a se stessi, in quei giorni", mi disse un insegnante.

> Mi chiamo Nguyen Thi An. Ho quindici anni. Questa lettera ti arriva da Hongai, dove sono nata ai piedi della montagna Bai Tho con il mormorio delle onde del mare che si frangono sulla costa. Avevo appena fatto l'esame di settima nella scuola Cao Thang. Era una giornata radiosa e mia madre mi aveva appena detto di apparecchiare la tavola. Mio padre era tornato dal lavoro [faceva il minatore]. Subito dopo ho sentito la sirena e sono corsa nel rifugio più vicino. Ho sentito i motori degli aeroplani, poi le esplosioni. Quando ho sentito di nuovo la sirena, sono uscita. Mia madre e mio padre erano distesi là, mio fratello Nguyen Si Quan e mia sorella Nguyen Thi Binh erano coperti di sangue. Mia sorella aveva pezzi di metallo conficcati nella carne, anche la sua bambola ne aveva. Continuava a gridare: "Dove sono mamma e papà? Dov'è la mia bambola?". Non c'è rimasto più nulla di Ha Long, la strada dove era la mia casa. Qui finisce la mia lettera.

La via dove viveva la famiglia Nguyen era stata colpita dalle nuove bombe. Come mi spiegò il dottor Luu, le schegge erano entrate nel corpo della sorella di Thi An, Thi Binh, e avevano continuato a muoversi dentro di lei per parecchi giorni, provocando ferite interne che l'avevano fatta morire dopo una lunga e dolorosa agonia. Le schegge erano di un materiale plastico difficilmente identificabile ai raggi x; lessi in seguito che questa era stata una precisa intenzione del progettista.

I tipi più comuni di bombe a grappolo, chiamate *rockeyes* negli Stati Uniti, erano state sperimentate nel vicino Laos. Ognuna si frammentava in circa 160 elementi, tipo petardi, metà dei quali rimanevano sul terreno fino a che un animale o una persona non ci metteva il piede sopra o li raccoglieva, come spesso fanno i bambini. Allora esplodevano. A distanza di trent'anni, esse continuano a uccidere e a mutilare un numero stimato in 20.000 persone l'anno in Laos, un piccolo paese che non è mai stato in guerra con l'America e che è stato bombardato come spettacolo di spalla alla distruzione di Vietnam e Cambogia. Le bombe a grappolo, con la loro longevità letale, vengono progettate unicamente per spargere il terrore, sono armi "antitruppa", tanto per usare una terminologia militare.

Il giorno che Geoffrey Hoon aveva detto che le bombe a grappolo erano "le armi più efficaci che abbiamo", esse erano state sganciate su Gardez, una poverissima città dell'Afghanistan da tempo caduta in mano alle forze antitalebane. Non si conosce il bilancio delle vittime. Di sicuro, in una famiglia di profughi erano morte sette persone, e tre gravemente ferite. Si trattava di rifugiati che avevano trovato asilo in edifici di proprietà di un'agenzia delle Nazioni Unite per lo sminamento terrestre, ora distrutta. Sulla stampa, l'ironico accostamento passò inosservato: le bombe a grappolo *sono* le mine anti-uomo. L'unica vera differenza con quelle bandite dal trattato internazionale è che queste vengono lanciate da un aereo. Mentre sto scrivendo, un numero stimato di circa 70.000 "petardi" a grappolo americani giace inesploso in Afghanistan, una delle nazioni già più disseminate di mine del mondo[3].

È questa la vera natura della "guerra contro il terrorismo". L'eredità storica è fuor di dubbio. Gli stessi B-52 che hanno distrutto buona parte dell'Indocina, hanno bombardato le colonne dei civili afgani che fuggivano da Kunduz.

"Ho visto venti bambini morti sulle strade", raccontò Zumeray, una profuga. "Solo ieri sono state ammazzate quaranta persone [su un totale stimato di 150 civili uccisi in tre giorni]. Alcuni sono stati carbonizzati dalle bombe, altri sono rimasti schiacciati dal crollo dei muri e dei tetti delle loro case, in seguito all'esplosione"[4].

L'assedio di Kunduz è finito in un fortino di terra battuta chiamato Qala-i-Jhangi, un nome che dovrebbe risuonare nella memoria "civile"; "civile" è un termine di cui si fa largo uso in questo periodo. Le forze speciali americane e inglesi hanno fatto intervenire i bombardieri americani in appoggio alle truppe di un signore della guerra dell'Alleanza del Nord, il generale Rashid Dostum, leader di una fazione uzbeka, la cui reputazione di brutalità include uomini incatenati ai cingoli dei carri armati e che da allora è stato nominato viceministro della Difesa nel nuovo governo. Gli uomini dentro il fortino erano prigionieri di guerra talebani. Sono stati bersagliati con bombe a grappolo, e i sopravvissuti imbevuti di petrolio e accesi come fiammiferi, o fucilati con le mani legate dietro la schiena. Centinaia di prigionieri sono stati uccisi in questo modo.

"Indubbiamente, la cosa importante della civilizzazione", ha scritto Isobel Hilton, un'articolista del *Guardian*, "è non farla scivolare spensieratamente nel terrore e nella barbarie... Gli afgani, ci dicono, sono dei selvaggi e sarebbe assurdo aspettarsi di combattere una guerra in Afghanistan secondo le regole di Queensberry. Ma questa è la guerra di chi? [Americani e inglesi] la stanno combattendo con le regole di Dostun o con le proprie? O non dobbiamo più fare la distinzione?"[5].

Nulla è cambiato. Non le bombe a grappolo, che erano già state provate in Vietnam. Non lo shock della coscienza liberale, costretta a riconoscere la verità del fatto che assassinio di massa, "terrorismo e barbarie" sono pratiche consuete per "i nostri": solo la tecnologia è differente. Non il far passare per illusioni morali i reali obiettivi dei paesi ricchi della Terra, che usano il loro terrificante potere militare contro i più poveri e lo spacciano per "civilizzazione".

E neanche è venuto meno il disprezzo per le soluzioni pacifiche. Nel 1954, il segretario di stato americano John Foster Dulles abbandonò la conferenza di Ginevra perché la maggioranza si era trovata d'accordo sulle elezioni democratiche in Vietnam che avrebbero unificato il Nord e il Sud del paese. La sua mossa innescò una guerra che si portò via cinque milioni di vite.

Analogamente, all'indomani dell'11 settembre 2001, la possibilità di una soluzione pacifica è stata sabotata. I leader dei due partiti islamici pakistani dissero di aver trattato l'estradizione di Osama Bin Laden in Pakistan, nonostante gli americani non avessero fornito alcuna prova con cui poterlo incriminare per l'attacco alle Twin Towers. Sarebbe stato messo agli arresti domiciliari a Peshawar. Il piano venne approvato dallo stesso Bin Laden e dal capo dei talebani, il *mullah* Omar. A quel punto un tribunale internazionale avrebbe esaminato le prove e deciso se processarlo o consegnarlo all'America. Una delegazione di religiosi islamici provenienti dal Pakistan, sostenitori dei talebani, incontrò il *mullah* Omar a Kandahar e gli disse che il Pakistan sarebbe sprofondato in una grave crisi se Osama Bin Laden non fosse stato consegnato. "Noi non ci schieriamo dalla parte di chi si è reso responsabile di quest'atto, sia Osama o chiunque altro", aveva dichiarato il ministero per l'Informazione talebano. "Abbiamo detto [alla delegazione pakistana] di darci le prove che sia stato lui, perché senza di quelle come possiamo consegnarlo?". Dietro pressione di Washington, il presidente pakistano Musharraf pose il veto a un piano che, come disse un funzionario americano, "rischiava di causare un prematuro collasso dello sforzo internazionale" per catturare Bin Laden.

Forse non sapremo mai se la proposta era genuina, né se avrebbe funzionato. Quando cominciarono i bombardamenti in Afghanistan, i governi americano e britannico affermarono, mentendo, che "nessuna alternativa pacifica era mai stata offerta loro".

"Non ci può essere diplomazia con Bin Laden o con il regime talebano", disse Tony Blair. "Nessun compromesso è possibile con questa gente... abbiamo solo una scelta: sconfiggerli o farci sconfiggere".

"Ho dato loro una buona chance", disse George W. Bush[6].

Nello spirito del "grande gioco" di Lord Curzon, il bombardamento dell'Afghanistan è servito a sostituire tribù indesiderate con tribù più gradite. Il fatto che entrambi i gruppi, nel gergo del gioco moderno, siano "terroristi" non ha alcuna importanza. L'unica differenza è che il presidente Bush chiama "nostri amici" gli attuali occupanti di Kabul, l'Alleanza del Nord. Sono le stesse persone acclamate con i voli d'aquiloni nel 1992, dopo aver fatto fuori circa 50.000 persone in quattro anni di lotte intestine. "Nel solo 1994", riferisce l'Osservatorio per i Diritti Umani di New York, "si calcola che siano state uccise 25.000 persone a Kabul, la maggior parte delle quali civili, con razzi e attacchi di artiglieria. Un terzo della città è stato ridotto in macerie"[7]. Oggi, dopo aver torturato e giustiziato centinaia di prigionieri di guerra e aver saccheggiato i magazzini degli aiuti stranieri, i nuovi eroi hanno tranquillamente ristabilito il loro monopolio sul traffico dell'eroina; e anche in questo non c'è niente di nuovo.

Non esiste una "guerra al terrorismo". Non è possibile una guerra del genere quando la "coalizione" che la muove, gli alleati degli Stati Uniti, comprende alcuni tra gli stati più terroristi del mondo: Algeria, Turchia, Russia, Cina, Indonesia. La ricerca di Osama Bin Laden è uno spettacolo da circo. L'obiettivo è il controllo, tramite fedeli vassalli, dell'Asia Centrale ex-sovietica, una regione ricca di petrolio e minerali e di enorme importanza strategica per le altre grandi potenze, Russia e Cina. Già dal febbraio del 2002 gli Stati Uniti hanno impiantato basi permanenti in tutte le repubbliche dell'Asia Centrale e in Afghanistan, il cui governo post-talebano è gradito agli americani. "L'America avrà un interesse continuato e una presenza in Asia Centrale come mai avremmo potuto immaginare prima [dell'11 settembre]", ha detto il segretario di Stato Colin Powell[8]. E questo è solo l'inizio. L'obiettivo finale dell'America è una conquista militare ed economica ad ampio raggio, come era stata pianificata durante la seconda guerra mondiale e che, come dice il vicepresidente Cheney, "potrebbe non esaurirsi nello spazio delle nostre vite". Cheney e il segretario alla Difesa Rumsfeld l'hanno fatto capire chiaramente dopo che i talebani si erano ritirati a sud di Kabul. L'America stava progettando un'azione contro "quaranta o cinquanta paesi". La Somalia, presunto "porto sicuro" per il gruppo islamico Al Qaeda, si aggiunge all'Iraq in cima alla lista dei potenziali bersagli. Rumsfeld ha rivelato di aver chiesto al Pentagono di "pensare l'impensabile", dopo aver respinto le sue "opinioni sul dopo-Afghanistan" come "non abbastanza radicali"[9]. Non ha citato il fatto che la Somalia e parte dell'Oceano Indiano nord-occidentale siano una gigantesca riserva di gas e petrolio, grande forse come il Mar Caspio. Anche in questo caso, le compagnie americane hanno sostenuto le pretese e auspicato l'imposizione di un regime filo-occidentale. Non c'è alcuna prova che Al Qaeda abbia basi in Somalia. Gli americani prestano ascolto a un clan paramilitare chiamato Rahanwein, appoggiato dalla vicina Etiopia, da sempre impegnata a mantenere la Somalia debole e divisa, e di cui regge il gioco.

L'11 settembre ha fornito alla Washington di Bush una fantastica giustificazione. A metà luglio del 2001, funzionari americani avevano detto all'ex ministro degli Esteri pakistano Niaz Naik che verso la metà di ottobre sarebbe stata intrapresa un'azione militare contro l'Afghanistan[10]. Il segretario di Stato Colin Powell stava allora viaggiando per l'Asia Centrale, già alla ricerca di appoggi per formare una "coalizione" di guerra anti-Afghanistan. Per Washington, il vero problema con i talebani non era la loro violazione dei diritti umani; quello era irrilevante. Spalleggiati all'inizio da Washington, i talebani non avevano il controllo totale dell'Afghanistan; fazioni di *mujaheddin* controllavano ancora i territori del nord. Per questo motivo, agli occhi degli americani il regime mancava di "stabilità", mancava di quel controllo che tutti i clienti esigono.

Era questa mancanza di "stabilità" che tratteneva gli investitori dal continuare a finanziare gli oleodotti e i gasdotti provenienti dal Mar Caspio, i cui carburanti fossili molto poco sfruttati erano diventati importantissimi, se non fondamentali, per i programmi americani. Nel 1998, Dick Cheney, allora consulente per la realizzazione di oleodotti per parecchie repubbliche dell'Asia Centrale, disse a una conferenza di dirigenti dell'industria petrolifera: "Non credo ci sia mai stata, prima d'ora, una regione venuta alla ribalta così all'improvviso e diventata strategicamente significativa quanto il Caspio"[11].

L'interesse dell'Occidente per il Caspio risale all'epoca in cui il petrolio era stato scoperto e sfruttato per la prima volta. Verso la fine del diciannovesimo secolo, la Russia si batté per tenere la Standard Oil Company di John B. Rockefeller fuori dal Caspio. Il giornalista John Reed, cronista della Rivoluzione Russa, disse nel 1919 a una riunione del Congresso del Popolo dell'Est a Baku, la capitale dell'Azerbaijan: "Lo sapete come si pronuncia Baku negli Stati Uniti? Petrolio!".

E non erano solo l'America e i poteri imperiali europei a desiderare i giacimenti di petrolio del Caspio. Hitler, invadendo la Russia e prima di esaurire le scorte di carburante ed essere sconfitto a Stalingrado, progettava di "prendersi il salvifico bottino delle risorse del Caspio e poi spingersi a sud per le ancora più ricche prede che erano Persia e Iraq", come ha sottolineato un giornalista contemporaneo, John Rees[12].

Per l'Occidente l'esistenza dell'Unione Sovietica era uno sbarramento sulla strada verso le riserve di petrolio e di gas, il cui potenziale stimolava continue illazioni. Si diceva, forse ottimisticamente, che il più grande mare interno del mondo contenesse un terzo delle riserve di gas e petrolio del pianeta. I giacimenti più estesi sono in Kazakhstan e in Azerbaijan, con giacimenti più piccoli in Turkmenistan e Uzbekistan. Dopo il crollo dell'Unione Sovietica, Stati Uniti, Russia, Cina, Francia e Gran Bretagna hanno gareggiato in una "corsa al petrolio" reminiscenza del parapiglia imperiale per accaparrarsi l'Africa.

Negli anni Novanta, gli Stati Uniti sostennero le loro pretese con numerose dimostrazioni del loro "campo d'azione globale", tipo il super-pubblicizzato invio di 500 paracadutisti dell'Ottantaduesima Divisione Aerotrasportata in North Carolina al deserto del Kazakhstan. All'epoca fu l'operazione di quel tipo più a lungo raggio nella storia militare ed era tesa a dimostrare, disse un generale del Pentagono, che "non c'è nazione sulla faccia della Terra dove noi non siamo in grado di arrivare", aggiungendo la scontata riflessione che gli Stati Uniti si preoccupavano di promuovere la costituzione di "stati sovrani indipendenti in grado di difendersi da soli"[13].

Il segretario per l'Energia del presidente Clinton, Bill Richardson, ha candidamente definito le repubbliche ex sovietiche "parte della sicurezza dell'energia americana". "Vogliamo", ha detto, "che abbiano fiducia negli investimenti commerciali e politici occidentali nel Caspio, ed è per noi molto importante che la mappa degli oleodotti e i metodi politici funzionino bene"[14].

La "mappa degli oleodotti" è fondamentale, perché petrolio e gas sono inutili se non ci sono i mezzi per portarli fino ai grandi scali. Gli oleodotti possono prendere tre strade: attraverso la Russia, l'Iran o l'Afghanistan. Per Washington, dipendere dalla Russia è strategicamente inopportuno, mentre l'Iran è il paese che l'America ha cercato per oltre vent'anni di isolare. Non sorprende, quindi, che nel 1996, quando i talebani presero il potere a Kabul, si trovassero a essere corteggiati dalla lobby petrolifera americana che aveva gli occhi puntati su "uno dei più ambiti trofei del ventunesimo secolo", come scrisse il *Daily Telegraph*. "Esperti del settore petrolifero dicono che il motivo principale per cui il Pakistan, stretto alleato politico dell'America, ha appoggiato così tanto i talebani e l'America ha tranquillamente permesso che conquistassero l'Afghanistan, è il sogno di assicurarsi un oleodotto attraverso l'Afghanistan"[15].

Dopo l'11 settembre 2001, nessuno più del *Wall Street Journal* si fece così fervente sostenitore della cacciata dei talebani. Eppure, solo cinque anni prima, l'autentica voce del capitale americano si esprimeva in tono completamente diverso. I talebani, dichiarava allora il quotidiano, "sono in questo momento storico i giocatori più adatti a riportare la pace in Afghanistan". C'è di più, il loro successo era indispensabile per rendere l'Afghanistan la "via primaria di trasporto per le esportazioni delle vaste riserve di petrolio, gas e altre risorse naturali dell'Asia Centrale"[16].

Ma Washington non si limitò ad applaudire l'ascesa dei talebani. I loro leader furono fatti volare in Texas, allora governato da George W. Bush, e intrattenuti a Houston dai dirigenti della compagnia petrolifera Unlocal. Secondo George Monbiot, "la compagnia propose di pagare a questi barbari la somma di quindici centesimi per ogni mille piedi cubi di gas pompato fuori dalla terra che avevano appena conquistato"[17]. Un funzionario dell'amministrazione Clinton osservò che l'Afghanistan sarebbe diventato "come l'Arabia Saudita", una colonia petrolifera senza democrazia dove perseguitare le donne era legale. "Ci possiamo stare", disse[18].

Nel 1998, il vicepresidente dell'Unlocal per le Relazioni Internazionali, John J. Maresca, disse a un'interrogazione del Congresso che "entro il 2010 le compagnie occidentali avrebbero potuto incrementare la produzione di petrolio a 4,5 milioni di barili al giorno, cioè un incremento di più del 500% in quindici anni". Invocò "la nascita di un contesto adatto agli investimenti nella regione". Intendeva, dicendo ciò, che "la costruzione dell'oleodotto da noi proposta attraverso l'Afghanistan non può cominciare fino a che non si sia insediato un governo riconosciuto che goda della fiducia degli altri governi, dei finanziatori e della *nostra compagnia* [con enfasi intenzionale]". Non fece alcun cenno al carattere barbaro del regime, né ai terroristi di Al Qaeda con cui si diceva che intrattenesse rapporti.

Quando finalmente la Unlocal firmò un "memorandum di intesa" per costruire l'oleodotto dal Turkmenistan al Pakistan via Afghanistan, lo fece su mandato di un consorzio formato da Enron, Amoco, British Petroleum, Chevron, Exxon e Mobil. Gli artefici dell'affare furono Dick Cheney, ex segretario alla Difesa e futuro vicepresidente, James Baker, ex segretario di Stato, e Brent Scowcroft, ex consigliere per la Sicurezza Nazionale del presidente. Avevano tutti prestato servizio nello studio di George Bush senior. Cheney e Baker sono totalmente immersi nell'industria del petrolio: Cheney è forse il personaggio più potente della Casa Bianca e Baker continua ad avere un'enorme influenza, come del resto Bush senior, il "presidente dei petrolieri"[19]. La nota piccante è che Bush senior continua a essere un consulente pagato dalla famiglia Bin Laden attraverso il Carlyle Group, e si è incontrato due volte con la famiglia[20].

L'affare fallì quando due ambasciate americane in Africa Orientale vennero colpite dalle bombe e degli attentati venne accusato il gruppo Al Qaeda. Il fremito tra Washington e i talebani, comunque breve, si spostò da allora sulle repubbliche petrolifere del Caspio che facevano anch'esse sfoggio di terrificanti primati nel campo dei diritti umani. Quando cominciarono i bombardamenti in Afghanistan, Rumsfeld promise "decine di milioni di dollari" al Tajikistan e all'Uzbekistan, che condividono con l'Afghanistan circa 1.500 chilometri di confine[21].

L'accordo soddisfa i russi, convinti che le repubbliche si avvicineranno maggiormente a Mosca per controbilanciare il peso americano. La collaborazione di Vladimir Putin incontra i favori di Washington, come dimostrano il piano per un'ulteriore riduzione delle armi strategiche e il permesso accordatogli di procedere con la sua personale "guerra al terrorismo" in Cecenia, dove si calcola che siano già state uccise 20.000 persone. Mentre i bombardieri americani erano al lavoro, George W. Bush intratteneva Putin nel suo ranch in Texas. "È il mio nuovo grande amico", disse Putin salutando dal cart su un campo da golf.

L'altro principale membro della "coalizione contro il terrorismo", la Cina, è stato il più rapido ai blocchi di partenza nel presentare le proprie condoglianze dopo l'11 settembre 2001. Passata nel giro di sei mesi da avversario potenziale ad amico, la Cina è stata ricompensata con il deciso appoggio degli Stati Uniti al suo ingresso nell'Organizzazione Mondiale del Commercio (WTO). Sono anche state alleggerite le sanzioni sulla vendita di attrezzatura militare che le erano state imposte in seguito al massacro di piazza Tienammen del 1989, in modo che la Cina possa acquistare i pezzi di ricambio degli elicotteri americani Black Hawk che le erano stati forniti nel 1980. La questione del Tibet e i molteplici abusi cinesi in materia di diritti umani, come del resto quelli dei talebani nel 1996, sono a questo punto irrilevanti.

Alla Turchia, unico paese islamico nella NATO, sono stati concessi prestiti dal Fondo Monetario Internazionale e dalla Banca Mondiale dietro istruzioni americane. L'incessante pulizia etnica della minoranza curda operata dallo Stato turco è un altro fattore irrilevante. Anche la dittatura militare pakistana è stata sollevata dall'embargo occidentale che le era stato imposto dopo i test nucleari, e i prestiti del Fondo Monetario Internazionale e della Banca Mondiale sono stati "rimessi in programma". Il senato americano ha sorvolato sul debito, permettendo al Pakistan di ricevere aiuti militari di emergenza. Tutti loro seguono uno schema prestabilito. La "coalizione" che ha attaccato l'Iraq nel 1991, guidata dagli Stati Uniti, è stata messa insieme anche con alcune delle più grosse bustarelle della storia.

Si sta evolvendo un "ordine mondiale" nuovo, ma gli obiettivi e persino il vocabolario di Lord Curzon rimangono. Dopo l'11 settembre, trascinato dal fervore di pronunciarsi in favore del presidente degli Stati Uniti, Tony Blair arrivò vicino all'annuncio delle sue reali intenzioni come mai lo era stato nessun leader inglese dai tempi di Antony Eden. In effetti, come primo ministro Blair non somiglia tanto a un moderno Churchill, come gli piacerebbe, quanto a Eden, l'ultimo rappresentante dell'*ancien régime* britannico che attaccò l'Egitto a Suez. In un discorso evangelico tenuto al Congresso del Partito Laburista poco dopo l'11 settembre, Blair dette l'annuncio che il viaggio di ritorno dell'imperialismo verso la rispettabilità era cominciato.

Dopo aver mandato le forze britanniche quattro volte in guerra (Iraq, Jugoslavia, Sierra Leone, Afghanistan), dalla sua ascesa al potere nel 1997, Blair invoca ora la "moralità" per giustificare le sue azioni attuali e future. È una delle sue parole preferite; una volta, a una conferenza sulla proprietà della stampa organizzata da Rupert Murdoch, la utilizzò undici volte. Il bombardamento della Jugoslavia era una "crociata morale"; la missione della NATO è "esclusivamente morale" così via.

Ma ora udite, udite la visione che il bravo bombarolo cristiano ha di un mondo migliore per "chi muore di fame, per i disperati, per coloro che sono stati privati di tutto, per gli ignoranti, per quelli che vivono nel bisogno e nello squallore, dai deserti dell'Africa del Nord alle periferie di Gaza fino alle catene montuose dell'Afghanistan". Udite la sua "costante" preoccupazione per i "diritti umani delle povere donne afgane", mentre collabora a bombardarle e a impedire che ai loro denutriti figli arrivi il cibo (il 16 settembre, il *New York Times* riferì che Washington "aveva richiesto la soppressione dei convogli di camion che rifornivano i civili afgani della maggior parte di cibo e altri beni". In seguito, Blair respinse gli appelli delle organizzazioni umanitarie internazionali a favore di una pausa nei bombardamenti.

Come ci ricorda Frank Furedi in *The New Ideology of Imperialsm* è passato poco tempo da quando "le pretese morali dell'imperialismo non venivano quasi mai messe in discussione in Occidente. L'imperialismo, espansione globale dei poteri occidentali, veniva dipinto in termini schiettamente positivi quale importante fattore della civiltà umana". L'avventura finì quando fu chiaro che anche il fascismo, con tutti i suoi concetti di superiorità razziale e culturale, era imperialismo, e la parola sparì dai discorsi accademici. Nella miglior tradizione stalinista, l'imperialismo smise di esistere[22].

Una nuova opportunità è sorta dopo la fine della guerra fredda. Le crisi economiche e politiche del mondo sviluppato, in gran parte risultato del post-colonialismo, come i massacri in Medio Oriente e la distruzione del mercato delle materie prime in Africa, servono ora da giustificazione retroattiva dell'imperialismo. Sebbene la parola si mantenga ancora impronunciabile, l'intellighenzia occidentale, progressisti o conservatori che siano, fa un uso massiccio del suo eufemismo preferito, "civiltà". Dal presidente del Consiglio del governo italiano Silvio Berlusconi, alleato dei cripto-fascisti, all'ex editore liberale inglese Harold Evans, i nuovi imperialisti condividono un concetto il cui vero significato si appoggia su un disaccordo inespresso verso chi è "non civile", cioè inferiore, e potrebbe mettere in discussione i "valori" occidentali, in particolare il diritto divino di controllare e saccheggiare.

I personaggi incisivi del nuovo imperialismo sono molti, ma nessuno così convincente come Zbigniew Brzezinski, consigliere di molti presidenti e uno dei più influenti guru di Washington, il cui libro del 1997 gode di un'autorità biblica presso la cerchia di Bush e della sua intellighenzia. In *The Grand Chessboard: American Primacy and its Geostrategic Imperatives* ["La grande scacchiera: supremazia americana e suoi imperativi geostrategici"] Brzezinski scrive: "Fin da quando i continenti hanno cominciato a interagire politicamente, circa cinquecento anni fa, l'Eurasia è stata il centro del potere mondiale"[23].

Definisce Eurasia tutto il territorio a est di Germania e Polonia, che si estende attraverso la Russia e la Cina fino al Pacifico e comprende il Medio Oriente e buona parte del sub-continente indiano. La chiave per controllare questa enorme parte di mondo è l'Asia Centrale. Il dominio sul Turkmenistan, l'Uzbekistan, il Tajikistan e il Kyrgyzstan, oltre ad assicurare nuove fonti di energia e ricchezze minerali, garantisce un "posto di sorveglianza" sotto controllo americano del petrolio del Golfo Persico[24]. "Cos'è più importante per la storia del mondo?", chiedeva Brzezinski. "I talebani o il crollo dell'impero sovietico? Pochi musulmani esagitati o la liberazione dell'Europa centrale?"[25]. I "musulmani esagitati" gli hanno risposto l'11 settembre del 2001.

"La priorità principale è stata raggiunta", scrive Brzezinski: la sottomissione economica dell'antica superpotenza..Dopo il collasso dell'Unione Sovietica, spiega, gli Stati Uniti si sono impadroniti di circa 300 miliardi di dollari in beni patrimoniali russi, destabilizzando la moneta e garantendosi la sicurezza di una Russia indebolita costretta a rivolgersi a ovest verso l'Europa, per una rinascita economica e politica, anziché a sud verso l'Asia Centrale. L'analisi di Brzezinski respinge il concetto di "guerre locali come risposte al terrorismo". Esse sono semmai l'inizio di un conflitto finale che porta inesorabilmente alla dissoluzione dei governi nazionali e al dominio del mondo da parte degli Stati Uniti.

Gli stati nazionali saranno incorporati nel "nuovo ordine", controllati unicamente dagli interessi economici imposti dalle banche internazionali, dalle multinazionali e dalle élite di comando impegnate nel mantenimento del loro potere (attraverso la manipolazione e la guerra). "Per dirla con una terminologia che ci riporta indietro alla più brutale epoca degli antichi imperi", scrive, "i tre grandi imperativi della geostrategia imperiale sono: prevenire la collusione e mantenere la dipendenza dei vassalli per ciò che riguarda la propria sicurezza nazionale, far sì che coloro che pagano le tasse rimangano docili e protetti, e impedire ai barbari di mettersi insieme"[26].

Doveva essere facile, una volta, respingere un messaggio del genere in quanto di estrema destra. Ma Brzezinski è anche la corrente dominante; è stato consigliere per la Sicurezza Nazionale del presidente Carter e ha avuto una forte influenza su Bush senior, Clinton e ora su Bush junior. Tra i suoi discepoli ci sono Madeleine Albright e John Negroponte, la mente del terrore americano in America Centrale, ora ambasciatore di Bush alle Nazioni Unite. Come ambasciatore in Honduras nei primi anni Ottanta, Negroponte supervisionò la fondazione di un regime di squadre della morte, chiamate Battaglione 3-16, che spazzò via l'opposizione democratica. Gestì la guerra terroristica dei "contras" della CIA contro il vicino Nicaragua. Un mese dopo l'attacco alle Twin Towers, Negroponte scrisse al Consiglio di Sicurezza delle Nazioni Unite che "la legittima difesa dell'America richiede ulteriori azioni nei confronti di altri stati". Stava avvertendo il mondo[27].

"La mano nascosta del mercato", ha scritto Thomas Friedman, il commentatore di politica estera americana del *New York Times*, "non potrà mai funzionare senza un pugno nascosto. McDonald's non potrà mai prosperare senza la McDonnel Douglas che ha progettato l'F-15. E il pugno nascosto che mantiene il mondo sicuro per le tecnologie di Silicon Valley si chiama Esercito, Aviazione, Marina e Corpo dei Marines americani"[28].

Il vero potere americano viene spesso definito economico: il potere di un paese che controlla più di un terzo delle risorse del pianeta, con grandi compagnie come la Microsoft e la Motorola, la Ford e la Coca-Cola che sono più potenti dei governi. È un punto di vista piuttosto diffuso specialmente all'interno del movimento anti-globalizzazione. "I governi sono stati ridotti a recitare la parte dei sottomessi lacchè del grande business", ha scritto Noreena Hertz, la dissidente londinese della finanza. Persino il governo degli Stati Uniti ha ceduto il potere dello Stato. Si è soffermata sul "vergognoso servilismo di George W. Bush verso le grandi multinazionali dell'energia"[29].

L'illusione di uno Stato indebolito è la cortina fumogena tirata ad arte dai progettisti del "nuovo ordine". Margaret Thatcher ha concentrato il potere esecutivo dichiarando di fare il contrario; lo stesso ha fatto Tony Blair. Il progetto degli europei è tutto finalizzato ad ampliare i confini dello Stato. La Cina totalitarista ha abbracciato il "libero" mercato consolidando allo stesso tempo il suo enorme apparato statale.

Comunque, lo Stato americano surclassa tutti. È stata la trionfante e incolume America a lanciare nel 1944 la moda dell'attuale "economia globale", alla conferenza di Bretton Woods, nel New Hampshire, consegnando alle istituzioni militari e corporative americane l'accesso ai minerali, al petrolio, ai mercati e alla manodopera a basso prezzo. La Banca Mondiale e il Fondo Monetario Internazionale sono stati inventati per implementare questa strategia. La loro base è Washington, dove un cordone ombelicale li collega al Tesoro USA. Il potere di voto dei loro membri è determinato dalla ricchezza: e infatti l'America li controlla tutti. Il presidente della Banca Mondiale è sempre un americano.

Tutto ciò è in linea con la storica asserzione di George Kennan secondo cui il reale "compito" dell'America è di mantenere la disparità economica con il resto del mondo e "smettere di pensare ai diritti umani, al miglioramento degli standard di vita e alla democratizzazione". Bretton Woods ha gettato le basi della globalizzazione della povertà e dell'uso del credito come un'arma. Quando John Maynard Keynes, rappresentante inglese a Bretton Woods, propose una tassa sulle nazioni creditrici studiata apposta per evitare ai paesi poveri di cadere nel debito perpetuo, gli americani gli dissero che, se avesse insistito, la Gran Bretagna non avrebbe ottenuto i prestiti di guerra di cui aveva disperatamente bisogno. Oltre mezzo secolo dopo, il fosso del benessere scavato tra il più ricco 20% dell'umanità e il più povero 20% è raddoppiato, e un'élite di meno di un miliardo di persone controlla l'80% delle ricchezze del pianeta. I "programmi di aggiustamento strutturale", messi in atto dalle agenzie delle istituzioni pilotate da Washington hanno dato luogo a un dominio indebitato più grande dell'impero britannico nel momento del suo massimo splendore.

"Globalizzazione non significa impotenza dello Stato", ha scritto l'economista e dissidente russo Boris Kagarlitsky, "ma rigetto da parte dello Stato delle sue funzioni sociali in favore di quelle repressive, irresponsabilità da parte dei governi e fine delle libertà democratiche"[30]. A partire dalla Thatcher e da Reagan negli anni Ottanta, gli stati socialdemocratici hanno guardato all'America accantonando progressivamente le loro "funzioni sociali". La repressione è un corollario. In seguito all'11 settembre, il Congresso ha emanato il cosiddetto Patriot Act ["Legge patriottica"], che getta le basi di uno stato di polizia. Più di due secoli di "controlli ed equilibri" costituzionali sono stati annacquati, alcuni messi fuorilegge. Musulmani americani sono stati arrestati e messi in prigione senza processo; il Dipartimento della Giustizia rifiuta di dire quanti. Con ordine esecutivo, George W. Bush ha costituito tribunali militari segreti per incriminare, imprigionare e giustiziare i cittadini stranieri di nascosto senza alcuna possibilità di ricorso o d'appello. Per la prima volta dal 1861 è stato sospeso l'*habeas corpus*. (La legislazione "antiterrorismo" è stata applicata anche in Gran Bretagna, così come l'abbandono su larga scala dei processi con giuria. Analogamente, in Australia, sono state emanate leggi sulla segretezza che rendono le "fughe di notizie" governative un crimine altrettanto grave come quello di spionaggio).

"Il clima è tale", ha scritto Andrew Stephen, corrispondente da Washington del *New Statesman*, "che articolisti considerati liberali dibattono i pro e i contro del torturare i prigionieri, per poi alla fine concludere che, sì, in questi tempi eccezionali la tortura è ammissibile"[31]. Fa venire in mente il periodo di McCarthy degli anni Cinquanta, quando molto dello spirito vitale americano si consumava nella paranoia alimentata da uno Stato che ignorava la Carta dei Diritti e imponeva la politica estera. Obbedendo agli impulsi totalitaristi, che sono americani quanto il Quattro di Luglio, gli Stati Uniti sono diventati una plutocrazia.

La cricca di Bush, non eletta, si compone di autentici fondamentalisti, gli eredi di John Foster Dulles e di suo fratello Alan, i fanatici battisti che hanno guidato rispettivamente il Dipartimento di Stato e la CIA frantumando governi riformatori paese dopo paese – Iran, Iraq, Guatemala – e stracciando convenzioni internazionali, tipo gli accordi di Ginevra del 1954 sull'Indocina. La differenza è che negli anni Cinquanta il capitale americano era onnipotente. I potenziali rivali, Europa, Asia e Unione Sovietica, erano deboli. Oggi, scrive John Rees, "la capacità [dell'America] di assicurare la stabilità economica del sistema [di capitalismo globale] è molto calata rispetto al periodo del dopoguerra. E l'instabilità sociale e politica che ne consegue è una sfida continua al potere degli Stati Uniti"[32].

La sfida più imprevedibile viene dal disordine economico e dalle divisioni generate dalla globalizzazione a gran parte dell'umanità. Nel 1991, la condizione dei paesi meno sviluppati (LDC, "*Least Developed Countries*" o, nel gergo del nuovo potere, gli "Stati falliti") fu il soggetto di un ambizioso programma d'azione lanciato dalla Conferenza dei LDC indetta dalle Nazioni Unite a Parigi. O almeno così sembrò.

Dieci anni dopo, tutti gli accordi presi a Parigi sono stati praticamente rotti. I paesi più poveri stanno peggio che nel 1990; l'affermazione che "liberalizzazione" e "provvedimenti economici del tipo trickle-down" (provvedimenti che riducono la povertà in modo graduale), "creano benessere" è una presa in giro. In realtà il numero dei paesi poveri è aumentato, con quasi metà della loro popolazione che vive con meno di un dollaro al giorno. La loro aspettativa di vita è inferiore di venticinque anni a quella dei paesi sviluppati; in Afghanistan, pochi riescono a sopravvivere sopra i quarant'anni.

La Banca Mondiale ora ammette che pochi tra i paesi più poveri raggiungeranno i loro "obiettivi di riduzione della povertà" entro il 2015. In altre parole, i "programmi di aggiustamento strutturale", consistenti nella privatizzazione, indebitamento e distruzione dei servizi pubblici, hanno ulteriormente impoverito e reso scontenta una grandissima parte della popolazione mondiale[33].

Nel mondo povero e meno sviluppato la gente ha la sensazione che la sopravvivenza propria e della propria famiglia venga ormai determinata da un sistema di *triage*, come veniva chiamato in tempo di guerra il modo di dividere i feriti in quelli che avevano buone probabilità di sopravvivere, quelli che erano sottoposti a cure e quelli che venivano lasciati morire. Dopo che per un diktat del Fondo Monetario Internazionale i muri tariffari e i sussidi per carburante e cibo sono stati eliminati, i piccoli agricoltori e i senzaterra sanno di poter esser sacrificati. Vanno ad aggiungersi ai 750 milioni già esistenti di sottoccupati e disoccupati[34]. L'Istituto per le Risorse Mondiali dice che il pedaggio della globalizzazione costa dai 13 ai 18 milioni di decessi infantili ogni anno; ovvero 12 milioni di bambini sotto i cinque anni, secondo il Rapporto dell'ONU sullo Sviluppo[35]. "Se nelle guerre tradizionali del ventesimo secolo sono stati uccisi 100 milioni di bambini", ha scritto Michael McKinley, "perché la comprensione del loro dramma dovrebbe essere privilegiata rispetto al pedaggio di bambini [morti] provocato dai programmi di aggiustamento strutturale del 1982?"[36]. Ha citato il punto di vista di Lester C. Turow, secondo cui "la tragedia che affligge l'umanità [non è] una metafora della guerra o qualcosa di simile, ma guerra vera e propria"[37].

Da tutto ciò è nato un movimento di resistenza popolare di una portata senza precedenti: dal Movimento dei Senzaterra in Brasile alle campagne antiprivatizzazione in Asia e Africa, fino alle grandi dimostrazioni pubbliche in Occidente, come quelle di Seattle e Genova. Comune a tutti questi movimenti di massa è la sensazione che la gente comune sia sotto occupazione, come in tempo di guerra. Un amico, che è stato per breve tempo primo ministro di un "LDC", uno dei paesi più poveri, mi ha detto: "Mi è capitato di vedere quelli della Banca Mondiale arrivare un lunedì e andarsene il mercoledì. Nelle loro ventiquattrore c'era tutto ciò di cui avevano bisogno, cioè gli schemi di come debba essere la nostra economia, incuranti di quella che era la realtà sul campo. Hanno passato la maggior parte del tempo all'Intercontinental [Hotel], incontrando gente che diceva loro quello che volevano sentire. La stessa cosa succedeva con il Fondo Monetario Internazionale. Il governo britannico si era riempito la bocca di parole sulla cancellazione del debito, ma tutto si era risolto nel comprare merci inglesi e fare contratti ad aziende inglesi. Profitto era la parola che nessuno osava pronunciare, ma che aleggiava nell'aria. Se avessimo anche solo accennato a rifiutare qualcosa, saremmo stati, magari crudelmente, ammoniti che non c'era altra via; eppure la nostra unica speranza era di uscirne fuori".

Ciò venne illustrato nel novembre 2001 al quarto meeting annuale dell'Organizzazione Mondiale del Commercio a Doha, in Qatar, uno degli stati del Golfo. Sebbene il WTO avesse 143 membri, solo ai governi di ventuno di essi, i più ricchi, veniva permesso di proporre linee di condotta, quasi tutte già decise dal "quadrilatero", cioè Stati Uniti, Europa, Canada e Giappone. Queste nazioni ricche chiedevano un altro *round* [giro di negoziati] di ciò che loro chiamavano "liberalizzazione del commercio", cioè il potere di intervenire nelle economie dei paesi poveri per pretendere la privatizzazione e la distruzione dei servizi pubblici. Solo a loro è dato proteggere la propria agricoltura e industria; solo loro hanno il diritto di dare sussidi alle esportazioni di carne, cereali e zucchero che vengono poi svenduti nei paesi poveri a prezzi artificiosamente bassi, distruggendo così i mezzi di sostentamento dei piccoli agricoltori (in India, dice l'ambientalista Vandana Shiva, i suicidi tra gli agricoltori poveri sono diventati "un'epidemia").

Prima dell'apertura della conferenza, il rappresentante americano per il commercio Robert Zoellick ha invocato la "guerra al terrorismo". "Gli Stati Uniti", ha detto, "sono impegnati in una leadership globale di espansione e sono consapevoli che la durata della nostra nuova coalizione dipende dalla crescita economica..."[38]. I sottintesi non potrebbero essere più chiari. "Crescita economica" (élite ricca, maggioranza povera) uguale anti-terrorismo. Mark Curtis, storico nonché capo politico del Christian Aid, presente a Doha, ha descritto "una trama emergente di minacce e intimidazioni nei confronti dei paesi poveri" che equivale alla "diplomazia economica delle cannoniere".

"È stato veramente scandaloso", dice. "I paesi ricchi sfruttavano il loro potere per appoggiare sfacciatamente gli interessi del grosso business. L'argomento delle corporazioni multinazionali quali causa di povertà non era proprio all'ordine del giorno; era come una conferenza sulla malaria in cui non si discute neanche della zanzara"[39].

"Se esprimo giudizi troppo severi", disse un delegato africano, "il mio ministro riceverà una telefonata dagli Stati Uniti. Gli diranno che sto creando problemi agli Stati Uniti. Il mio governo non chiederà nemmeno 'cosa ha detto?'. Il giorno dopo si limiteranno a mandarmi un biglietto... così non parlo, per paura di far arrabbiare il padrone"[40].

Haiti e la Repubblica Dominicana vennero minacciate di revoca dei loro particolari accordi commerciali con gli Stati Uniti se avessero posto obiezioni al nuovo *round* di "libero scambio".

A Doha, il governo inglese annunciò che avrebbe stanziato 20 milioni di sterline per aiutare i paesi poveri a "formulare politiche di commercio e impegnarsi nel WTO". Il ministro del Commercio, baronessa la Symons, definì l'offerta un "pacchetto di nuove misure". Il governo Blair si distinse in particolare nell'imbroglio statistico, ripetendo lo stesso annuncio di stanziamento di denaro "nuovo" per sanità e istruzione. I "nuovi" 20 milioni di sterline per i paesi poveri erano già stati impegnati nel dicembre 2000, poi di nuovo nel marzo 2001. Tutte e tre le volte il segretario di Stato Clare Short aveva detto che stava "raddoppiando" l'aiuto inglese. E questo era falso[41]. Il suo portafoglio per lo "sviluppo internazionale" nasce dallo stesso lessico orwelliano del bombardamento "morale" di Blair.

La verità riguardo alle varie pretese dell'Occidente di spingere lo "sviluppo" del mondo povero, di "cancellare" i suoi debiti e di promuovere una generale "riduzione della povertà" si trova nelle statistiche degli aiuti stranieri. Sebbene i membri delle Nazioni Unite abbiano stabilito che i paesi ricchi debbano dare un minimo dello 0,7% del loro prodotto interno lordo in aiuti reali al mondo povero, la Gran Bretagna dà solo lo 0,34% mentre gli Stati Uniti compaiono a stento nell'elenco con uno 0,19%.

Due esempi ci aiutano a capire. Una delle iniziative di Clare Short è in Ghana dove, stando a documenti interni, i funzionari inglesi avevano messo in chiaro che gli aiuti economici per un progetto di acqua potabile erano condizionati alla privatizzazione della fornitura idrica del paese. Il che consentiva ad almeno una multinazionale inglese di mietere profitti, con la contemporanea garanzia che il costo dell'acqua per i più poveri sarebbe raddoppiato[42]. Nell'ultimo piano di aiuti all'estero passato al senato americano nel 2000, ai paesi più poveri sono andati 75 milioni di dollari, una miseria, un decimo di quanto costa un bombardiere B-52. Nello stesso piano veniva approvato lo stanziamento di 1,3 miliardi di dollari per le forze militari della Colombia, uno dei peggiori trasgressori dei diritti umani al mondo.

L'11 settembre ha rinforzato, forse come mai prima, quella che Thomas Friedman definisce la "mano nascosta" della globalizzazione. Le guerre economiche dell'America sono ormai appoggiate dalla minaccia perpetua di attacco militare a qualsiasi paese, senza alcun supporto legale. Una vivida conferma di ciò ci viene fornita dal Comando Spaziale USA in un documento pubblico davvero degno di nota intitolato *Visione per il 2020*.

> Storicamente, le forze armate si sono evolute per proteggere gli interessi e gli investimenti nazionali, sia militari che economici. Durante l'ascesa degli scambi commerciali, le nazioni hanno costruito le flotte per proteggere e incrementare i propri interessi commerciali. Durante l'espansione a ovest degli Stati Uniti continentali, furono creati gli avamposti militari e la cavalleria per proteggere le nostre carovane, gli insediamenti dei coloni e le ferrovie. La nascita del potere spaziale segue entrambi questi modelli... Sebbene appaia improbabile che vengano sfidati da un concorrente globale di pari peso, gli Stati Uniti continueranno a essere sfidati localmente. La globalizzazione dell'economia mondiale continuerà, con una frattura sempre più ampia tra chi "ha" e chi "non ha"...

Queste sfide vanno affrontate con un "dominio a tutto spettro", facendo sì che "il modo spaziale, il quarto modo di fare la guerra" oltre terra, mare e aria, colmi il baratro sempre più profondo tra risorse in diminuzione e impegni militari in aumento"[43].

Gli strateghi del "dominio a tutto spettro" si rendono conto che c'è ancora un bel po' di lavoro da fare sulla terra prima che la fiaccola venga passata al generale Howell M. Estes III, comandante in capo dello spazio. Con la fine della guerra fredda e di una giustificazione valida per il predominio militare americano, gli Stati Uniti hanno messo in scena tre "guerre dimostrative". La prima arrivò alla fine di quel fatidico anno 1989, quando cadde il muro di Berlino. Il bersaglio era Panama, un piccolo paese dell'America Centrale famoso per il suo canale e la sua povertà.

Gli Stati Uniti invasero Panama con elicotteri armati e forze speciali, uccidendo migliaia di persone nel *barrio* più povero di Panama City. La giornalista americana Martha Gelhorn, che l'anno dopo condusse un'indagine, fece una stima di "almeno 8.000 morti"[44]. Queste morti, che sui media non hanno riscosso la quasi minima attenzione, furono il prezzo pagato per l'arresto del generale Manuel Noriega, il leader panamense incriminato per traffico di droga (gli Stati Uniti, allora, stavano provando la "guerra alla droga" come sostituto alla guerra fredda).

In circostanze meno tragiche, la cosa sarebbe stata comica. Noriega era un vecchio compare di George Bush senior, che lo conosceva da quando lui era direttore della CIA e Noriega ne era "referente". Gli stupefacenti sono stati a lungo una valuta della CIA. Come altri clienti dittatori, Noriega aveva alzato la testa e smesso di prendere ordini. Per poterlo rapire, il suo paese fu invaso e in migliaia vennero fatti fuori. Ora è all'ergastolo in una prigione della Florida. Questa ridicola pantomima fu solamente una scusa. Gli Stati Uniti avevano urgenza di reimporre la loro sovranità sul canale di Panama tramite un fantoccio più affidabile di Noriega. Sopra ogni altra cosa, forse, l'invasione fu una dimostrazione della risolutezza americana destinata a chi stava pensando di andarsene per la propria strada negli anni del dopo-guerra fredda. Come ha sottolineato Henry Kissinger, "certe volte gli Stati Uniti, devono dimostrare la propria capacità militare in momenti cruciali della loro storia".

La seconda guerra dimostrativa è stata la reazione all'invasione irachena del Kuwait nel 1990. L'obiettivo era riaffermare il dominio americano sui giacimenti petroliferi del Medio Oriente (vedi il capitolo precedente, "Pagare il prezzo"). Fu seguita, all'inizio del 1992, dall'invasione della Somalia. Con il nome in codice di Operazione *Restore Hope* ["Riportare la speranza"], essa servì a provare sul campo una strategia, definita "intervento umanitario", che era stata pensata per rimpiazzare la "guerra alla droga". Quando i marines americani sbarcarono in Somalia per "nutrire gli affamati", *Time* pubblicò una fotografia a colori su due pagine di bambini somali che allungavano la mano verso un marine americano per ricevere il "dono della speranza"[45]. In realtà, il problema della fame era stato accantonato da un pezzo.

Un perfetto pseudo-demonio alla Noriega si manifestò nella persona del generale Mohammed Farah Aidid. "Signore della guerra" che in precedenza aveva accettato di trattare con le Nazioni Unite, Aidid era diventato il principale cattivo che i marines avevano incarico di catturare "vivo o morto". Soltanto allora, diceva il Pentagono, avrebbe avuto termine il saccheggio delle scorte alimentari. Era una storia vecchia. Le scorte alimentari venivano saccheggiate perché non c'era abbastanza cibo. E non c'era abbastanza cibo perché la Somalia era stata lasciata andare in fallimento dal regime criminale di Mohammed Siad Barre, un cliente americano che aveva partecipato al "grande gioco" di sconfiggere l'influenza sovietica nel Corno d'Africa dopo aver cambiato bandiera. Poi c'era la questione dei giacimenti petroliferi della Somalia. Aidid non era che il leader di una delle quindici fazioni che combattevano per riempire il vuoto di potere e, come del resto i talebani e l'Alleanza del Nord in Afghanistan, era né più né meno rapace dei suoi rivali (gli Stati Uniti stanno tuttora foraggiando il figlio del generale Aidid, Hussein Aidid, che sostiene di poterli portare ai "terroristi di Al Qaeda").

L'invasione della Somalia serviva a distrarre l'attenzione dai frenetici tentativi del presidente George Bush senior, allora al suo tramonto politico dopo essere stato sconfitto da Bill Clinton, di ottenere il perdono per coloro che potevano coinvolgerlo nei crimini dello scandalo Iran-Contra. L'operazione *Restore Hope* dette come risultato un numero di morti somali tra i 7.000 e i 10.000[46]. Che io sappia, queste cifre, una stima della CIA, non sono mai state rese note dai principali canali d'informazione, concentrati invece sul dramma della morte di diciotto americani che in seguito sono stati canonizzati dal film hollywoodiano *Black Hawk* Down, simile a quei film pieni di menzogne sulla guerra del Vietnam in cui gli invasori venivano rappresentati come vittime.

Dopo i bombardamenti in Afghanistan, un corrispondente diplomatico del *Guardian* scrisse che "nel 1993 [in Somalia] erano stati brutalmente uccisi diciotto soldati americani", e si dava così "l'occasione di saldare un vecchio conto"[47]. Ancora una volta, non veniva minimamente menzionato il fatto che migliaia di somali fossero stati brutalmente uccisi dai portatori del "dono della speranza".

Circa dieci anni dopo la Guerra del Golfo del 1991, il fotografo americano Ken Jarecke parlò di censura per omissione nella stampa "libera". La sua sconvolgente foto rappresentava un iracheno ridotto in polvere, pietrificato al volante del suo automezzo sulla strada di Bassora dove, insieme a centinaia di altri, era stato incenerito dai piloti americani che facevano il "tiro al tacchino" sulla ritirata degli iracheni e dei cittadini stranieri, soprattutto "lavoratori-ospiti", intrappolati in Kuwait.

Solo l'*Observer* aveva pubblicato la foto, sebbene non in copertina come avrebbe meritato. Negli Stati Uniti fu tenuta nascosta fino a molto dopo che la guerra era finita. Quest'unica immagine smontò completamente la propaganda del *Desert Storm* ["Tempesta nel Deserto"] quale guerra senza quasi spargimento di sangue: "pulita" e "chirurgica".

"Nessuno voleva la mia fotografia", disse Jarecke. "Come scusa dicevano che era troppo impressionante e la gente non aveva più voglia di vedere questo genere di cose. La verità è che l'intera stampa americana collaborava nel tenere sotto silenzio le conseguenze della Guerra del Golfo e i suoi responsabili"[48].

La tesi di Jean Baudrillard che non sia esistita alcuna Guerra del Golfo era stata, all'epoca, accantonata ed etichettata come parole in libertà di un filosofo francese controcorrente. Viceversa, come ha osservato Phil Coles, "la sua idea che ciò a cui stavamo assistendo non era altro che uno spettacolo mediatico teso ad affermare l'autorità militare americana sul pianeta, era molto lucida e, ora, sembra estremamente pertinente"[49].

Dato che l'epoca dei media viene spesso confusa con un'epoca d'informazione, è chiaro come la guerra che noi recepiamo sia quella che ci raccontano i media. Per i militaristi occidentali, i reportage "aperti" e occasionalmente critici sulla Guerra del Vietnam sono serviti da lezione. Quando George Bush senior ha invaso Panama, non c'era un solo giornalista a testimoniare la distruzione di una parte di Panama City. Solo in un secondo tempo fu consentito un accesso limitato a un "consorzio" di giornalisti cui venne detto che erano stati gli uomini di Noriega, e non gli elicotteri, ad appiccare il fuoco ai quartieri poveri. Le conferenze stampa sono diventate "eventi": palcoscenici dove dispensare propaganda, con filmati ben confezionati che mostrano i presunti bombardamenti "chirurgici" dei "mezzi militari", e dove i giornalisti non hanno modo di verificare l'autenticità delle dichiarazioni militari.

La cosa impressionante, durante la Guerra del Golfo, fu l'esiguo numero di giornalisti che misero in dubbio la veridicità di quelle immagini o si informarono su come fossero stati realizzati i filmati. Essi, così come i commentatori in patria, erano in soggezione per la "notevole precisione delle nuove armi", come si espresse entusiasta David Dimbleby della BBC[50]. In realtà, meno del 7% degli armamenti usati nell'operazione *Desert Storm* erano armi "intelligenti", come riconobbe lo stesso Pentagono molto dopo la fine della guerra. Il 70% delle 88.500 bombe sganciate su Iraq e Kuwait, l'equivalente di sette Hiroshima, mancarono completamente il loro bersaglio, e molte caddero in zone abitate. È stato detto che le basi di lancio degli Scud iracheni erano state "messe a tappeto". Neanche una è stata distrutta[51]. All'epoca, niente di tutto ciò è stato reso noto. Si mentì ai giornalisti e loro, accettando la menzogna, la diffusero al pubblico.

Quello della strada di Bassora, fotografato da Ken Jareke, fu solo uno dei tanti massacri. Gli altri non furono rilevati, in quanto condotti ben lontano dal controllo del "consorzio di giornalisti". Senza che i giornalisti lo sapessero, negli ultimi due giorni prima del cessate il fuoco vennero impiegati senza sosta, soprattutto di notte, bulldozer corazzati americani per seppellire vivi gli iracheni nelle loro trincee, feriti compresi. Sei mesi dopo il *New York Newsday* rivelò che tre brigate americane della Prima Divisione di Fanteria Meccanizzata "avevano utilizzato spazzaneve montati su carri armati e ruspe da combattimento per seppellire migliaia di soldati iracheni, alcuni ancora vivi, lungo più di centoventi chilometri di trincea". Un comandante di brigata, il colonnello Anthony Moreno, disse: "Per quanto ne so, potremmo averne uccisi a migliaia"[52].

Le uniche immagini di questa atrocità trasmesse dalla televisione vennero usate, incredibilmente, come sfondo per un dibattito sulle cronache della guerra in un programma culturale della BBC a tarda notte, con i partecipanti apparentemente ignari delle scene agghiaccianti che passavano sullo schermo alle loro spalle[53]. La linea del generale Schwarzkopf era che i morti iracheni non dovessero essere contati[54]. "Questa è stata la prima guerra dei tempi moderni in cui ogni cacciavite, ogni chiodo è stato rendicontato", si vantò uno dei suoi ufficiali anziani. Quanto agli esseri umani, "non credo che qualcuno pensi di tirar fuori un cifra accurata dei morti iracheni"[55]. In effetti Schwarzkopf fornì delle cifre al Congresso che fissavano in almeno 100.000 il numero dei soldati iracheni morti, ma non davano nessuna stima delle vittime civili[56].

Poco prima del Natale 1991, il Medical Educational Trust di Londra pubblicò uno studio esauriente delle vittime. Almeno 250.000 tra uomini, donne e bambini sono stati uccisi o sono morti per cause dirette dell'attacco condotto dagli americani sull'Iraq[57]. Ciò conferma le stime dei servizi d'informazione americani e francesi su "un'eccedenza di 200.000 morti"[58]. Il peso reale di queste uccisioni non ha mai penetrato la coscienza dell'Occidente.

Il famoso conduttore televisivo americano Dan Rather disse al suo pubblico nazionale: "C'è una cosa sulla quale possiamo tutti essere d'accordo: l'eroismo dei 148 americani che hanno dato la vita per far vivere la libertà". In realtà un quarto di essi, come del resto i loro commilitoni inglesi, era stato ucciso da altri americani. C'è di più: le citazioni ufficiali che descrivevano come gli americani fossero morti eroicamente erano un falso[59].

Quando le grandi verità vengono nascoste, i miti prendono il loro posto e la natura e la trama del grande potere non vengono mai spiegate al pubblico. Anzi, il militarismo viene presentato come un'attitudine morale. Una volta di più, Blair ha applicato la sua morale sbiancante. "Per quante colpe possiamo avere", ha detto, "la Gran Bretagna è una nazione estremamente morale con un forte senso di ciò che è giusto e di ciò che è sbagliato. E questa fibra morale sconfiggerà il fanatismo dei terroristi e di chi li appoggia"[60].

Non si stava riferendo ai fanatici che avevano deliberatamente causato così tanti morti in Iraq, in Jugoslavia e in Afghanistan. Da qualsiasi punto di vista morale lo si guardi, la pretesa che questi delitti non siano accaduti è già di per sé un delitto. La contorsione orwelliana è che il crimine viene giustificato attraverso la sua "dimensione etica".

Sebbene accantonata da allora in quanto questione imbarazzante, la "dimensione etica" era ciò cui ambiva la politica estera del New Labour dell'ex ministro degli Esteri Robin Cook. Per un po' è stato uno stratagemma brillante. Invece di "mettere i diritti umani al centro della politica estera britannica", come prometteva Cook, il governo inglese perseguiva come al solito politiche che ignoravano i diritti umani o ne avallavano le violazioni.

Con un giro d'affari di armamenti secondo solo a quello degli Stati Uniti, la Gran Bretagna ha continuato a vendere i due terzi delle proprie micidiali armi e attrezzature militari a governi i cui rapporti sui diritti umani sono preoccupanti. Il suo cliente migliore è l'Arabia Saudita, il regime islamico più estremista del pianeta, protettore dei talebani e patria della maggior parte dei presunti dirottatori dell'11 settembre. Un'inchiesta del National Audit Office ["Istituto Nazionale per la Revisione dei Conti"] sul contratto *Al Yamamah* ["la colomba"] da 20 miliardi di sterline, di cui sia il governo conservatore che quello laburista si sono rifiutati di rendere pubblici i risultati, riferisce di "commissioni" pagate sui caccia Tornado: pare che la tariffa per ogni apparecchio fosse di 15 milioni di sterline.

La Gran Bretagna è il maggior fornitore di armamenti ad almeno cinque paesi con un conflitto interno, il cui totale dei decessi ruota intorno al milione di persone. Altri clienti sono paesi sull'orlo della guerra l'uno contro l'altro: India e Pakistan, per esempio. Per vent'anni, poi, la Gran Bretagna ha armato il genocidio indonesiano di Timor Est.

Quando il governo Blair andò al potere, e Cook fece la sua "dichiarazione d'intenti" al Foreign Office, incontrò i due vincitori del premio Nobel per la pace del 1997, il vescovo Carlos Belo e José Ramos-Horta di Timor Est. Assicurò loro che la Gran Bretagna non avrebbe ceduto armi che potessero essere utilizzate nella repressione interna del loro paese occupato. Poco tempo dopo, in un incontro pubblico a Londra, ebbi occasione di ascoltare un appassionato appello del vescovo Belo al governo. "Per favore, vi supplico", disse, "smettete di sostenere un conflitto che senza questo smercio non avrebbe mai potuto essere portato avanti né persistere così a lungo". Sembrava che stesse parlando a nome di buona parte dell'umanità.

Il governo rispose incrementando le spedizioni di armi all'Indonesia sotto la copertura di Atti Ufficiali Segreti. Esse comprendevano i mitragliatori Heckler e Koch utilizzati a Timor Est dalle forze speciali del generale Suharto, indicate come le responsabili delle peggiori violazioni in materia di diritti umani, fra cui massacro e tortura[61]. L'11 settembre 2001, mentre l'America veniva attaccata, il governo Blair stava facendo gli onori di casa a una "fiera delle armi" sui Docklands di Londra, alla quale prendevano parte vari usurpatori dei diritti umani tra cui l'Arabia Saudita, sede spirituale di Al Qaeda e patria di Osama Bin Laden.

Per rispetto all'atrocità delle vittime delle Twin Towers venne sospesa la conferenza annuale del Trade Union Congress ["Assemblea dei Sindacati"], così come appuntamenti sportivi e altri eventi pubblici. La fiera delle armi però continuò. Poco dopo, intervistato da David Frost, Blair dichiarò che l'unico modo di sconfiggere i terroristi era "fermare chi vende loro le armi". Frost rimase zitto[62].

Negli Stati Uniti, la fabbricazione e vendita di armi è la base di ogni boom economico. Il "complesso industriale bellico" americano è tenuto su dai contratti per armamenti e altri aspetti relativi all'apparato militare. Per ogni dollaro di tasse, il 40% finisce al Pentagono che, nell'anno finanziario 2001-2002, avrà più di 400 miliardi di dollari da spendere. La guerra garantisce la prosperità dell'industria. Con la Guerra del Golfo, la vendita americana di armi è incrementata del 64%. L'attacco NATO in Jugoslavia ha dato come risultato una vendita non prevista che ha fruttato 17 miliardi di dollari. È già evidente un nuovo boom nel business delle armi dopo l'11 settembre.

Il giorno in cui la Borsa ha riaperto, dopo l'attacco, le poche azioni che hanno fatto registrare un rialzo erano quelle dell'imprenditoria militare, come Raytheon, Alliant Tech Systems, Northrop Gruman e Lockheed Martin. In quanto maggior fornitore delle forze armate americane, il valore del titolo della Lockheed Martin è cresciuto del 30%. Gli impianti principali dell'azienda sono in Texas, patria di George W. Bush. Quand'era governatore Bush cercò invano di vendere il sistema assistenziale del Texas ad aziende di proprietà della Lockheed Martin. Nel 1999 la società ha registrato vendite per più di 25 miliardi di dollari e ha ricevuto più di 12 miliardi di dollari in contratti del Pentagono.

Neanche sei settimane dopo gli attacchi alle Twin Towers, la Lockheed Martin si è assicurata il più grosso ordine militare della storia: un contratto da 200 miliardi di dollari per sviluppare un nuovo caccia. L'apparecchio verrà costruito a Fort Worth, in Texas, creando 32.000 nuovi posti di lavoro. "Tra tutte le brutte notizie di questi giorni", commentò un dirigente della società, "ciò che sta accadendo ai nostri interessi in America è una buona notizia"[63].

Anche l'industria bellica inglese ha conosciuto un boom dopo l'11 settembre. Mentre scrivo, la BEA Systems sta vendendo un sistema di difesa aerea da 40 milioni di dollari alla Tanzania, uno dei paesi più poveri del mondo. Ha un reddito pro capite di 250 dollari l'anno, metà della popolazione non dispone di acqua corrente potabile e un bambino su quattro muore prima di aver raggiunto il quinto anno di età. Nonostante persino la Banca Mondiale si sia opposta alla vendita, Tony Blair ha dato il suo personale avallo senza dubbio nello spirito del discorso evangelico tenuto al Congresso del Partito Laburista, nel quale ha definito la povertà dell'Africa "uno sfregio sulla coscienza del mondo"[64].

Con buona parte dei media anglo-americani nelle mani dei guardiani della verità approvata, il nuovo imperialismo, e il destino dei popoli lontani, vengono affrontati e dibattuti sulla rigorosa premessa che i governi inglese e americano si oppongono alla violenza come mezzo per risolvere le dispute internazionali e, naturalmente, il terrorismo. La questione è, invariabilmente, qual è la maniera migliore in cui "noi" possiamo affrontare i "loro" problemi.

Le verità più salienti rimangono tabù. Il primo tabù è che l'imperialismo inglese non fosse buono. Gli sforzi di Blair per erigere uno schermo a protezione delle odierne iniziative imperiali forniscono anche giustificazioni retrospettive del passato. Di solito, giornalisti e accademici si accodano. Per esempio, le relazioni sull'apartheid in Sudafrica citano raramente il ruolo avuto dagli inglesi nel gettare le basi del sistema dell'apartheid. Negli anni Cinquanta il comportamento degli inglesi in Malesia non fu molto diverso da quello, a loro ispirato, degli americani in Vietnam: trattenere il cibo alla fonte, trasformare i villaggi in campi di concentramento e sfrattare con la forza più di mezzo milione di persone.

Gli apparecchi americani che bombardano il Medio Oriente e l'Asia Centrale, oggi si riforniscono di carburante sull'isola di Diego Garcia, nell'Oceano Indiano. I giornalisti la definiscono spesso "disabitata" ma non dicono mai perché. Nel 1966, in gran segreto e contro il parere delle Nazioni Unite, il governo di Harold Wilson fece evacuare l'intera popolazione per poter consegnare l'isola agli americani in eterno come base e deposito di armi nucleari. Fino a che gli isolani, nel 2000, non vinsero una causa presso l'Alta Corte di Giustizia sui media inglesi non comparve quasi nulla della loro violenta evacuazione e del conseguente esilio.

Il secondo tabù è la perseveranza degli Stati Uniti sia come Stato terrorista che come rifugio per i terroristi. Del fatto che gli Stati Uniti siano l'unica nazione al mondo schedata per essere stata condannata dal Tribunale Mondiale per terrorismo internazionale (in Nicaragua) e che abbia posto il veto a una risoluzione del Consiglio di Sicurezza dell'ONU che chiamava i governi al rispetto delle leggi internazionali non si può parlare. Ma non c'è alcuna congiura nel mantenere queste cose lontane dall'attenzione del pubblico. L'ossequiosità verso le necessità istituzionali e corporative viene interiorizzata presto nella carriera di un giornalista. La differenza, nelle società autoritarie, è che lo Stato fa le richieste direttamente. L'auto-censura e la censura per omissione sono argomenti che vengono raramente affrontati con i praticanti giornalisti e gli studenti degli istituti di comunicazione. Molta censura è subliminale, e acquista così un'influenza dilagante. Minimizzare la colpevolezza del potere occidentale e riferirsi agli altri paesi in termini di loro utilità per l'Occidente diventa quasi un atto di fede professionale.

Alcuni fugaci momenti sono rivelatori. Durante un programma della BBC verso la fine del 2001, Denis Halliday, l'ex assistente del segretario generale dell'ONU che si era dimesso piuttosto che amministrare ciò che aveva definito una "politica genocida di sanzioni" in Iraq, incorse nell'indignazione di Michael Buerk, il presentatore. "Non può parlare di equivalenza morale tra Saddam Hussein e George Bush [senior]!", disse Buerk. Halliday aveva citato l'inutile eccidio operato dalle forze armate di Bush nel Golfo[65]. Il fatto che la recente storia dei veri e propri crimini commessi dall'Occidente faccia apparire Saddam Hussein "un dilettante", come dice Halliday, è un'altra cosa che non si può dire.

Richard Falk, professore di politica internazionale a Princeton, ci offre una spiegazione. La politica estera occidentale, ha scritto, è diffusa dai media "attraverso un ipocrita filtro morale-legale a senso unico, [con] immagini positive dell'innocenza e dei valori occidentali descritti come minacciati, convalidando in questo modo la promozione di una violenza senza limiti"[66].

Nel 1998 il presidente Clinton si presentò alle Nazioni Unite per parlare di terrorismo. "Quali sono i nostri obblighi globali?", domandò. "Non dare rifugio né appoggio ai terroristi". Dopo l'11 settembre 2001, il presidente George W. Bush disse più o meno le stesse parole. "Nella guerra contro il terrorismo", dichiarò, "daremo la caccia ai malfattori dovunque si trovino, non importa quanto tempo ci vorrà"[67]. Interpretando alla lettera non ci dovrebbe volere molto, visto che negli Stati Uniti ci sono più terroristi "addestrati, appoggiati e ospitati" che in qualsiasi altra parte del mondo. È pieno di assassini di massa, torturatori, ex e futuri tiranni e criminali internazionali assortiti che calzano perfettamente con la descrizione del presidente. Di fatto, il pubblico americano non ne sa niente.

Il dirottamento viene di solito considerato il più grave dei crimini, specialmente dopo l'11 settembre. Come sottolinea William Blum in *Rogue State* ["Stato imbroglione"], "sebbene negli anni ci siano stati numerosi dirottamenti aerei e navali tra Cuba e gli Stati Uniti, con la pistola, il coltello e/o l'uso della forza fisica, tra i quali almeno un omicidio, è difficile trovare più di un solo caso in cui gli Stati Uniti abbiano portato capi d'accusa criminali contro i dirottatori"[68]. Tutti i dirottatori erano anti-castristi.

Quanto ai rifugi, non c'è niente di paragonabile alla Florida, attualmente governata dal fratello del presidente, Jeb Bush. Blum descrive un tipico processo in Florida a tre terroristi che con il coltello avevano dirottato un aereo su Miami. "È come processare qualcuno per gioco d'azzardo in un tribunale del Nevada", osserva. "Anche se era stato persino fatto venire da Cuba il pilota sequestrato per testimoniare contro di loro, la difesa si limitò a dire ai giurati che l'uomo stava mentendo e la giuria impiegò meno di un'ora per decretare il proscioglimento degli accusati"[69].

Hector Gramajo Morales, ex ministro della Difesa del Guatemala, fu condannato da un tribunale americano a pagare 47,5 milioni di dollari di risarcimento per la sua responsabilità nella tortura di una monaca americana e nel massacro di otto guatemaltechi di una stessa famiglia. "Le prove indicano", disse il giudice, "che Gramajo ha concepito e diretto la promozione di una campagna indiscriminata di terrore contro i civili". Gramajo si era laureato alla Kennedy School of Government di Harvard, dove aveva studiato grazie a una borsa di studio del governo americano. Non fu mai arrestato, e alla fine tornò a casa dicendo che si era limitato a portare avanti un modo "più umanitario" di trattare con gli avversari del regime[70].

L'ex generale José Guillermo García vive in Florida dagli anni Novanta. Come capo dei militari di El Salvador negli anni Ottanta, García supervisionò l'omicidio di migliaia di persone a opera di squadroni della morte collegati con l'esercito. Il successore di García, generale Carlos Vides Casanova, che ha diretto la temuta Guardia Nazionale, è un altro residente del "Sunshine State" di Jeb Bush.

"Secondo la Commissione Verità per El Salvador dell'ONU", scrive Blum, "Vides coprì e protesse quelli che avevano violentato e ucciso tre monache americane e un lavoratore laico nel 1980. Era fisicamente presente in almeno due occasioni in cui il dottor Juan Romagoza venne torturato; alla fine, le ferite inflitte lo lasciarono incapace di eseguire interventi chirurgici"[71].

Al generale Prosper Avril, dittatore di Haiti, piaceva vedere le vittime insanguinate delle sue torture alla televisione. Quando fu rovesciato, il governo americano lo scaricò in Florida. Il famoso capo delle squadre della morte haitiane Emanuel Constant, i cui assassini andavano in giro terrorizzando Haiti e mutilando la gente con i machete, vive a New York. Armando Fernandez Larios, membro di una squadra militare cilena responsabile delle torture ed esecuzioni seguite alla cacciata di Salvador Allende nel 1973, vive a Miami. L'ammiraglio argentino Jorge Enrico, implicato nell'infame "guerra sporca" delle torture e dei *desaparecidos* negli anni Settanta, vive alle Hawaii. Thiounn Prasith, tirapiedi e difensore di Pol Pot alle Nazioni Unite, vive a Mount Vernon, nello stato di New York.

In California, negli anni Ottanta, conobbi quattro vietnamiti che avevano fatto i sicari nell'Operazione Phoenix americana; uno di loro gestiva un drive-in. Sembrava un uomo contento. Ciò che tutte queste persone hanno in comune, a parte la loro storia con il terrorismo, è che o lavoravano direttamente per il governo americano o facevano il lavoro sporco delle politiche americane. L'Operazione Phoenix, per esempio, concepita, organizzata e diretta dalla CIA, provocò più di 50.000 omicidi.

Si è fatto molto per eliminare i campi di addestramento di Al Qaeda in Afghanistan, bersaglio dei bombardieri americani. Ma essi erano asili infantili in confronto alla più importante università di terrorismo del mondo di Fort Benning, in Georgia. Nota fino a non molto tempo fa come School of Americas ["Scuola delle Americhe"], ha curato l'addestramento di circa 60.000 tra militari, poliziotti, paramilitari e agenti spionistici latino-americani. Vi si sono laureati il 40% dei gabinetti ministeriali che hanno servito i regimi genocidi di Lucas García, Rios Montt e Mejia Victores in Guatemala[72].

Nel 1993 la Commissione Verità per El Salvador dell'ONU fece i nomi degli ufficiali dell'esercito che avevano commesso le peggiori atrocità nella guerra civile; due terzi di loro erano stati addestrati a Fort Benning, compreso Roberto D'Aubuisson, capo degli squadroni della morte e degli assassini dell'arcivescovo Oscar Romero e di un gruppo di sacerdoti gesuiti. In Cile, laureati della scuola diressero la polizia segreta di Pinochet e i tre principali campi di concentramento. Nel 1996 il governo americano fu costretto a tirare fuori le copie dei manuali d'addestramento della scuola. Scritti per aspiranti terroristi, caldeggiavano ricatto, tortura, esecuzione e arresto dei parenti dei testimoni.

Dopo essere stata ribattezzata Western Hemisphere Institute for Security Cooperation ["Istituto dell'Emisfero Occidentale per la Cooperazione nella Sicurezza"], o WHISC, il sito web della scuola si è perso le pagine della sua "storia". George Monbiot ha chiesto:

> Visto che le prove che collegano la scuola alle atrocità continuate in America Latina sono molto più evidenti delle prove che collegano i campi di addestramento di Al Qaeda all'attacco su New York, cosa dovremmo fare dei "malfattori" di Fort Benning in Georgia? Bene, dovremmo spingere i nostri governi a effettuare il massimo delle pressioni diplomatiche e a chiedere l'estradizione dei comandanti della scuola perché siano processati con l'accusa di complicità in crimini contro l'umanità. O in alternativa potremmo chiedere ai nostri governi di attaccare gli Stati Uniti, bombardare le sue istallazioni militari, città e aeroporti nella speranza di riuscire a rovesciare il suo governo non eletto e sostituirlo con una nuova amministrazione gestita dall'ONU. Nel caso che questa proposta non incontri l'approvazione del popolo americano, potremmo sempre conquistare i loro cuori e le loro menti sganciando sulle loro teste focacce di *naan* e curry in polvere dentro sacchetti di plastica stampigliati con la bandiera afgana[73].

Scherzi a parte, Monbiot ha osservato che l'unica differenza morale tra il terrorismo americano e quello di Al Qaeda è che il secondo è stato punito per confronto.

La scia di sangue è infinita: dalla sottomissione delle Filippine e dell'America Centrale al più grande atto terroristico di tutti i tempi, il bombardamento di Nagasaki e Hiroshima; dalla devastazione dell'Indocina, con il massacro di 600.000 contadini della neutrale Cambogia, l'uso di armi chimiche contro la popolazione civile e la distruzione delle risorse alimentari, all'abbattimento di un aereo passeggeri iraniano e al bombardamento dei prigionieri di guerra rinchiusi in un fortino di fango in Afghanistan.

La documentazione sul terrorismo americano è voluminosa e, dato che queste verità non possono essere razionalmente rigettate, quelli che le citano, tracciando ovvi collegamenti tra di loro, vengono spesso tacciati di essere "anti-americani", indipendentemente dal fatto che siano o meno americani. Durante gli anni Trenta il termine "anti-tedesco" veniva impiegato contro i critici del Terzo Reich che si volevano ridurre al silenzio.

"Dobbiamo abituarci al doppio standard", ha detto Robert Cooper, consigliere di Tony Blair per gli affari esteri all'opposizione[74]. Nell'epoca dei media, ciò viene rinforzato dalla ripetizione di verità ricevute spacciate per notizie. Per esempio, il fatto che per i media certe vite abbiano un valore mentre altre siano sacrificabili. L'uccisione di quelli che fanno parte di "noi" vale come crimine; gli altri sono non-persone.

Quando il presidente Clinton ordinò di lanciare missili sullo stabilimento farmaceutico Al-Shifa in Sudan, nel 1998, con la pretesa che fosse un impianto per la produzione di "armi chimiche", compì, sotto ogni punto di vista, un palese atto di terrorismo. Era risaputo, infatti, come quello stabilimento fosse l'unica fonte del 90% dei medicinali di base di uno dei paesi più poveri.

Era l'unica fabbrica che producesse la clorochina, il più efficace trattamento contro la malaria, e i farmaci anti-tubercolosi che, al costo di circa una sterlina al mese, rappresentavano un'ancora di salvezza per più di 100.000 pazienti. E da nessuna altra parte si producevano i farmaci veterinari per uccidere i parassiti che si trasmettevano dal bestiame alla gente, una delle cause principali di mortalità infantile in Sudan[75].

Il risultato dell'attacco americano, scrisse Jonathan Belke della Near East Foundation, una stimata organizzazione umanitaria, fu che "decine di migliaia di persone, tra i quali molti bambini, si sono ritrovate a soffrire e morire di malaria, tubercolosi o altre malattie curabili... Le sanzioni [americane] contro il Sudan hanno reso impossibile importare una quantità di medicinali adeguata a colmare il profondo vuoto lasciato dalla distruzione dello stabilimento"[76].

Quanti sudanesi sono morti in seguito al bombardamento di Clinton? Secondo l'ambasciatore tedesco in Sudan, "una cifra plausibile ruota intorno a qualche decina di migliaia"[77]. Un'indagine delle Nazioni Unite, richiesta dal governo sudanese, è stata bloccata da Washington. Nulla di tutto ciò è uscito sui canali d'informazione. Quando Noam Chomsky ha paragonato questo atto terroristico all'atrocità delle Twin Towers, è stato trattato duramente dai più noti commentatori degli Stati Uniti, compreso uno che l'ha definito "incline al fascismo"[78].

Per nessun altro argomento sono stati tracciati confini così accurati sull'obiettività dell'informazione come per Israele. Da almeno trentacinque anni ai Palestinesi viene negato il diritto di tornare alle loro case, violando le numerose risoluzioni dell'ONU nonché le leggi internazionali. Domandando a Israele di ritirarsi dalla Cisgiordania e da Gaza, il Consiglio di Sicurezza ha usato parole estremamente simili a quelle usate per domandare all'Iraq di ritirarsi dal Kuwait nel 1990. Siccome l'Iraq non ha ubbidito, è stato attaccato da una coalizione guidata dagli americani e il Kuwait è stato liberato. Quando è stato Israele a disobbedire, ha avuto un incremento di aiuti economici e militari dall'Occidente, soprattutto dall'America.

Con alcune lodevoli eccezioni, ciò che accade in Palestina viene riportato in Occidente in termini di due avversari belligeranti, e non come l'oppressione illegale di un paese occupante e la resistenza di un paese occupato. Il regime israeliano continua ad aggiustare i notiziari internazionali. Gli israeliani vengono "assassinati dai terroristi", mentre i palestinesi "muoiono" in seguito a "scontri con i servizi di sicurezza". Raramente viene fatta una distinzione tra l'enorme forza militare dotata di armi nucleari, carri armati, jet da combattimento, elicotteri mitragliatori e gli assembramenti di giovani armati di fionda (i kamikaze sono un fenomeno relativamente recente, risultato soprattutto dell'invasione israeliana del Libano, che ha provocato 17.500 morti).

La BBC si riferisce alla politica di assassinio di Israele come "uccisioni mirate", l'eufemismo usato dai portavoce israeliani. Raramente viene detto che delle centinaia di morti e migliaia di feriti della seconda *intifada*, il 90% erano civili palestinesi, il 45% avevano meno di diciott'anni e il 60% erano stati uccisi mentre erano a casa, a scuola o nei luoghi di lavoro[79]. Dopo la Guerra del Golfo, trattative segrete a mediazione americana hanno portato alla creazione, a Oslo, di un'Autorità Palestinese che lasciava i palestinesi cristallizzati su una frazione del loro territorio in una specie di apartheid tipo bantù. Invariabilmente si parla di ciò in forma positiva e, senza ulteriori spiegazioni, come "processo di pace" (dopo essere andato in pensione, l'ex corrispondente della BBC per il Medio Oriente, Tim Llewellyn, si sentì libero di definire il "processo di pace" come "una farsa mistificatoria e umiliante")[80].

Uno degli eventi mediatici più di successo di Tony Blair fu, dopo l'11 settembre, ricevere Yasser Arafat a Downing Street. Gli editorialisti definirono Blair un pacificatore, tracciando favorevoli paragoni con la bellicosa amministrazione di Bush. E in effetti, il promuovere Blair come fattore stabilizzante su Washington è stato il tema principale delle "giravolte" di Downing Street durante la "guerra al terrorismo". In realtà, l'incontro con Arafat è stato solo un esercizio di pubbliche relazioni studiato per placare il mondo arabo. È anche servito per mascherare l'appoggio personale di Blair al progetto sionistico e il suo ruolo di principale alleato europeo di Ariel Sharon. Nei maggiori canali d'informazione di questo non si è parlato.

Poco dopo essere stato eletto, nel 1997, Blair nominò vergognosamente il suo amico Michael Levy, un benestante uomo d'affari ebreo che aveva raccolto fondi per il New Labour, suo "inviato speciale" in Medio Oriente, non prima però di averlo fatto diventare Lord Levy. Questo ex membro del consiglio d'amministrazione della Jewish Agency, che aveva in Israele casa e affari e il cui figlio lavorava per il ministro della Giustizia israeliano, fu l'uomo designato a trattare in maniera imparziale con israeliani e palestinesi.

Sotto Blair, l'appoggio inglese alla repressione israeliana ha conosciuto un'accelerazione. Durante il 2001, con 650 palestinesi uccisi dagli israeliani, soprattutto civili e molti di essi assassinati, il governo approvò novantuno licenze di esportazione di armi a Israele, in categorie che comprendevano munizioni, bombe, siluri, razzi, missili, navi da guerra, attrezzature militari elettroniche e di avvistamento e veicoli corazzati. In risposta a un'interrogazione del parlamentare George Galloway, il ministro degli Esteri Ben Bradshaw disse che "non ci sono prove" che le armi e le attrezzature inglesi siano state usate contro i palestinesi[81]. Le prove abbondano, come per esempio il rapporto di Amnesty International sugli elicotteri Apache, tenuti in volo grazie a componenti inglesi[82].

Il governo Blair ha anche sostenuto l'industria militare israeliana comprando proiettili, bombe, granate e missili anticarro. La polizia urbana e la polizia del Galles del Sud acquistano munizioni israeliane. La RAF ha comprato un sistema d'addestramento israeliano per il combattimento aereo. Nel 1999 è stato istituito un fondo d'investimento congiunto anglo-israeliano per finanziare la ricerca e lo sviluppo comuni.

Israele conta di aprire a Londra un ufficio di reclutamento senza che il governo Blair abbia sollevato alcuna obiezione, anche sapendo che si tratterebbe di reclutamento per una guerra che deriva da un'occupazione di territori palestinesi definita illegale dal governo inglese. Sarebbe una violazione diretta della nuova legislazione anti-terrorismo del governo; gli attacchi di Israele sui Territori Occupati sono, secondo ogni definizione, terrorismo le cui vittime sono, in maniera schiacciante, civili.

L'appoggio di Blair al regime di Sharon è ancora più profondo. Nel maggio e nel luglio 2001, l'autorevole *Jane's Foreign Report* rivelò che la Gran Bretagna e la Francia avevano dato "semaforo verde" a Sharon per attaccare Arafat, se la resistenza palestinese non si fosse fermata. Al governo inglese vennero mostrati i piani per un'invasione israeliana in grande stile e la rioccupazione della Cisgiordania e di Gaza "utilizzando gli ultimi modelli di jet F-16 e F-15 contro le principali installazioni dell'Autorità Palestinese [e] 30.000 uomini o l'equivalente di un'intera armata".

Il piano israeliano, peraltro, prevedeva lo scoppio di una bomba suicida "che causi numerosi morti e feriti. Il fattore 'vendetta' è cruciale. Motiverà i soldati israeliani a distruggere i palestinesi"[83]. Ciò che preoccupava Sharon e la sua cerchia interna, e in particolare il generale di brigata Shaul Mofaz, autore del piano e capo di Stato Maggiore, era un accordo segreto tra Arafat e Hamas, l'organizzazione islamica responsabile della maggior parte degli attacchi suicidi, per fermare gli attacchi all'interno di Israele. Dopo l'11 settembre, il regime di Sharon aveva paura che la "guerra al terrorismo" dell'America desse come prodotto collaterale una "soluzione" per il Medio Oriente, soprattutto dopo che George W. Bush se n'era uscito con la dichiarazione, caduta nel vuoto, di aver sempre appoggiato il "sogno" di uno Stato palestinese. Bisognava fare qualcosa.

Il 23 novembre 2001, agenti israeliani assassinarono Mahmud Abu Hunud, leader di Hamas. Dodici giorni dopo arrivò l'inevitabile reazione sotto forma di attacchi suicidi coordinati contro Israele. "Chiunque abbia deciso di liquidare Abu Hunud sapeva in anticipo il prezzo che avrebbe pagato", scrisse Alex Fishman, scrittore ben collegato ai servizi segreti, sul quotidiano israeliano *Yediot Achronot*. "Chiunque abbia dato il via libera a questa azione sapeva molto bene che in questo modo avrebbe fatto saltare in un colpo solo il *gentleman's agreement* tra Hamas e l'Autorità Palestinese [che consisteva] nel non fare il gioco di Israele compiendo attacchi di massa sui suoi centri urbani"[84].

Al momento opportuno le forze di Sharon attaccarono i Territori Occupati con uno spiegamento di forze senza precedenti, distruggendo tutto meno la base politica dell'Autorità Palestinese e di Arafat. Gli americani tirarono fuori le solite frasi tranquillizzanti sul "fermare la violenza", questa volta facendo ricadere la maggior parte della responsabilità su Arafat. Non ci furono più parole in libertà sul "sogno" di uno Stato palestinese. Arafat, disse Sharon, ormai era "irrilevante". Blair, il pacificatore, rimase zitto, così come quasi tutti i media occidentali.

Un'eloquente risposta alla domanda di Robert Cooper sul doppio standard venne dal Kosovo. Diversamente dai palestinesi, gli Stati Uniti e i suoi alleati NATO assegnarono quasi immediatamente il diritto di tornare a casa alle popolazioni di etnia albanese del Kosovo. I media occidentali appoggiarono in maniera spropositata l'azione della NATO. Eppure si trattava di una guerra civile, e la NATO non contestava la sovranità della Jugoslavia. Mentre i kosovari venivano rimpatriati, 250.000 serbi e rom venivano espulsi o abbandonavano terrorizzati la regione. Le truppe di occupazione della NATO, 40.000 uomini, rimasero lì mentre si svolgeva questa pulizia etnica e non fecero assolutamente niente per impedire all'Esercito di Liberazione del Kosovo di assassinare, torturare, sequestrare, dissacrare chiese e, genericamente, essere all'altezza della definizione che ne avevano precedentemente dato il segretario di Stato Albright e il ministro degli Esteri Cook di "organizzazione terroristica".

Durante la "guerra" del Kosovo, su internet venne diffuso l'elenco dei bersagli civili in Jugoslavia, ma nessun giornale ne parlò. Chiamati in codice "Fase Tre", questi bersagli includevano trasporti pubblici, fabbriche non militari, centrali telefoniche, impianti per la lavorazione alimentare, depositi di fertilizzanti, ospedali, scuole, musei, chiese, monasteri catalogati come patrimonio culturale e fattorie.

"Hanno esaurito i bersagli militari nelle prime due settimane", ha detto James Bissell, ambasciatore canadese in Jugoslavia. "Sapevano tutti che a quel punto la NATO sarebbe passata alla Fase Tre: bersagli civili. Altrimenti non avrebbero bombardato i ponti le domeniche pomeriggio e le piazze dei mercati"[85]. L'ammiraglio Elmar Schmahling, capo del servizio informativo militare tedesco, disse che "il piano consisteva prima nel mettere sotto pressione la popolazione civile, e poi nel distruggere l'economia della Jugoslavia così radicalmente che non si sarebbe più ripresa"[86].

Durante le ultime settimane di bombardamenti vidi su *Newsnight* l'intervista di Kristy Wark, della BBC, al generale Wesley Clark, comandante della NATO. Non gli rivolse nemmeno una domanda sui bersagli civili, neanche sapendo che la città di Nis era appena stata inondata di bombe a grappolo che avevano ucciso donne, anziani e bambini che si erano fatti sorprendere all'aperto. Il fatto che solo il 2% dei missili di precisione della NATO avesse colpito il bersaglio fu detto *en passant*. I titoli parlarono di "errori" e "negligenze"; soltanto una manciata di giornalisti, in particolare Robert Fisk, ne parlò come di azioni intenzionali. Un esempio di "copertura" totale fu il lavoro di Mark Laity, corrispondente della BBC a Bruxelles nominato, poco dopo, consigliere personale del segretario generale della NATO.

La "copertura" si risolse in una serie di giustificazioni ufficiali, o menzogne, a cominciare dall'affermazione del segretario alla Difesa americano William Cohen che "a oggi abbiamo circa 100.000 uomini [albanesi] in età militare scomparsi... potrebbero essere stati uccisi". Due settimane dopo David Scheffer, l'ambasciatore americano prosciolto per crimini di guerra, annunciò che ben "225.000 uomini di etnia albanese tra i quattordici e i cinquantanove anni di età" potevano essere stati uccisi. La stampa inglese colse la palla al balzo. "Fuga dal genocidio", pubblicò il *Daily Mail*. "Echi dell'Olocausto", annunciarono *Sun* e *The Mirror*. Anche Tony Blair chiamò in causa l'Olocausto e "lo spirito della seconda guerra mondiale", a quanto pare senza accorgersi dell'ironia. I serbi, infatti, nella loro epica resistenza all'invasione nazista, subirono in proporzione più perdite di ogni altra nazione europea.

Dal giugno 1999, a bombardamenti finiti, un gruppo legale internazionale cominciò a sottoporre il Kosovo a un esame accurato. Arrivò anche l'FBI americano a indagare su quello che fu chiamato "il più esteso scenario criminale nella storia legale dell'FBI". Parecchie settimane dopo, non avendo trovato neanche una fossa comune, l'FBI tornò a casa. Tornò a casa anche la delegazione spagnola, il cui dirigente si lamentò che lui e i suoi colleghi avevano partecipato a "una piroetta semantica dei meccanismi di propaganda bellica, visto che non abbiamo trovato neanche una fossa comune".

Nel novembre 1999 il *Wall Street Journal* pubblicò i risultati della propria indagine, che accantonavano "l'ossessione delle fosse comuni". Invece degli "enormi campi di morte che alcuni investigatori erano portati ad aspettarsi... lo schema era quello di uccisioni sparse [soprattutto] nelle zone dove si era concentrata l'attività dei separatisti dell'Esercito di Liberazione del Kosovo". Il giornale ne traeva la conclusione che la NATO avesse tirato fuori le sue affermazioni sui campi di morte serbi quando "aveva visto un affaticato corpo giornalistico indirizzarsi verso la storia opposta: civili uccisi dalle bombe NATO". Molte attribuzioni sulla quantità di persone uccise potevano essere fatte risalire all'Esercito di Liberazione del Kosovo. "La guerra era crudele, aspra, selvaggia", scrisse il *Journal*. "Ma non fu genocidio".

Secondo il segretario alla Difesa inglese George Robertson, la NATO aveva bombardato "per prevenire una catastrofe umanitaria" fatta di uccisioni e deportazioni di massa. Nel dicembre 1999 l'Organizzazione per la Sicurezza e la Cooperazione in Europa, i cui osservatori erano in Kosovo proprio prima dei bombardamenti, diffuse un rapporto che di fatto non venne ripreso dai media. Rivelava che la maggior parte dei crimini contro le popolazioni albanesi si era svolta dopo che erano cominciati i bombardamenti: ovverosia, erano una conseguenza e non una causa dei bombardamenti. "Mentre le forze armate serbe erano chiaramente lo strumento del 'disastro umanitario' che si stava svolgendo", scrisse l'ex alto stratega della NATO Michael McGwire, "la troppo a lungo trattenuta voglia di guerra della NATO ne era indubbiamente una causa [e la definizione dei] bombardamenti come 'interventi umanitari' [è] decisamente grottesca".

Nell'estate del 2000 il Tribunale Internazionale per i Crimini di Guerra, un organismo di fatto messo su dalla NATO, annunciò che il conto totale dei morti trovati nelle "fosse comuni" del Kosovo ammontava a 2.788. Questa cifra comprendeva serbi, rom e combattenti. Ciò significava che le cifre utilizzate dai governi inglese e americano e dalla maggior parte dei media erano fandonie. Ma di questo non si parlò quasi per niente.

Quei giornalisti che avevano creduto alle bugie della NATO furono anche i più accesi nel parlar male dei pochi che avevano messo in dubbio i bombardamenti e avevano raccontato il rebus della "rottura" dei discorsi di Rambouillet manipolati per giustificare i bombardamenti. La tattica della loro diffamazione consisteva nel fare un'equivalenza tra l'opporsi all'uccisione dei civili e l'appoggiare Milosevic. Era la stessa propaganda che metteva sullo stesso piano la preoccupazione per i popoli afgano e iracheno con l'appoggio rispettivamente ai talebani e a Saddam Hussein. Si tratta di un'antichissima disonestà intellettuale. Sulla scia dell'11 settembre, quelli che hanno proposto la "guerra al terrorismo" si sono fatti forza al grido di "avevamo ragione sul Kosovo, abbiamo ragione adesso", mentre le bombe a grappolo cadevano di nuovo, stavolta su un terreno diverso[87].

Se nel quadro della "guerra al terrorismo" verrà attaccato l'Iraq, i giornalisti vi giocheranno un ruolo dominante, per quanto di routine. Negli Stati Uniti i maggiori giornali e i più influenti editorialisti, tipo William Safirre, ne hanno invocato la "prossima liberazione". Il dissenso viene confinato in occasionali lettere dei lettori. Sul *Washington Post*, l'editorialista Michael Kelly parlava per ottenere il consenso dei media quando ha scritto "i pacifisti americani... sono dalla parte dei futuri assassini di massa degli americani. Essi sono, obiettivamente, filo-terroristi... Questa è la posizione del pacifismo, ed è male"[88]. In Gran Bretagna, dove un po' di dissenso è permesso, la promozione di una giustificazione dei bombardamenti non è così verbosa, in compenso è costante.

"Falchi americani accusano l'Iraq per l'antrace", ha titolato l'*Observer* il 14 ottobre del 2001. Il "canale" di questa propaganda è stato fornito dai servizi segreti americani. L'antrace utilizzato per gli attacchi in America era di livello letale e, secondo il *New York Times*, "è assolutamente indistinguibile nelle sue caratteristiche tecniche dall'antrace prodotto dall'apparato militare americano". L'FBI l'ha definito un "lavoretto interno"[89]. In un successivo articolo di oltre due pagine, intitolato *The Iraq Connection*, l'*Observer* cita le sue "fonti d'informazione" anonime per collegare l'Iraq all'11 settembre. "Stanno uscendo le prove...", viene detto, senza fatti, aggiungendo però l'avvertimento che "niente si avvicina all'identificazione dei responsabili ultimi"[90].

È una forma di giornalismo che insinua, accenna, fabbrica un uomo di paglia o due, poi si tira indietro. In un pezzo a seguire, il giornalista, David Rose, ha concluso la sua sterile inchiesta proponendo che, visto che l'Iraq è "il luogo ideale per fondare una testa di ponte" alla democrazia nel mondo arabo, esso debba essere attaccato. "Ci sono momenti nella storia", ha scritto, "nei quali l'uso della forza è sia giusto che sensato. Questo è uno di essi". La sua bella proposta era illustrata da una fotografia del dittatore iracheno con il suo famoso ghigno diabolico. È la faccia-fumetto di un'intera società. Non c'era una sola parola sul destino di ventidue milioni di persone, stremate da un embargo decennale e tenute in ostaggio da poteri politici sui quali non hanno controllo, che ora si ritrovano ad aspettare un furioso attacco "sensato".

Un articolo analogo su *The Guardian*, a firma di David Leigh e Jamie Wilson, era più sottile. La loro "analisi", dal titolo "Contare le vittime dell'Iraq", cominciava facendo un'associazione tra i famosi racconti della propaganda sui "bambini morti" della prima guerra mondiale e della Guerra del Golfo con gli studi odierni delle Nazioni Unite le cui conclusioni sono che circa mezzo milione di bambini iracheni sono morti, soprattutto a causa dell'embargo. Incredibilmente, scrivevano che i "bambini morti dell'Iraq" non erano mai esistiti, anzi erano "una costruzione statistica... illazioni di chi critica l'America". Poi si contraddicevano riconoscendo la validità delle Nazioni Unite e di altre autorevoli fonti. La loro obiezione, a quanto pare, era che Osama Bin Laden avesse usato le conclusioni di questi studi per spingere la propria propaganda, secondo la logica che la verità, comunque documentata, si contamina se viene usata da qualcuno che non ci piace. Aggiungevano, con un certo donchisciottismo, che "Bin Laden... forse ha un'idea". Sul lettore distratto, sono stati sparsi i semi del dubbio. Se i bambini morti e moribondi dell'Iraq sono soltanto una "costruzione statistica", perché non bombardarlo?[91]

La "prova" più importante della complicità dell'Iraq con l'11 settembre è l'incontro che il presunto capo dei dirottatori suicidi delle Twin Towers, Mohamed Atta, avrebbe avuto con un agente iracheno dei servizi segreti nella Repubblica Ceca. Nella stampa inglese l'agente è stato via via promosso da "basso livello" (*The Guardian*) a "quadro medio" (*Independent*) ad "alto funzionario" (*Financial Times*) a "capo dei servizi segreti di Bagdad" (*The Times*). Solo il *Financial Times* si è chiesto se "l'incontro" avesse veramente avuto luogo o se avesse a che fare con la distruzione delle Twin Towers[92]. Sul *Newsnight* della BBC, Mark Urban, corrispondente del Foreign Office, ha dichiarato che c'erano "informazioni segrete" su di un "missile che Saddam Hussein stava progettando di lanciare". Ma non forniva prove.

La capziosità della "Iraq connection", viceversa, non faceva mai notizia. Solo il *Daily Telegraph* riportò, il 18 dicembre 2001, che la polizia ceca aveva negato che Mohamed Atta si fosse mai recato nella Repubblica Ceca. È prevalso il silenzio anche quando il *New York Times* rivelò, il 5 febbraio 2002, che "la CIA non ha prove che l'Iraq si sia impegnato in operazioni terroristiche contro gli Stati Uniti in quasi dieci anni, ed è anche convinta che il presidente Saddam Hussein non abbia fornito armi chimiche o batteriologiche ad Al Qaeda".

L'omissione è la forma più malsana di censura. In buona parte dei servizi sull'Afghanistan, l'attacco americano a uno dei paesi più poveri del mondo veniva giustificato con immagini forti che evocavano il "male" talebano. La persecuzione delle donne dava l'opportunità di diffondere immagini profondamente oltraggiose di donne avvolte in *burqa* tipo tendaggi, private dei più elementari diritti umani. Malgrado occasionali riferimenti al ruolo anglo-americano nella creazione dei fanatici gruppi della *jihad* che poi avevano dato origine ai talebani, non si faceva menzione di uno straordinario periodo nel recente passato di questa arretrata società, una comprensione del quale avrebbe messo la "nostra guerra per i diritti umani e i valori civili" (Blair) nella sua giusta prospettiva.

Negli anni Sessanta in Afghanistan sorse un movimento di liberazione centrato sul Partito Democratico del Popolo dell'Afghanistan (PDPA), che si opponeva al potere autocratico di re Zahir Shar e alla fine rovesciò il regime del cugino del re, Mohammad Daud, nel 1978. Fu, a detta di tutti, un'immensa rivoluzione popolare. La maggior parte dei giornalisti stranieri a Kabul, riferì il *New York Times*, scoprì che "quasi ogni afgano intervistato aveva detto [di essere] felice per il colpo di stato"[93]. Il *Wall Street Journal* disse che "150.000 persone... avevano marciato per onorare la nuova bandiera... I partecipanti apparivano genuinamente entusiasti"[94]. Il *Washington Post* disse che "la lealtà degli afgani verso il governo è fuor di dubbio"[95].

Il nuovo governo tracciò un programma di riforme che comprendeva l'abolizione del potere feudale nelle campagne, libertà di religione, uguali diritti per le donne e concessione dei diritti fin qui negati alle minoranze etniche. Vennero liberati più di 13.000 prigionieri e gli schedari della polizia furono bruciati in pubblico.

Sotto i sistemi tribali e feudali l'aspettativa di vita era di trentacinque anni e quasi un bambino su tre moriva durante l'infanzia. Il 90% della popolazione era analfabeta. Il nuovo governo introdusse l'assistenza medica gratuita nelle regioni più povere. Venne abolita la semi-schiavitù, e cominciò una campagna di alfabetizzazione di massa. Per le donne fu un progresso senza precedenti; già nei tardi anni Ottanta metà degli studenti universitari erano donne, e donne erano il 40% dei medici dell'Afghanistan, il 70% degli insegnanti e il 30% degli impiegati pubblici.

E in verità furono cambiamenti così radicali che rimangono vividi nella memoria di chi ne ha beneficiato. Saira Noorani, medico chirurgo scappata dai talebani nel settembre 2001, racconta che "ogni ragazza poteva andare alle scuole superiori e all'università. Potevamo andare dove volevamo e vestirci come ci pareva... Potevamo frequentare i caffè, e il venerdì andavamo al cinema a vedere gli ultimi film indiani e ascoltare gli ultimi successi della musica *hindi*... Tutto è cominciato ad andare storto quando i *mujaheddin* hanno iniziato a vincere... Uccidevano gli insegnanti e bruciavano le scuole... Eravamo terrorizzate. Era comico e nel contempo triste pensare che quelle erano le persone che erano state sostenute dall'Occidente"[96].

Il problema con il governo del PDPA è che era appoggiato dall'Unione Sovietica. Per quanto fosse certamente stalinista nella struttura del suo comitato centrale, non fu mai un governo "fantoccio", come ironizzava l'Occidente né si era trattato di "colpo di stato ispirato dai sovietici" come sbraitò la propaganda occidentale a suo tempo. Nelle sue memorie, Cyrus Vance, segretario di Stato del presidente Carter, ha ammesso: "Non abbiamo prove di alcuna complicità sovietica nel colpo di stato"[97]. L'altra ala dell'amministrazione Carter era Zbigniew Brzezinski, consigliere per la Sicurezza Nazionale di Carter, che riteneva che la recente umiliazione americana in Vietnam necessitasse di un riscatto, e che i risultati dei movimenti di liberazione post-coloniale altrove rappresentassero una sfida per gli Stati Uniti. Inoltre i regimi-satellite anglo-americani in Medio Oriente e nel Golfo, in particolare l'Iran dello Scià, dovevano essere "protetti". Se con il PDPA l'Afghanistan avesse avuto successo, ciò avrebbe significato la "minaccia di un esempio promettente".

Il 3 luglio 1979, senza che né il pubblico americano né il Congresso lo sapessero, il presidente Carter autorizzò un programma segreto da 500 milioni di dollari per attività in appoggio a gruppi tribali noti come *mujaheddin*. L'obiettivo era rovesciare il primo governo laico e progressista dell'Afghanistan. Contrariamente alla mitologia da guerra fredda, l'invasione sovietica dell'Afghanistan, che avvenne solo sei mesi dopo, non c'entrava niente. Anzi, tutto lascia pensare che i sovietici fecero la loro prima fatale mossa in Afghanistan proprio in risposta allo stesso "terrorismo" tribale e religioso sfruttato dagli americani per giustificare la loro invasione del novembre 2001.

In un'intervista del 1998 Brzezinski ha ammesso che Washington aveva mentito riguardo al ruolo americano. "Secondo la versione ufficiale della storia", ha detto, "l'aiuto della CIA ai *mujaheddin* cominciò durante il 1980, cioè dopo che l'esercito sovietico aveva invaso l'Afghanistan... Ma la realtà, tenuta finora nascosta, è tutt'altra"[98]. Nell'agosto 1979, l'ambasciata americana a Kabul riferì che i forti interessi "degli Stati Uniti... avrebbero tratto vantaggio dalla fine [del governo del PDPA], indipendentemente dal costo che ciò avrebbe comportato in termini di future riforme economiche e sociali in Afghanistan"[99].

Così Washington dette inizio a un patto col diavolo con alcuni tra i più brutali fanatici del pianeta. Individui come Gulbuddin Hekmatyar ricevettero decine di milioni di dollari dalla CIA. La specialità di Hekmatyar era trafficare in oppio e tirare acido in faccia alle donne che rifiutavano di indossare il velo. Invitato a Londra nel 1986, fu incensato dal primo ministro Thatcher come "combattente per la libertà". Tra il 1978 e il 1992, durata della vita del governo del PDPA, Washington elargì circa quattro milioni di dollari alle fazioni *mujaheddin*. Il piano di Brzezinski era di promuovere un movimento internazionale per diffondere il fondamentalismo islamico in Asia Centrale e "destabilizzare" l'Unione Sovietica creando, come ha scritto nella sua autobiografia, "qualche musulmano esaltato".

Il suo piano grandioso coincideva con le ambizioni del dittatore pakistano, generale Zia ul-Haq, di dominare la regione. Nel 1986, il direttore della CIA William Casey offrì la copertura della CIA a un piano ideato dai servizi segreti pakistani, l'ISI, per reclutare gente in tutto il mondo da arruolare nella *jihad* afgana. Tra il 1982 e il 1992 vennero addestrati in Pakistan più di 100.000 militanti islamici ("talebano" significa "studente"). Gli operativi, che avrebbero finito per aggregarsi ai talebani e all'organizzazione Al Qaeda di Osama Bin Laden, erano stati reclutati in un college islamico di Brooklyn, a New York, e sottoposti a un addestramento paramilitare in un campo della CIA in Virginia. La chiamarono "Operazione Ciclone".

In Pakistan i campi d'addestramento dei *mujaheddin* erano diretti dalla CIA e dall'MI 6 inglese, con i SAS inglesi che insegnavano ai futuri combattenti di Al Qaeda e ai talebani la fabbricazione delle bombe e altre arti magiche. La cosa continuò a lungo dopo la cacciata dell'esercito sovietico nel 1989. Quando alla fine il governo del PDPA cadde, nel 1992, il signore della guerra preferito dall'Occidente, Gulbuddin Hekmatyar, fece piovere su Kabul i missili forniti dall'America, uccidendo 2.000 persone, fino a che le altre fazioni accettarono che diventasse primo ministro.

L'ultimo presidente del PDPA, Mohammad Najibullah, che di fronte all'Assemblea Generale dell'ONU aveva rivolto un disperato appello d'aiuto, si rifugiò in un edificio dell'ONU a Kabul, dove rimase fino a quando i talebani presero il potere nel 1996 e lo impiccarono a un lampione[100].

Qualche mese prima dell'11 settembre ho partecipato a una conferenza sul "nuovo imperialismo" presso l'Università del Sussex. Il fatto che accadesse era di per sé una cosa straordinaria. Julian Saurin, che insegna all'Istituto di Studi Asiatici e Africani, disse che in dieci anni non c'era mai stata una discussione aperta sull'imperialismo. Nelle università inglesi circa l'80% degli studi sui rapporti internazionali hanno a che fare con gli Stati Uniti e l'Europa. La maggior parte del resto dell'umanità viene valutata secondo il proprio grado di importanza per gli "interessi occidentali".

L'idea di una versione moderna dell'imperialismo suona provocatoria per i "realisti liberali" che hanno evitato la conferenza del

Sussex e dominano i rapporti internazionali. Ci credono appassionatamente, ma si sono convinti che sia qualcosa di diverso; alcuni la chiamano ancora *realpolitik*. I pochi che escono dal coro sono un fastidio o non sono autentici "realisti".

Lo storico Niall Ferguson, professore di scienze politiche a Oxford, esprime spesso le cose peggiori. Applaudendo il discorso di Blair alla Conferenza 2001 del Partito Laburista, con il suo lessico da cannoniera morale e le sue convinzioni gladstoniane sugli esseri superiori, Ferguson ha detto che "l'imperialismo può essere una sporca faccenda, ma quando Tony Blair invoca essenzialmente l'imposizione dei valori occidentali, democrazia e tutto il resto, il suo è realmente il linguaggio di un imperialismo liberale. La globalizzazione politica è solo un termine elegante per imporre i propri punti di vista e i propri costumi agli altri". E solo l'America, ha detto, potrà guidare questo nuovo mondo imperiale[101].

Lo studio delle politiche internazionali post-belliche, il "realismo liberale", fu inventato negli Stati Uniti con l'ampio patrocinio di coloro che hanno concepito e messo a punto il moderno potere economico americano. Tra di loro, le Fondazioni Ford, Carnegie e Rockefeller, l'OSS (il precursore della CIA) e il Consiglio delle Relazioni Estere, di fatto un ramo del governo. Così, nelle grandi università americane, voci erudite hanno giustificato la guerra fredda e i suoi grossi rischi.

In Gran Bretagna, questa visione "d'oltre Atlantico" trovò la sua eco più limpida. Tranne lodevoli eccezioni, gli studiosi hanno tirato fuori l'umanità dallo studio delle nazioni per congelarla con un gergo al servizio del potere dominante. Sottoponendo intere società ad autopsia, identificano "stati falliti" e "stati criminali" che presuppongono "interventi umanitari". Come fa notare Chomsky, il Giappone imperiale definì la sua invasione della Manciuria un "intervento umanitario" e Mussolini usò lo stesso termine per giustificare la conquista dell'Etiopia, così come fece Hitler quando i nazisti entrarono nei Sudeti[102].

Oggigiorno le variazioni sono infinitesimali. Michael Ignatieff, professore di diritti umani a Harvard e sostenitore entusiasta delle invasioni e dei bombardamenti dell'Occidente (come mezzo per "vincere la fame e rafforzare la pace in caso di conflitti intestini"), preferisce il termine "intervento liberale"[103].

"Buoni cittadini internazionali", "buon governo" e "terza via" appartengono anch'essi allo stesso lessico di moderni eufemismi imperiali adottato dai nuovi movimenti "progressisti" negli affari mondiali. Nella letteratura accademica e nei media, Bill Clinton veniva definito di "centro-sinistra", negando ogni evidenza storica. Durante gli anni di Clinton vennero abolite le principali reti di assistenza pubblica e la povertà in America aumentò, venne concepito un aggressivo sistema missilistico di "difesa" chiamato "Star Wars 2", venne approvato il più ingente budget di guerra e armamenti della storia, venne respinto il controllo sulle armi batteriologiche nonché un esauriente trattato per il disarmo nucleare, l'istituzione di un tribunale criminale internazionale, un accordo per bandire dal mondo le mine di terra e una serie di proposte per contenere il riciclaggio di denaro sporco. Fu l'amministrazione Clinton a distruggere il movimento che combatteva il surriscaldamento del pianeta e non, come vorrebbe una leggenda, il suo successore. Oltre a ciò venne invasa Haiti; venne rinforzato l'embargo a Cuba; vennero attaccati Iraq, Jugoslavia e Sudan.

"È una favola comoda e graziosa che i liberali siano pacificatori e i conservatori siano guerrafondai", ha scritto Hywel Williams, "ma l'imperialismo dei liberali può essere più pericoloso proprio a causa della sua natura senza limiti, della sua convinzione di rappresentare una forma superiore di vita"[104].

Prima di diventare un leader della guerra, Tony Blair amava molto farsi promotore della "fine dell'ideologia" quando, in realtà, l'ideologia che condivide con un'intera classe politica e con i media è una delle più potenti dell'epoca moderna. Ed è tanto più pervasiva dato il suo nascosto e spesso inconscio attaccamento a uno status quo di ineguaglianza fondato sul benessere e sulla classe sociale.

E mentre vengono rifiutate le etichette dell'ideologia è di moda etichettare gli altri. L'etichetta più interessante appiccicata su di me dice che appartengo alla "'sinistra' neo-idealista". Le virgolette alla parola "sinistra" non sono spiegate né tantomeno il "neo-idealista". Timothy Dunne, del Dipartimento Politiche Internazionali dell'Università del Galles, a Aberystwyth, mi ha etichettato così in un libro di testo dove spicca per il suo modo di prendere alla leggera gli orrori perpetrati dal generale Suharto a Timor Est[105]. Questo "realismo liberale" non è raro tra gli accademici di rapporti internazionali, specialmente tra quelli che decantano la "terza via", modo di dire che nasconde un programma reazionario. Per quasi un quarto di secolo Timor Est è stato una vittima del loro silenzio.

Un'invasione e un'occupazione che hanno spazzato via un terzo della popolazione, causato più morti, in proporzione, che in Cambogia sotto Pol Pot, provocato un silenzio accademico rotto solo dal libro di John Taylor *Indonesia's Forgotten War* ["La guerra dimenticata d'Indonesia"] (Zed Books) e dai lavori di Peter Carey, Mark Curtis e, più recentemente, Eric Herring. A quanto pare nessuna università inglese, liberale o tradizionale, ha prodotto un singolo caso di studio accademico concreto, basato su fonti originali, del più grande genocidio della seconda metà del ventesimo secolo.

Gli incaricati di insegnamenti umanitari mormorano scuse sul fatto che le università sono diventate istituti d'addestramento professionale ossessionate dalle sponsorizzazioni. Mantenendo il silenzio, hanno consentito che i governi diminuissero la disponibilità di conoscenze su come funziona il mondo, dichiarandola "irrilevante" e tagliando i fondi. Il che non sorprende visto che i dipartimenti umanitari, fucine di idee e critica, sono vicini all'estinzione. Quando gli studiosi sopprimono la voce del loro sapere, a chi si può rivolgere il pubblico?

Non c'è alcuna congiura, e ciò va ribadito. Non è altro che il modo in cui funziona il sistema, assicurando "accesso" e "credibilità" in una gerarchia accademica sempre ansiosa di riconoscere intenzioni morali più ai fautori delle politiche di governo che non ai fautori delle politiche in quanto tali. Nei dipartimenti politici, l'incarico dei realisti liberali è assicurarsi che l'imperialismo occidentale venga interpretato come gestione della crisi anziché come causa della crisi e della sua escalation. Rifiutandosi di riconoscere il terrorismo di Stato occidentale garantiscono la loro complicità. Affermare questa semplice verità viene giudicato non da eruditi; meglio stare zitti.

Dopo l'11 settembre la questione principale è sempre il silenzio. Chi osa mettere in dubbio il nuovo credo che gli attentatori delle Twin Towers non siano altro che "apocalittici nichilisti" che odiano la "modernità" e la "civiltà"? Soprattutto, chi oserà dire che la guerra al terrorismo è un imbroglio, che quelli che la perseguono sono a loro volta terroristi di un'associazione più estesa e che le loro azioni produrranno, come minimo, maggiori carneficine e martiri?

È forse comprensibile, tra le persone di animo liberale, una certa confusione riguardo alle intenzioni imperialiste, quando si vedono gli Stati Uniti attaccare antichi clienti e alleati che si sono liberati del guinzaglio e definirli nuovi Hitler; ma "questa somma di perplessità di fronte al gesticolare palese e segreto in direzione della verità", come ha scritto David Edwards, è ormai un lusso che la vera civiltà riesce male ad affrontare. I pericoli sono troppo pressanti[106].

"È probabile che ci toccherà vedere", mi ha detto Denis Halliday, "l'emergere di uomini che giudicheranno Saddam Hussein troppo moderato e troppo disponibile a dialogare con l'Occidente. La stessa cosa è già successa ai palestinesi. Tanta è la disperazione di persone che vedono i loro figli morire a migliaia ogni mese e che vengono bombardati quasi ogni giorno da apparecchi inglesi e americani".

Chi, meglio di Denis Halliday, può affermare che la funzione delle Nazioni Unite sia stata ridotta a una mera gestione delle colonie? Chi se la sentirà di mettere da parte la scacchiera e spiegare che solo quando verranno rimossi dalle nazioni i grandi soprusi, le ingiustizie e le insicurezze il terrorismo recederà?

"Arriva un momento in cui il silenzio è tradimento", ha detto Martin Luther King. "Quel momento è arrivato".

# I PRESCELTI

C'è qualcosa di speciale nell'essere australiano. Questo spirito australiano, questa capacità di unirci che ci permette di essere insieme nei momenti di sfida e di avversità è qualcosa di speciale.

*Primo ministro John Howard*

Se ci fosse una gara tra le nazioni democratiche per vedere chi riesce meglio a impegnarsi per i diritti umani [del proprio popolo originario], l'Australia arriverebbe ultima con distacco.

*Professor Colin Tatz,*
*Centro Studi sui Genocidi, Sydney*

A prima vista, dal punto di vista del paesaggio, niente è come Sydney: il porto dalle acque profonde, il diadema di spiagge sul Pacifico, gli estuari e le baie nascoste dove l'eucalipto bianco, gigante fantasma della gomma, sorge dal bordo dell'acqua. In centro, una scenografia come una piccola New York, i cui arredi sono il grande ponte ad archi, il metafisico Teatro dell'Opera e una piscina olimpionica costruita negli anni Trenta con delfini art-déco e un albo d'onore con ottantasei record mondiali di nuoto, già di per sé un primato. Accanto alla piscina c'è il Luna Park, parco dei divertimenti annunciato da un'enorme faccia dal sorriso vagamente demenziale. Questa è la facciata dell'Australia, o "vetrina", come hanno preferito chiamarla i promotori dei Giochi Olimpici. Le Olimpiadi del 2000 dovevano portare l'annuncio di una "nuova età dell'oro" per gli australiani, cantava il ritornello, "prescelti per portare il sogno del nuovo millennio: un sogno che tutti condividiamo".

I prescelti non hanno lasciato niente al caso. Quando il Comitato Olimpico Internazionale (CIO) è venuto a ispezionare la città, prima di nominare il vincitore, i semafori sono stati temporizzati per diventare verdi al passaggio delle loro limousine. Il passato fascista del presidente del CIO, Juan Samaranch, non è praticamente stato citato dalla stampa locale, e si dice che la radio della stanza d'albergo dove alloggiava fosse stata "tarata" per non potersi sintonizzare su determinati commentatori che avrebbero potuto sollevare l'argomento proibito. Crociere nella rada, cene a base di aragosta, champagne, cognac e sigari cubani erano a spese di un cosiddetto "fondo di risucchio" di 28 milioni di dollari australiani. La sera prima che il CIO votasse, ai delegati africani erano state regalate concessioni del valore di 52.500 dollari australiani ciascuna. Il presidente del Comitato Olimpico Australiano, John Coates, aveva fatto ottenere una "borsa di studio in un istituto di catering" alla figlia del rappresentante CIO dello Swaziland. "Sono padre di sei figli", disse Coates. "Non è forse questo il significato di famiglia olimpica?"[1].

Durante una gita a Sydney, la moglie di un delegato CIO vide un nero che suonava il *didgeridoo* sul Circular Quay, dove è un'attrazione turistica.

"Chi è?", si informò.

"Un aborigeno", le rispose uno dei suoi accompagnatori.

"Davvero? E dove sono gli altri?".

"Ehm... nell'*outback*"[2].

Sydney ha un esteso ghetto aborigeno a Redfern, cinque minuti con la limousine. Si distingue facilmente dal resto della città per un'oppressiva presenza della polizia. Il Servizio Legale Aborigeno, che ha sede a Redfern, ha provato a coinvolgere il CIO a visitare un'Australia che non avevano visto, quella dietro le cartoline, ma non c'era tempo e l'atmosfera non contribuiva. "Chiunque minacci la candidatura di Sydney farà bene a stare attento!", aveva dichiarato il ministro del governo del New South Wales responsabile per le Olimpiadi[3].

A Monaco, dove il CIO si è riunito per decidere il candidato vincente, l'Australia è stata presentata come un'oasi di umana armonia, in netto contrasto con la Cina, suo principale rivale per l'assegnazione dei giochi. Ai delegati sono stati offerti spettacoli di danzatori aborigeni e suonatori di *didgeridoo* con il corpo interamente dipinto, oltre a giganteschi canguri saltellanti e wombat [marsupiale australiano]. L'Australia dei bianchi si è appropriata da un pezzo dell'arte e dell'artigianato del Sogno Aborigeno e non deve sorprendere che sia stato inserito il boomerang nel logo dei giochi. Due apparecchi della Qantas sono stati ridipinti con motivi indigeni. C'era un "comitato consultivo indigeno", capeggiato dall'affabile ex campione di rugby Gary Ella, lui stesso aborigeno, e alcuni anziani aborigeni erano stati designati a "dare il benvenuto ufficiale".

Quando il 15 settembre 2000 Cathy Freeman, atleta di fama mondiale e aborigena, portò la fiaccola che accese la fiamma olimpica, tutte queste imbarazzanti rivelazioni di corruzione e tangenti vennero sommerse dal luccichio di una cerimonia d'apertura "culturalmente corretta" dedicata alla "riconciliazione e al rispetto reciproco". Il suo motivo conduttore era una danzatrice aborigena che, in sogno, compie con un bambino bianco un viaggio mitico attraverso la storia dell'Australia (il che giunse come un sollievo per quanti ricordavano il contributo del proprio paese alla cerimonia di chiusura delle Olimpiadi di Atlanta: canguri gonfiabili che guidavano la bicicletta).

La regione di Kimberly è nel remoto nord dell'Australia Occidentale. È un luogo misterioso fatto di antico terreno vulcanico che alla luce dell'alba sembra prendere fuoco, con scarpate che sembrano onde pietrificate e un tipo di vegetazione che non si trova da nessun'altra parte in Australia o nel mondo. Vi cresce il baobab, immenso albero dai grossi rami ritorti e intrecciati che vive fino a duemila anni. Il massiccio chiamato Bungle Bungle, vomitato dal cratere scavato milioni di anni fa da un meteorite, è un surreale spettacolo a tre dimensioni. L'uomo ha vissuto qui da oltre quarantamila anni: la più antica presenza umana sulla Terra.

Kununurra venne costruita nel 1960 nel cuore della regione agricola irrigata dal fiume Ord. La città mi ricorda luoghi analoghi nel *veldt* sudafricano: giardini curatissimi, supermercati con l'aria condizionata e le Toyota a quattro ruote motrici parcheggiate fuori, individui obesi dallo sguardo sfuggente e la pelle grigia, e club e circoli sportivi ancora riservati solo ai bianchi. In realtà, metà della popolazione è nera. I loro dipinti sono appesi nella hall dell'albergo locale e sul muro di una banca. In giro si vende il loro artigianato, fabbricato in Cina. Ma loro dove sono? L'unico aborigeno che ho visto prendere parte alla vita della città era un uomo che reggeva la paletta rossa e verde d'accesso a un cantiere di lavori stradali. Gli altri sono nell'ombra: occhi fissi a terra nel parco, sagome stagliate contro gli usci, come personaggi su un patibolo.

Nel suo viaggio verso Sydney, la torcia olimpica è passata di qui. Quasi tutti erano fuori a riceverla, tranne quei neri che non potevano vederla, resi ciechi dal tracoma, una malattia vecchia quanto la Bibbia. L'Australia è l'unico paese sviluppato ad apparire nella "lista nera" dell'Organizzazione Mondiale della Sanità dei paesi i cui bambini perdono ancora la vista a causa del tracoma. Il disastrato Sri Lanka ha vinto il morbo, ma non la ricca Australia[4].

Un tempo cacciatori-raccoglitori nella loro società tradizionale, gli aborigeni erano dotati di una vista eccezionale; ora parecchi vecchi vanno in giro inciampando, asciugandosi continuamente gli occhi grondanti di lacrime spesso protetti da occhiali da sole di qualità scadente. Secondo il direttore del Centro per la Ricerca Oculistica di Sydney, professor Hugh Taylor, fino all'80% dei bambini aborigeni hanno un potenziale tracoma accecante a causa delle cataratte non curate. "Una cosa ingiustificabile", ha detto[5].

Ho accompagnato una squadra dei Servizi Medici Aborigeni a fare una rilevazione a campione sui bambini di Kununurra e dintorni. Uno su tre fu trovato affetto da tracoma. Alla scuola Doon Doon, la malattia fu diagnosticata alla metà dei cinquantasei alunni. "E se fossero stati bambini bianchi?", domandai alla dottoressa Alice Tippetts. Lei rispose portandosi una mano sulla bocca; non se ne può parlare, come non si può parlare dell'apartheid australiano in genere. Sarebbe una malattia totalmente evitabile. È un'infezione delle palpebre che si propaga in condizioni di povertà quali il sovraffollamento e la mancanza di acqua corrente potabile e fognature.

Su una parete dell'ufficio del dottor Kim Hames, ministro per gli Affari Aborigeni e le Risorse Idriche dell'Australia Occidentale, sono appesi un *didgeridoo* e un cerificato di riconoscimento rilasciato dal Comitato "Mantieni Bella l'Australia" per "aver sostenuto una campagna 'Australia Occidentale Pulita' in maggio". In quello Stato il tasso di mortalità degli aborigeni è più alto che nel Bangladesh. Figlio di un mandriano, il dottor Hames mi disse che aveva molti amici aborigeni e riteneva che il problema del tracoma potesse essere "spazzato via se solo i bambini aborigeni avessero avuto una piscina". Il suo governo stava progettando di costruire dodici piscine. Quando? Non lo sapeva. Sul perché il suo progetto non fosse ancora stato eseguito, così come la fornitura di alloggi adeguati con acqua potabile e impianti sanitari e strade lastricate in zone remote che tenessero bassa la polvere, si perse in farraginose spiegazioni, di quelle che si sentono spesso fare ai politici australiani; sembrava volersi spartire la colpa con le stesse vittime, per le loro "abitudini culturali vecchie di milioni di anni" e per la "burocrazia aborigena".

"C'è un'altra ragione", chiesi, "per cui queste necessità primarie scontate nell'Australia dei bianchi, cioè strade asfaltate, alloggi decenti e attrezzature ricreative, mancano nelle zone aborigene?".

"Ecco, il fatto è che la gente [i bianchi] pensa che dare una piscina a una comunità aborigena sia un lusso e che loro stanno bene così, a vivere nel deserto, come hanno sempre fatto..."[6].

Il dottor Richard Murray, del Comitato Aborigeno per i Servizi Medici di Kimberly, i cui pazienti sono tutti aborigeni, ha analizzato le cause della loro sofferenza.

"Secondo ogni metro di misura della salute indigena", mi ha detto, "l'Australia è all'ultimo posto nel mondo. Gli aborigeni soffrono di malattie delle quali nei bassifondi di Edimburgo abbiamo visto la fine il secolo scorso, come la febbre reumatica. Abbiamo la più alta concentrazione di casi registrata al mondo. E il diabete, che affligge circa un quarto della popolazione aborigena adulta causando insufficienza renale e cecità diabetica. E gastro-enteriti...".

"Perché succede?".

"Povertà e privazioni. Guarda gli alloggi. In Australia il 90% del sovraffollamento abitativo è aborigeno, e proviene dal 2% della popolazione. La causa è fondamentalmente una mancanza di volontà politica di ripartire le risorse. In confronto al resto della popolazione, il governo federale spende circa il 25% in meno pro capite per la salute degli aborigeni. Guarda il fenomeno dei suicidi, che deriva dalla mancanza di opportunità e di speranze per il futuro. Sono i giovani che ne sostengono il peso maggiore. In una tipica comunità di, diciamo, cinquanta uomini sui venticinque anni, uno o due si toglieranno la vita, due o tre cercheranno di farlo e un'altra dozzina ci penserà seriamente. Vengono da famiglie che devono convivere con un'angoscia costante, con nessuna voglia di andare a letto la sera per paura di svegliarsi al mattino e trovare qualcuno impiccato. È una verità lacerante di cui il mondo sa molto poco"[7].

A Woorabinda, nel Queensland, guidavo nella polvere accanto a Paul Gribble, che nel portabagagli aveva la bara di una bambina aborigena di due mesi. Sarebbe stata sepolta quello stesso pomeriggio, dopo un funerale nella chiesa di Paul, San Matteo. Suo padre e suo nonno erano missionari, e il lignaggio si sarebbe interrotto con lui. Fiero e disilluso, oltre che arrabbiato, parlò di "una popolazione aborigena incarcerata per tutti questi anni in una prigione costruita da noi".

"Durante il primo funerale che ho officiato", disse, aprendo il suo registro dei decessi, "ero irritato dalla gente che si lamentava e ho gridato per farli stare zitti. E loro lo fecero, e da quel momento in poi i funerali si svolsero in un silenzio di tomba. Poi un giorno mi alzai e mi scusai con loro. Dissi che mi ero sbagliato, così come è sbagliato che la gente muoia nel modo in cui muoiono loro. Guarda questa lista: bambini piccoli, adolescenti. Ed è sbagliato che le autorità si accaniscano su di loro come fanno. Sono cappellano della prigione di Rockhampton, dove un terzo dei detenuti è aborigeno; e gli aborigeni sono solo il 2% della popolazione"[8].

Woorabinda è nata nel 1927 come una delle cinque riserve "controllate" che facevano parte di un gulag australiano dove veniva scaricata la gente, privata di quei legami familiari e di comunità che per loro avevano spesso più importanza della vita stessa. La riserva era comandata da un "capo protettore" che esercitava un potere assoluto su quelli che venivano mandati lì: poteva esiliare e punire, ficcare il naso nella loro vita sessuale, confiscare i loro averi, nascondere i loro risparmi e spedire i più recalcitranti in manicomio. L'eredità di quella storia, dice Elizabeth Young, un'operatrice sanitaria aborigena, è che "ora la comunità [di Woorabinda] non ha un senso di identità e si sta lentamente suicidando. Perché? Molti dei nostri bambini delle classi elementari hanno dei sogni, ma appena crescono e cominciano a ribellarsi si rendono conto, sanno, di non avere futuro, così fanno esattamente quello che i genitori hanno fatto prima di loro: cominciano a lasciarsi andare. Abbiamo ragazzini davvero intelligenti, brillanti, per i quali manca l'aiuto nel fare il primo passo: una ragazza che potrebbe ballare a Sydney, un guardiano di bestiame che potrebbe cavalcare in tutto il mondo, un giocatore di football che potrebbe giocare per il suo paese. Certo, alcuni ce la fanno, soprattutto nello sport, e i loro nomi diventano conosciuti; ma sono una striminzita minoranza. Sembra che la maggior parte dei ragazzi con i quali sono cresciuta e andata a scuola siano morti, e non sarebbero dovuti morire. Sono approdati all'alcol e si sono rovinati. Nelle ultime due settimane, qui a Woorabinda, hanno tentato il suicidio in due, uno di quindici e uno di trentatré anni. Nessuno si stupisce"[9].

Nel cimitero di Woorabinda, dietro Sebastopol Creek, le formiche hanno scavato le loro gallerie nelle bianche croci di legno. I bambini sono sepolti in file, una accanto all'altra; poi i giovani, e ancora file. Quarant'anni sembrano la vecchiaia, qui. Mi sono seduto, incredulo. Mi sono sempre ritrovato incredulo, non ci sono altre parole, ogni volta che sono venuto in questa Australia, paese sconosciuto alla maggior parte dei miei compatrioti bianchi. Se fossi stato un australiano nero, a quest'ora sarei morto. L'aspettativa di vita degli aborigeni è di venticinque anni più breve di quella dei bianchi, più bassa che nella maggior parte degli altri paesi, un primato che le viene conteso solo dall'India e dall'Africa Centrale[10]. Esclusi i paesi in guerra, l'Australia si distingue per avere, tra i suoi primi abitatori, il più alto tasso di mortalità del mondo[11].

Negli ultimi anni la salute delle donne aborigene si è così deteriorata che il loro tasso di mortalità è di sei volte superiore a quello delle donne bianche. "Si è sviluppato un tipo particolare di sordità statistica", ha scritto il Commissario per la Giustizia Sociale degli Aborigeni e degli Isolani dello Stretto di Torres. "Il significato di queste cifre non viene udito, e neanche sentito. Le statistiche di mortalità infantile e natale rappresentano i nostri figli e i nostri bebè che ci muoiono tra le braccia... Le statistiche di una ridotta aspettativa di vita significano che le nostre madri e i nostri padri, gli zii, le zie e gli anziani vivono vite accorciate e muoiono prima di aver trasmesso i doni della loro conoscenza ed esperienza. Moriamo silenziosamente coperti dalle statistiche"[12].

Nell'Australia dei bianchi, una leggenda perdurante sono i milioni di dollari "scomparsi" che i governi statali e il governo federale avrebbero "elargito" nella "assistenza agli aborigeni". È robaccia da politicanti e chiacchiere da bar, è carburante per l'intolleranza, ed è falso. Il dottor Murray, a Kimberley, aveva citato una rivista sanitaria a diffusione nazionale che, nel 1997, aveva scoperto che l'assistenza sanitaria agli aborigeni riceveva il 25% in meno di fondi governativi pro capite rispetto all'assistenza sanitaria per i bianchi. Se in base al Piano di Assistenza Farmaceutica nazionale veniva speso un dollaro pro capite, per gli aborigeni venivano spesi venti centesimi[13].

Gli chiesi come mai quella leggenda avesse un tale vigore.

"A un certo livello", disse, "fa parte della psiche degli australiani. Convincendosi che il denaro è stato speso e sprecato, la gente arriva a conclusioni che corrispondono a ciò che è nascosto nella loro mente: cioè che il vero motivo è innato o genetico. Cosa ancora più importante, consente agli australiani bianchi di dire che non è colpa loro, che è colpa degli aborigeni. Un intero linguaggio denigratorio li sostiene – 'non si occupano dei loro figli, e se solo si lavassero!' – e permette alla maggioranza della popolazione di prendere le distanze dall'evidenza che la nostra nazione primigenia continua a essere privata dei diritti essenziali dei cittadini: servizi fondamentali, alloggi, un accesso normale all'educazione e speranze per il futuro. Ecco perché siamo gli ultimi al mondo, soprattutto se paragonati a Nuova Zelanda, Canada e Stati Uniti che hanno un'analoga popolazione indigena e dove nell'ultima generazione sono stati fatti progressi significativi. In questi paesi un bambino indigeno ha un'aspettativa di vita di soli tre-sei anni inferiore a quella del resto della popolazione. Qui la differenza va da diciotto a vent'anni. La domanda è: cos'è che ci rende differenti?".

Quando ho intervistato Philip Ruddock, il ministro federale responsabile della "riconciliazione" al tempo dei Giochi Olimpici, lui si vantò che il tasso di mortalità infantile degli aborigeni era migliorato negli ultimi anni. Aveva ragione; ora è solo tre volte maggiore a quello dei bambini bianchi. Gli ricordai che un suo collega membro del Gabinetto Federale, il dottor Michael Woolridge, ministro della Sanità, aveva fatto una straordinaria ammissione. "Nel mio campo, quello della salute", aveva detto, "non c'è alcuna prova di qualsivoglia miglioramento negli ultimi dieci anni... anzi, la frattura [tra la salute aborigena e quella dei bianchi] si è allargata"[14].

Ruddock concordava sul fatto che "le statistiche riguardanti gli aborigeni sono davvero terrificanti".

"Mi risulta che lei sia stato membro di Amnesty International per vent'anni", dissi.

"È vero".

"Come si sente quando riceve i rapporti di Amnesty International sulle violazioni dei diritti umani con 'Australia' scritto in cima alla lista, come per esempio: 'Gli aborigeni muoiono ancora nelle prigioni e nelle celle della polizia, a livelli che potrebbero corrispondere a trattamenti crudeli, inumani e degradanti'?".

"Perché dicono 'potrebbero'?"[15], replicò sorridendo.

Una simile arroganza nella risposta non è inconsueta nell'Australia politica. Durante la nostra intervista, Ruddock non fece alcun tentativo di mettere in discussione il fatto che gli aborigeni soffrissero, ma non disse nulla che indicasse un impegno politico a provvedere. A telecamera spenta, passò mezz'ora ad attaccare il conservatorismo del primo ministro John Howard dando l'impressione che lui, Ruddock, membro di Amnesty International, era diverso. Gli eventi successivi, non ultimo la decisione di Amnesty International di revocare la sua iscrizione, hanno dimostrato che non era vero.

Durante la corsa verso le Olimpiadi del 2000, il governo Howard era palesemente terrorizzato che il mondo esterno potesse scoprire l'Australia nascosta, l'Australia nera. Ad appena un anno dall'inizio, il Comitato delle Nazioni Unite per l'Eliminazione della Discriminazione Razziale nei suoi primi accertamenti sfavorevoli su una nazione occidentale mise in evidenza la discriminazione razziale dell'Australia[16]. Se vi aggiungiamo i numerosi rapporti di Amnesty International, l'accusa infamante stava cominciando a somigliare a quella diretta contro l'apartheid in Sudafrica. Dopo aver goduto di una reputazione nuova di zecca in quanto autentica società multiculturale, ben lontana dalla reazionaria immagine del paese dei tempi della "politica per un'Australia bianca", ora c'era motivo di preoccuparsi.

Come gli Stati Uniti e la Gran Bretagna, anche l'Australia è uno Stato a ideologia unica con due fazioni concorrenti distinguibili fra loro più che altro per la personalità dei propri politici. La differenza tra la coalizione conservatrice di Howard e l'opposizione del Partito Laburista è che la linea di condotta di Howard non è velata. I governi laburisti degli anni Ottanta e primi anni Novanta si sono occupati della più grande redistribuzione delle risorse nella storia del paese: da cima a fondo. Erano thatcheriani e reaganiani in tutto tranne che nel nome. Del resto, Tony Blair definì l'allora primo ministro Paul Keating sua "fonte d'ispirazione".

Quando John Howard assunse l'incarico, nel 1996, la sua prima mossa fu di tagliare 400 milioni di dollari australiani dal budget per gli affari aborigeni, ai quali si riferiva in tono sprezzante come "industria aborigena". "La correttezza politica", affermò il primo ministro, "è andata troppo in là". Bisogna trovare "un nuovo spirito di libertà d'espressione". Furono in pochi ad avere dubbi sul reale significato delle sue parole. Stava parlando nel Queensland, uno Stato il cui razzismo storico aveva, negli ultimi anni Novanta, dimostrato la sua capacità di ripresa eleggendo al Parlamento Federale Pauline Hanson come candidata indipendente di un programma anti-aborigeno e anti-immigrazione[17]. Il suo collegio elettorale, Oxley, detiene uno dei più alti indici di disoccupazione in Australia. Più della metà dei giovani non riesce a trovare lavoro. Individuato il capro espiatorio, aveva fatto i suoi venerabili collegamenti. La cosa notevole è che presentava se stessa come "un'ingenua, una madre che lavora sodo" e che parlava "a nome della gente comune, della gente ordinaria che non ne poteva più dei *pollies* [politici]". Un ritornello che ebbe una forte eco in un paese dove il cinismo nei confronti dei politici ipocriti e dei loro "compari" è forse più forte che in ogni altra democrazia occidentale. La Hanson disse che gli aborigeni erano dei "privilegiati" e che su di loro erano stati spesi "milioni" senza alcun risultato. Affermò, in un libro scritto per lei, che "uccidono e mangiano le loro donne e i loro bambini, e talvolta anche gli uomini"[18].

Per Howard era un'occasione. Tranne che definire la Hanson una "vuota populista", rifiutò ostinatamente di criticarla. In realtà il loro messaggio era identico; solo le parole variavano un po'. Il "Partito di Una Sola Nazione" di lei somigliava in maniera notevole alla "Politica di Una Sola Australia" che il nuovo governo guidato da lui avrebbe perseguito, come aveva dichiarato nel 1988.

Una volta al suo posto, Howard cominciò a ribaltare il risultato più significativo ottenuto dagli aborigeni. Si trattava del *Native Title Act* ["Atto di Proprietà Indigena"], passato al Parlamento Federale nel 1993. Basata su una sentenza miliare dell'Alta Corte di Giustizia australiana, la nuova legge aveva rimosso dal diritto comune l'idea fasulla che l'Australia fosse disabitata quando, nel 1770, il capitano James Cook vi piantò la bandiera inglese. Chiamata *Terra Nullius*, per più di due secoli questo termine era stato usato per giustificare l'esproprio della popolazione indigena.

Diversamente dalle pecore australiane, gli aborigeni non furono contati fino ai tardi anni Sessanta. "Occupavamo la terra, ma eravamo considerati fauna", ha detto l'avvocato aborigeno Noel Pearson[19]. Quando, negli anni Cinquanta, il primo ministro Robert Menzies dette il permesso agli scienziati nucleari britannici di fare test atomici nella regione aborigena di Maralinga, vennero utilizzate mappe con la scritta "disabitato". Patrick Connolly, che aveva prestato servizio nella RAF a Maralinga, venne minacciato dai servizi segreti di essere incriminato per aver rivelato che "durante i due anni e mezzo che sono stato lì, avrò visto quattro o cinquecento aborigeni nelle zone contaminate. Qualche volta li portavamo a decontaminarsi. Altre volte ci limitavamo a cacciarli via come conigli"[20].

Il giudizio dell'Alta Corte del 1992, diventato famoso come la "sentenza di Mabo" dal nome del vincitore della causa per i diritti territoriali, Eddie Mabo, non fu quel trionfo che all'epoca sembrò essere. Si trattò di un "compromesso storico" tra il potere e la mancanza di potere. I giudici non ordinarono di restituire la terra rubata ai nativi australiani. Decidendo che gli aborigeni potevano avere titolo alla "sovranità sul territorio" dove avevano sempre vissuto, i giudici avevano aggiunto una clausola-scappatoia. I diritti territoriali potevano essere "estinti" dall'esistenza di proprietà o affitti dei grandi latifondi per la pastorizia, molti dei quali erano stati acquisiti dai figli degli aristocratici inglesi dell'Ottocento semplicemente "occupandoli".

La promulgazione del *Native Title* che seguì alla sentenza di Mabo fu la "missione personale", come lui stesso si espresse, dell'allora primo ministro laburista Paul Keating, le cui chiacchiere sulla "riconciliazione" raggiunsero picchi retorici mai conseguiti dai suoi predecessori. La conquista di Keating fu di vendere l'ambiguità critica della sentenza di Mabo ai leader aborigeni "moderati". Disse loro che era l'affare migliore che avessero mai potuto ottenere dall'uomo bianco. "Rifiutarsi di stare al gioco non era più la cosa giusta da fare", era stato l'amaro commento di Noel Pearson, uno dei negoziatori aborigeni[21].

Keating non perse tempo nel mostrare come andava condotto il gioco. Fidandosi delle sue assicurazioni, gli aborigeni avevano rinunciato al diritto di veto sullo "sviluppo" di buona parte del loro territorio, uno dei principi fondamentali dei diritti territoriali. Il programma non dichiarato del governo Keating era di confermare i "diritti territoriali" a una lobby mineraria, promettendo di restituire agli stati il diritto di "convalidare" tutte le rivendicazioni aborigene sulla terra. Una linea di condotta che aveva costituito il fulcro strategico del governo precedente, quello di Bob Hawke, in cui Keating era stato tesoriere, articolata dall'allora ministro per le Risorse e l'Energia, Gareth Evans, che riassunse il tutto con ciò che lui definì la strategia delle "tre esse". Cioè che l'attività mineraria sulle terre aborigene non dovesse essere *sospesa* e che le compagnie minerarie non dovessero essere *soffocate* e *strizzate* dai reclami di risarcimenti e pagamenti di royalties alle comunità aborigene[22].

Il primo ministro Howard si spinse oltre. Richiese che le comunità aborigene rinunciassero pure al diritto di negoziare lo sviluppo della terra. Il suo consigliere, il senatore del Queensland Nick Minchen, usava un linguaggio ben noto ai neri d'Australia e ripreso da Pauline Hanson. Se gli aborigeni ottenevano "troppo", diceva, la "comunità" si sarebbe risentita per i loro "diritti speciali" e ciò avrebbe "minato il processo di riconciliazione"[23]. Nel frattempo i "pastoralisti" e i loro lobbysti protestavano che la nuova legislazione avrebbe dovuto essere verificata. Non dovettero attendere a lungo. Nel 1996, in un giudizio d'appello che riguardava il popolo Wik del Queensland, l'Alta Corte stabilì che una locazione non cancellava necessariamente il *Native Title*. In altre parole, un affitto è un affitto: garantisce il possesso della terra solo per un determinato periodo di tempo.

Dal Gabinetto dei Ministri, dal mondo agricolo, dai gruppi minerari e dai media loro alleati piovvero sui giudici accuse di essere "radicali" e "politicizzati". "In circostanze diverse", scrisse lo storico Henry Reynolds, "i politici conservatori e i rappresentanti delle imprese avrebbero fatto gruppo compatto sul versante opposto della disputa. In una situazione normale, avrebbero applaudito la battaglia vecchia di secoli del diritto comune per proteggere la proprietà nei confronti dello Stato. Il problema, con la storia dei Wik, era che i diritti sulla terra li avevano le persone sbagliate. La cosa che li bloccava era che per la prima volta in duecento anni avrebbero dovuto trattare da eguali con gli indigeni australiani"[24].

E siamo arrivati al nocciolo. "La maggior parte degli aborigeni", scrive il *Canberra Times*, "non conquista nessun diritto legale con le sentenze di Mabo o di Wik. L'unica cosa che hanno ottenuto è un'importante vittoria morale... [Da allora] i gruppi aborigeni hanno vissuto con più dignità e più ragionevolezza, più disponibili alla discussione, al negoziato e al compromesso di altri gruppi che ancora non riescono a superare il sopruso di non avere sulla terra il minimo diritto"[25].

Che gli aborigeni non avessero diritti sulla propria terra era un fatto assodato. Nel 1896, il Capo Protettore degli Aborigeni del Queensland scrisse:

> Sembra corretto considerare il nostro debito verso gli aborigeni. Il Queensland ha finora alienato circa 4 milioni di ettari in proprietà assoluta e circa 120 milioni di ettari in locazione per la pastorizia. In cambio abbiamo ricevuto circa 6.250.000 [sterline] in contanti, mentre per le locazioni riceviamo circa 332.000 sterline l'anno di affitto. Dal 1859, non abbiamo speso neanche 50.000 sterline a beneficio degli aborigeni, e né da allora né prima li abbiamo mai pagati con un solo scellino in contanti o vestiti o cibo o magari mezzo ettaro di terra[26].

Secondo uno studio di Martin Taylor:

> ...settori dell'industria della pastorizia del Queensland hanno partecipato al genocidio degli aborigeni. Già nel 1920, gli indigeni si erano ridotti da almeno 120.000 a 20.000, includendo in questa diminuzione almeno 10.000 uccisioni dirette... Aborigeni brutalizzati sono stati importati dal sud per costituire la Polizia Indigena del Queensland, utilizzata poi per le squadre della morte contro gli aborigeni. La popolazione era anche devastata dalle malattie[27].

Dato il modo di pensare dell'epoca, condiviso ancora oggi da molti australiani, nulla di tutto ciò suscitava scalpore. Uno dei testi scolastici più diffusi nelle scuole del Queensland nella seconda metà del Novecento si chiamava *Triumph in the tropics* ["Trionfo nei tropici"]. Commissionato nel 1959 per le celebrazioni del centenario dello Stato, era opera di sir Ralph Cilento e di Clem Lack. Il secondo era consigliere per le pubbliche relazioni del primo ministro del Queensland. Eccone un passo che riguarda gli aborigeni:

> Come il suo cane semi-selvatico, di fronte a cose o persone che provocano impressioni di terrore il nero si può immobilizzare raggelato dalla paura o darsi alla fuga precipitosa; oppure uggiolare di contentezza o saltellarti intorno, o assumere pose grottesche o esprimere eccitazione spasmodica con ogni genere di smorfie...
> Nel *bush* viveva in una tale insicurezza che la sua reazione immediata a ogni situazione di sorpresa era quasi un riflesso condizionato istantaneo: colpire, gettarsi di lato, colpire,

gettarsi di lato, cadere e rotolare. E, come i suoi cani, uno sguardo diretto e sicuro di sé lo può condurre a una circospetta tregua armata, ma con tutta probabilità attaccherà con furia se l'avversario mostra segni di paura o scappa o si infortuna. Si tratta di reazioni primitive comuni a molte creature selvagge della giungla[28].

Per quanto ho avuto modo di vedere, nella psiche degli australiani è presente un profondo senso di colpa per ciò che è stato fatto ai nativi e ciò che è stato loro tolto. Come ho imparato in seguito a un incontro con un gruppo di allevatori del Queensland dalle idee relativamente liberali, sono proprio quelli più attaccati alla terra che si rendono maggiormente conto di come la terra non sia "loro" e di come gli indigeni abbiano con essa un rapporto unico. Mi dissero che i loro genitori e progenitori non avrebbero potuto mantenere e gestire la terra durante i periodi di avversità ambientale, per esempio una prolungata siccità, senza l'aiuto della comunità aborigena.

"Sapevamo e non sapevamo", mi ha detto Camilla Cowley, proprietaria di circa 9.000 ettari. "Gli aborigeni erano invisibili. Da bambina non ne avevo neanche mai visto uno. Solo più tardi mi accorsi che alla scuola elementare che frequentavo non c'erano bambini aborigeni, come non ce n'erano agli impianti sportivi dove andavo, perché a loro non era permesso... Eppure la loro conoscenza di tutto ciò che c'è da sapere sul *bush* era molto più profonda. È stata la bambinaia aborigena di mio marito a insegnargli ad andare a cavallo"[29].

Senza guardiani di bestiame aborigeni, molte delle più grandi e ricche proprietà non sarebbero sopravvissute. Il salario di questi uomini era, nel migliore dei casi, la metà di quello dei bianchi, oltre alle "razioni alimentari". Le loro paghe finivano in libretti di risparmio gestiti dalla Commonwealth Bank, di proprietà dello Stato. I libretti erano tenuti dal locale Protettore degli Aborigeni, in genere un funzionario della "riserva" o un direttore di missione o un poliziotto. Loro non potevano ritirare neanche un centesimo senza il consenso di chi li aveva in custodia, e dato che molti erano analfabeti non riuscivano neanche a leggere le cifre dei versamenti e dei prelievi.

Rodney Hall, che negli anni Sessanta fu l'editore di un bollettino d'informazione aborigeno in Queensland, ritiene che le somme dovute agli aborigeni dopo una vita di lavoro potrebbero ammontare a milioni di dollari. "Quei guardiani di bestiame si aspettavano, giustamente, che i loro risparmi si accumulassero", scrisse, "ma raramente il saldo dava più di poche migliaia di dollari, certe volte poche centinaia... Avvertii gli organi d'informazione, [senza ricevere] risposta alcuna. Neanche una lettera o una telefonata dai maggiori giornali, dalle radio o dalle televisioni. Nemmeno una. All'argomento non era permesso esistere in un dibattito nazionale. Le tasche di qualcuno erano piene di soldi. Dovevamo pensare che fossero quelle dei protettori? O degli intestatari delle locazioni a pastorizia? Una volta che ciò fosse stato chiarito, avremmo potuto rivedere la questione dell'entità dei risarcimenti che gli aborigeni potevano legittimamente aspettarsi"[30].

L'entità dei risarcimenti poteva essere calcolata sulla base di una verità storica mai riconosciuta da nessun governo australiano. Nel 1837, un Comitato Scelto della Camera dei Comuni aveva condotto un'inchiesta sulle condizioni delle popolazioni native nelle colonie inglesi. Si scoprì che solo a un popolo era stato negato in maniera assoluta il diritto di precedente proprietà sulla propria terra: gli aborigeni d'Australia. Il rapporto del Comitato Scelto era inequivocabile. I primi australiani avevano "un diritto incontestabile sulla propria terra, un diritto giusto e sacro che, peraltro, non sembra essere stato recepito... La terra è stata loro tolta senza altra attestazione di titolo che una prova di forza"[31].

Era il punto di vista anche del governo inglese. L'Ufficio per le Colonie a Londra aveva creato le locazioni a pastorizia con uno scopo: assicurarsi che gli aborigeni potessero avere accesso al loro territorio anche se era affittato a degli "occupanti". Una linea di condotta che non intendeva essere una fonte d'arricchimento per i bianchi, quanto una compensazione agli aborigeni per l'annessione e la colonizzazione della loro terra. "La politica della locazione a pastorizia è stata la vetta massima della partecipazione umanitaria inglese", ha scritto lo storico Henry Reynolds. "L'attuale governo australiano sta dando agli aborigeni meno delle autorità imperiali britanniche di un secolo e mezzo fa"[32].

L'incarnazione di questo "meno" è l'emendamento di John Howard al *Native Title Act*, del 1998, che affoga la legge del 1993, spazza via il principio universale di proprietà indigena in tutto tranne che nel nome ed elimina dal diritto comune ciò che i giudici hanno sentenziato appartenere di diritto agli aborigeni; una cosa del genere non è successa in nessun altro parlamento moderno. A beneficiarne non sono i piccoli agricoltori bianchi, spaventati dalla "marea nera" dipinta dalla propaganda governativa che travolgerebbe le proprietà e minaccerebbe il loro focolare domestico, ma alcune delle più ricche e potenti aziende e persone dell'Australia dei bianchi.

Potenzialmente, il 42% dell'Australia potrebbe passare dalla locazione alla proprietà assoluta di una terra controllata da meno di 20.000 persone, comprendendo tra queste quelle che hanno un'alta influenza politica e nei media. Per esempio Kerry Packer, proprietario del circuito televisivo nazionale Nine, che è il settimo maggior proprietario terriero del paese, o Rupert Murdoch, che controlla il 70% della stampa della capitale e possiede nove estese proprietà. I due maggiori proprietari terrieri privati, Hugh McLachlan e la famiglia McDonald, hanno entrambi stretti legami con il National Party, uno dei partiti della coalizione di Howard.

In sintesi, la legge di Howard significa espropriare un gruppo di australiani, gli indigeni, dei diritti di proprietà che sono stati loro attestati dall'Alta Corte, con l'obiettivo di avvantaggiare un altro gruppo i cui componenti sono tutti, guarda caso, bianchi e benestanti. Fino nei suoi più oscuri dettagli, la nuova legge ricorda quelle promulgate dal regime dell'apartheid in Sudafrica. È stata condannata dal Comitato dell'ONU per l'Eliminazione della Discriminazione Razziale, con uno dei suoi membri che l'ha definita "un disinvestimento radicale dei diritti di proprietà indigeni"[33].

Il risultato è stato un logorio legale, vista l'interpretazione dei nuovi regolamenti diversa da Stato a Stato, che ha lasciato agli aborigeni l'onere insormontabile di dimostrare il loro "collegamento continuo" con le terre delle quali sono stati espropriati. Nello Stato di Victoria, la rivendicazione di 4.500 Yorta Yorta alla loro terra natale è stata respinta da un giudice che ha basato la sua decisione sull'emendamento della legge, dando ascolto a un potente raggruppamento di interessi politici e corporativi bianchi. Le rivendicazioni si rifanno alla metà dell'Ottocento, quando le autorità politiche bianche cercarono, come di consueto, di detribalizzare e cristianizzare gli Yorta Yorta, spesso con la violenza. Clan e famiglie furono spezzati, uomini e donne spediti a fare una vita di semischiavitù e i bambini mandati alle "case di formazione". "Gli Yorta Yorta si sono trovati a dover affrontare un'impresa titanica", ha scritto Katrina Alford dell'Università LaTrobe di Melbourne. "Gli è stato chiesto di dimostrare il loro collegamento tradizionale con le terre che reclamavano, sia sul piano geografico che su quello genealogico, e di presentarne le prove in una forma scritta legalmente accettabile, difficile il più delle volte ma quasi impossibile per le rivendicazioni di proprietà indigena basate su una tradizione orale". Poi cita lo storico Patrick Wolfe: "Più hai avuto perdite, meno riesci a sostenere il guadagno. Per rientrare nei criteri del *Native Title*, bisogna uscire fuori dalla storia"[34].

Nel 1997, la Commissione australiana per i Diritti Umani e le Pari Opportunità pubblicò un angoscioso rapporto dal titolo *Bringing Them Home* ["Riportarli a casa"] che condannava senza appello uno dei capitoli più oscuri nella storia della nazione: quello della "generazione rubata"[35]. Raccontava come migliaia di bambini aborigeni di varie razze fossero stati tolti ai loro genitori nel quadro di una sistematica politica tesa a "sradicare il colore"[36]. Per scovare e rubare i bambini era stata usata la polizia, con l'ordine di non dire a loro né ai loro genitori dove li portavano. Descrivendo una di queste "scene strappalacrime", il *Sunday Morning Herald* riferì, il 10 gennaio del 1925:

> La separazione avvenne subito prima di Natale... A quanto sembra, le istruzioni di un poliziotto erano di incontrarsi con i genitori al traghetto, e là arrivarono [i bambini] accompagnati dai loro genitori che non sapevano che i piccoli sarebbero stati tolti loro. La scena della separazione era strappalacrime, ma nonostante proteste e pianti i bambini furono portati via. I genitori erano disperati...

Come rivelano ora dei fascicoli prima inaccessibili, spesso non c'era neanche la pretesa di prendersi cura dei bambini "abbandonati" che venivano sottratti alle loro amorevoli famiglie. Robert T. Donaldson, un ispettore di quello che perversamente si chiamava Consiglio per la Protezione degli Aborigeni, divenne tristemente famoso come il "collezionista di bambini": un personaggio squallido che girava per il Nuovo Galles del Sud apparendo con le caramelle e dileguandosi con i bambini.

Questo comportamento trovava ispirazione nel movimento eugenetico fascista, che era di moda nei primi vent'anni del ventesimo secolo e aveva diffuso la paura che le donne bianche non si riproducessero abbastanza velocemente e che la "razza bianca" sarebbe stata "sommersa". Durante gli anni Trenta si chiamò "assimilazione" e venne promossa da A.P. Elkin, professore di antropologia all'Università di Sydney, sostenitore del fatto che gli aborigeni fossero una "razza inferiore" e "parassiti" e che avrebbero dovuto essere "assorbiti"[37]. I ragazzi venivano mandati a lavorare nei punti di pascolo e allevamento dove venivano pagati in razioni alimentari e monetine. Le ragazze, che erano la maggioranza, venivano mandate soprattutto alla Casa di Formazione Cootamundra per Ragazze Aborigene, dove venivano addestrate a fare le domestiche e poi "collocate" presso i vari "padroni" nelle case della media borghesia bianca. Volendo fare un parallelo storico, era come l'uso di schiave nere in qualità di domestiche negli stati americani del sud prima dell'emancipazione.

Mentre sullo sfruttamento e le sofferenze dei neri americani sono stati scritti libri, opere teatrali e ballate, in Australia c'è stato solo un abbozzo di accettazione. Per molti anni c'è stata la diffusa credenza che i bambini fossero "salvati" dagli orrori di un'educazione "primitiva", in particolar modo i "mezzosangue", quando in realtà molti venivano sfruttati e i più non ricevevano alcuna protezione dallo Stato. Qualche australiano bianco ha dichiarato di non essere a conoscenza di questi crimini; la maggioranza sembra aver reagito con indifferenza e silenzio.

Il presidente della Commissione per i Diritti Umani, sir Ronald Wilson, ha detto: "Come comitato abbiamo deciso che ciò che è stato fatto rientra nella definizione internazionale di genocidio... cioè il tentativo di distruggere un popolo, una cultura". *Bringing Them Home*, il rapporto della commissione, richiedeva delle scuse ufficiali a nome di tutti gli australiani. John Howard ha risolutamente rifiutato di fare anche solo questo singolo gesto, per non parlare dell'eventualità di prendere in considerazione un risarcimento. Nella settimana in cui il rapporto venne diffuso, il Parlamento Federale aveva passato un'ora a discutere su una proposta di tassazione sulla cernita degli emù da sopprimere. A *Bringing Them Home*, invece, che descriveva il genocidio in Australia, fu dedicata mezz'ora, durante la quale il primo ministro, i membri del suo Gabinetto e la maggior parte dei parlamentari di governo lasciarono l'aula prima che il "dibattito" fosse concluso.

Io ho l'età di molti della generazione rubata. Come la maggior parte dei bianchi, sono cresciuto recitando la parte inconscia dello spettatore innocente del mio stesso paese. Quando sono entrato alle superiori, un testo classico di storia era *Man makes History: World History from the Earliest Times to Renaissance* ["L'uomo fa la storia: storia del mondo dai tempi più remoti al Rinascimento"], di Russel Ward. Ne furono vendute più di duecentomila copie e diceva:

> I ragazzi chiedono spesso: "A che serve la storia?".
> Risposta: Ancora oggi, nella Arnhem Land, vivono persone che quasi non conoscono la storia. Sono gli uomini delle tribù aborigene, che vivono praticamente nello stesso modo in cui vivevano i loro progenitori e i nostri, decine di migliaia di anni fa... Oggi noi siamo civili e loro non lo sono. La storia ci aiuta a capire perché succeda questo[38].

Il più comune atlante australiano, in circolazione dal 1939 al 1966, definiva "l'esplorazione" bianca dell'Australia come "il velo dell'oscurità... che pian piano è stato tolto". Le aree di Australia "esplorata" venivano rappresentate come oasi bianche in un continente altrimenti nero[39]. Come aveva affermato *Triumph in the Tropics*, l'Australia era una "terra vuota" perché i suoi abitanti non contavano come esseri umani. Facevano parte della fauna. E in quanto tali non possedevano diritti né alcuna pretesa di moralità; e i gentiluomini cristiani che scrivevano la cronaca della storia australiana erano molto attenti alla moralità. Una ristampa del 1970 di *The Squatting Age in Australia* ["L'epoca dell'occupazione in Australia"] del professor Stephen Roberts concludeva che: "Era praticamente inutile trattare [gli aborigeni] correttamente, dal momento che erano totalmente amorali e di solito incapaci di sincera e prolungata gratitudine"[40].

Wally MacArthur appartiene alla generazione rubata. Tolto a sua madre da piccolo, è cresciuto alla missione Bungalow vicino a Alice Springs, quella che il suo buon amico Charlie Perkins, il noto attivista cresciuto anch'egli nello stesso luogo, ha definito "un campo di concentramento nel *bush*"[41]. In quanto "mezzosangue", Wally era destinato a una qualche forma di servitù nella società bianca. Aveva però una dote notevole: correva veloce. Chi aveva studiato i suoi tempi lo riteneva uno dei più veloci atleti di sempre, il Carl Lewis dell'epoca. A quattordici anni, e correndo senza scarpe, aveva frantumato ogni record scolastico ed era stato definito "il quattordicenne più veloce del mondo".

Era soprannominato "Borroloola Flash", da Borroloola, una minuscola località sul fiume MacArthur.

"È per questo che mi hanno chiamato MacArthur", mi raccontò. "Non sapevano come mi chiamassi quando mi hanno portato via da mia madre e giù fino ad Alice Springs. Perché fu il governo a portarmi via...".

"Quanti anni avevi?".

"Dovevo avere sui sei anni. A Alice Springs la scena era quasi comica, perché non capivo una parola; non parlavo inglese. Parlavo solo la mia lingua. Non si stava troppo male; avevo il permesso di andarmene in giro lungo le rive del fiume Todd".

"E dei tuoi genitori che ne è stato?".

"Niente, persi completamente i contatti. Quando sono tornato, dopo cinquantacinque anni, ho ritrovato il mio fratello più piccolo, che quando sono partito, quando mi hanno portato via, aveva appena otto o nove mesi. È stato bellissimo, quando ci siamo incontrati di nuovo. Ci siamo abbracciati, abbiamo pianto. È stata una storia buffa, perché abbiamo cominciato a bere e mi ha fatto ubriacare, e il giorno dopo mi sono scusato con gli anziani. 'Mi dispiace, anziani', dissi loro nel mio inglese da indigeno. 'Ho fatto ubriacare mio fratello. Avrà perso il lavoro'. 'Tutto a posto, Wally', mi risposero. 'Non ti preoccupare; siamo felici che tu sia venuto a trovare tuo fratello. Comunque è l'unica volta in vita sua che ha bevuto. Non è uno che beve'. In tutta la sua vita era la prima volta che mandava giù un goccio".

"Ti ricordi il giorno in cui ti hanno portato via?".

"Sì, me lo ricordo molto bene. Era una macchina del governo, a quell'epoca solo il governo aveva le macchine. Il guidatore mi fece sedere sul sedile di fronte, accanto a lui, poi ripartì mentre io salutavo i miei dal finestrino. Da allora non li ho più visti. Loro erano seduti intorno al fuoco; non credo che avessero capito cosa stava succedendo. Mi portarono a Mataranka, dove c'era la stazione della ferrovia, e da lì fui spedito a Darwin".

"Ti mancava la tua famiglia?".

"Sai, il fatto è che credevo di essere come in vacanza... Quando però cominciai a sentire la loro mancanza, e volli tornare indietro, mi sono accorto che non potevo".

"Chi ha scoperto che sapevi correre?".

"Ecco, una volta l'anno i ragazzi di Bungalow [la missione] venivano portati a Alice Springs per una specie di festival di atletica leggera. Partecipai a tutte le gare di corsa e le vinsi tutte. E sempre a piedi nudi. Per la mia prima vittoria mi dettero uno scellino piegato. Dopo quella, ho vinto parecchie corse, ma non sono mai riuscito a entrare nella squadra dello Stato. Così decisi di diventare professionista. Feci una gara contro il campione australiano dei professionisti, Frank Banner. Mi dette quattro metri di vantaggio, ma io lo vinsi di sei... Fu in quell'occasione che un talent-scout del Rochdale Hornets, un club della lega rugby inglese, mi domandò se mi sarebbe piaciuto andare in Inghilterra e giocare sulla fascia.

"Arrivato a Londra, uno dei giornali di lì titolava *È in arrivo Black Flash*, e io pensai: 'Ma non sono poi così nero, non è vero?'. Poi presi direttamente il treno per Manchester. Il giorno dopo, il *Manchester News* uscì con il titolo *Arriva l'australiano caffellatte*. E io pensai: 'Fantastico, da nero sono diventato caffellatte'. Ma non m'importava, perché la gente in Inghilterra adorava Borroloola Flash. Dicevano sempre: 'Flash l'ha fatto di nuovo', e a me piaceva da pazzi. Detengo ancora il record per aver segnato 38 punti in una sola partita. Ero l'ala più veloce che avessero mai visto. Vedi, nessuno riusciva a prendermi"[42].

La storia nascosta dell'Australia è aborigena. Pochi, nel mio paese ossessionato dallo sport, sanno che la prima squadra australiana di cricket che ha fatto una tournée in Inghilterra era interamente nera. Accadeva nel 1868, dieci anni prima della prima tournée di una squadra bianca. "L'Australia non ha niente di interessante", osservò il *Daily Telegraph*, "tranne le pepite d'oro e i giocatori neri di cricket". *The Times* descrisse i neri australiani come "perfettamente civilizzati, e notevolmente a loro agio con la lingua inglese"[43].

Come Wally MacArthur, Eddie Gilbert è un altro nome dimenticato. Negli anni Trenta a Eddie, un lanciatore velocissimo, fu accordato il permesso speciale di giocare fuori dalla riserva del Queensland, in una squadra bianca. Contro il West Indies colpì cinque *wicket* per sessantacinque *run*. Nel 1931 incontrò Donald Bradman, il più grande battitore del mondo, e lo mise fuori gioco non facendogliene prendere una. In seguito Bradman scrisse: "In quel periodo tirava le 'palle' più rapide che io abbia mai visto... un lancio mi fece schizzare la mazza dalle mani e non ho dubbi nel definire quel suo corto schiocco il più veloce di quanti ne abbia mai ricevuti da [Harold] Larwood o da chiunque altro"[44]. Lo storico Thom Blake ha scritto che "l'episodio dimostrò che il nero poteva superare il bianco. Vivendo nelle colonie, agli interni veniva continuamente ricordata la loro inferiorità in quanto neri... La sconfitta di Bradman dette loro un senso di speranza e di fierezza [che] ribaltava il consueto stereotipo dell'aborigeno primitivo, pigro e inutile"[45].

L'11 novembre 1936, il segretario dell'Associazione Cricket del Queensland scrisse al Protettore degli Aborigeni: "La questione di Eddie Gilbert è stata ampiamente discussa dal nostro comitato esecutivo e abbiamo deciso, previo il vostro accordo, di far tornare Gilbert alla colonia... Quanto all'abbigliamento da cricket acquistato per Gilbert, si richiede che esso venga mandato in lavanderia e successivamente recapitato a questo ufficio". I suoi pantaloni bianchi furono doverosamente ritirati dalla Fish Steam Laundry, il 16 novembre del 1936[46]. Venne risolto così il problema di un fantastico atleta che aveva osato essere troppo bravo per il suo bene.

In seguito, alcolizzato e sofferente di un disturbo degenerativo del cervello, fu internato in un manicomio dove, spesso maltrattato, passò ventitré anni. Morì lì. Era una maniera consueta di trattare i neri che alzavano troppo la testa, specialmente quelli che avevano un problema di alcol. Venivano internati in un istituto dal Protettore Capo per "il tempo che egli riteneva giusto".

Charlie Samuels era un fenomenale velocista aborigeno che nel 1888 corse le cento yards in 9,10 secondi, cioè più veloce dello squalificato Ben Johnson alle Olimpiadi di Seul cento anni dopo. Quando smise di vincere gare, Charlie fu mandato al manicomio di Callan Park, a Sydney. Il modulo d'ammissione diceva che era sofferente di "salute cagionevole e pene amorose". E infatti, come moltissimi aborigeni, era malato di disperazione. Dopo aver cacciato sua moglie e i suoi figli, il Capo Protettore lo spedì in una riserva del Queensland, dove morì solo[47].

Il grande pugile aborigeno Ron Richards morì prigioniero nella riserva di Palm Island, poco lontano dalla costa del Queensland. Richards è stato campione australiano dei pesi medi, medio-massimi e massimi e campione dei pesi medi dell'Impero Britannico. "Come molti altri incroci della sua razza", scrisse il Protettore Capo nel 1935, "è di carattere instabile e credulone"[48].

L'amico d'infanzia di Wally MacArthur, Charlie Perkins, era nato sul piano di un tavolo in una stazione telegrafica abbandonata vicino a Alice Springs, nel 1936 o 1937; neanche lui sapeva esattamente quando. Quando lo conobbi, Charlie mi raccontò di suo fratello, senza dubbio un modo per raccontarmi qualcosa di sé. Come molti "mezzosangue" si era ucciso dopo una vita breve, dopo aver cercato, come dice Charlie, "senza interruzione di conquistare l'accettazione e il rispetto dei bianchi".

"Uno imparava fin da piccolo", mi disse, "a non incrociare la strada dei bianchi. Alla missione il nostro più gran divertimento era andare al cinema, sgattaiolare dentro dopo che il film era iniziato e andarsene prima che fosse finito, in modo che nessuno potesse protestare che là dentro c'erano bambini neri. Sono cresciuto senza mai sapere se avessero vinto i buoni o i cattivi, un tormento".

La madre di Charlie, Hetti, era una "ragazza del dormitorio" alla missione Bungalow, vicino a Alice Springs. Charlie ritiene di non essere stato portato via perché Hetti non gli tolse mai gli occhi di dosso.

"Mi portava sulla schiena", disse, "o mi scrutava come un falco quando in giro c'erano poliziotti o gente del governo che ispezionava il posto"[49].

Charlie non vide mai un pallone fino a quando non fu mandato alla scuola missionaria secondaria di Adelaide.

"Mi sembrava che l'intesa tra il pallone e i miei piedi fosse la cosa più naturale del mondo", disse. "Era meraviglioso scoprire che sei bravo in qualcosa".

A sedici anni fu notato da un talent-scout del Meyerside Everton, che si offrì di pagargli metà del biglietto per l'Inghilterra. Lui ci andò, arrivando a metà del campionato, in pieno inverno.

"Con l'Everton ho avuto i miei alti e bassi. I campi di gioco erano duri come pietra, ma io ero determinato ad andare avanti".

All'offerta di passare a un club di prima divisione, il Manchester United di Matt Busby, si caratterizzò per il suo clamoroso rifiuto.

"In Inghilterra avevo trovato una specie di pace razziale", disse, "ma avevo nostalgia, e volevo giocare nel mio paese".

Charlie tornò a casa nel pieno di quel contrasto che consuma così tanti aborigeni.

"Ero contento di essere tornato", disse, "di rivedere questa meravigliosa luce, di sentire gli uccelli, di rivedere i miei compagni, ma sentivo il razzismo più che mai. Per esempio, nessun bianco mi invitò mai a mangiare a casa sua, per nessun motivo. Fortunatamente per me, il calcio a Sydney era più che altro un gioco da emigranti, così giocai per squadre i cui giocatori non erano quasi mai di lingua inglese. Scoprii che ero molto più accettato come australiano tra gli jugoslavi o i greci che non tra i miei compatrioti. Ero uno straniero che veniva da dentro il paese, una sensazione frastornante".

Divenne il secondo aborigeno, appena, a laurearsi in un'università australiana. Cominciò a farsi la fama di "agitatore" a metà degli anni Sessanta, quando guidava gli studenti bianchi nelle "cavalcate per la libertà" nell'entroterra del Nuovo Galles del Sud. Il loro obiettivo era più o meno lo stesso di quello dei "cavalieri della libertà" che avevano dato inizio alla desegregazione del profondo sud negli Stati Uniti. Insultati, coperti di sputi e fisicamente attaccati, si recavano in posti dove ancora i "cacciatori di negri" non erano poi così rari. Si mettevano agli ingressi delle piscine locali, dei campi sportivi, dei cinema e chiedevano la fine delle barriere razziali.

"A Moree pensai che ci avrebbero fatto fuori", mi raccontò. "Poi saltò fuori quella donna nera che prese coraggiosamente la parola rivolgendosi a un bianco, uno che andava di nascosto con le nere ed era padre di bambini neri. 'Dite alle vostre mogli cosa avete fatto, voi con il randello!', gridò. 'Avanti, diteglielo: sono tutte qua!'. Quella sera, per la prima volta, ai bambini neri fu permesso di entrare in piscina.

Fu una vittoria davvero importante, quella, perché siamo in Australia, dove i passatempi nazionali sono lo sport e le guerre degli altri. Ecco perché, tornando indietro nel tempo, le città di provincia dove gli alloggi e le scuole erano fatiscenti, avevano meravigliosi impianti sportivi, piste di atletica, stadi per il cricket e il calcio e stupende piscine olimpioniche. Lasciare entrare i neri in piscina significava varcare una soglia; non poteva mai essere permesso. In questo senso eravamo proprio come il Sudafrica. Qua i neri non erano ammessi neanche nei grandi magazzini, neanche nel reparto riservato ai neri! Tutta la zona sportiva ci era vietata. Le uniche volte che riuscivamo a entrare era quando qualche comprensivo uomo di chiesa o funzionario sportivo ufficiale si rendeva conto che avevi un tale talento che non era possibile escluderti. Ma non appena avevi soddisfatto le loro aspettative e cominciavi a tramontare, praticamente più nessuno voleva saperne di te. Non sto dicendo che le persone perbene non esistessero, ma sicuramente la maggior parte ti voltava le spalle. Tutti i nostri assi aborigeni dello sport hanno giocato con questo tipo di pressione, sapendo benissimo che quando le loro carriere fossero finite sarebbero finiti pure loro. Guarda quel grande lottatore che fu Lionel Rose. Quando vinse il titolo mondiale gli organizzarono una parata d'onore, quando cominciò a perdere lo mollarono così brutalmente che si rifugiò nell'alcol e non ne uscì più. Ridivenne un nero come tutti gli altri.

Per questo motivo molti sportivi aborigeni non hanno mai ammesso di essere aborigeni. Erano solo un po' più scuri di pelle, se la cavavano così: come Clive Churchill, il grande campione di rugby che è stato capitano dell'Australia. Oggi ci sono due persone nelle squadre australiane che so per certo essere aborigeni, ma loro non lo dichiareranno mai. Hanno troppa paura. Ce ne sono tanti come loro, in questo paese. Direi che il 90% delle vecchie famiglie bianche ha del sangue aborigeno. Ed è una delle ragioni per cui ce l'hanno così tanto con noi.

In Sudafrica, almeno, sapevi da che parte stavi. In Australia, nella stessa persona puoi avere un amico e un nemico, specialmente se sei come me, di sangue misto. Sai che vuol dire? Qualcuno che fino a un minuto prima hai considerato un tuo amico, prima che tu te ne accorga ti mostra un'indifferenza, una freddezza che non riesci a spiegarti. Il fatto è che non puoi mai essere sicuro. È questo che ha portato mio fratello a suicidarsi".

Charlie e io diventammo amici per la pelle subito dopo le cavalcate per la libertà, quando per la prima volta passai al di là della frontiera australiana e vidi ciò che non avevo mai neanche immaginato. Charlie era la mia guida. A Alice Springs affittammo una Ford Falcon e pigliammo a bordo Hetti, sua madre, che indossava un ampio cappello nero; dopo tutto, l'ex ragazza del dormitorio era pur sempre una regina del popolo Arrente. Ci dirigemmo verso la riserva governativa di Jay Creek, dove trecento persone erano blindate dentro senza acqua corrente, cibo e alloggi. Il cancello di filo spinato era chiuso; un cartello del Dipartimento degli Interni diceva "Vietato l'ingresso".

"Fallo", disse Hetti.

Girai la macchina, mandai su di giri il motore e sfondai il cancello.

"Buongiorno!", esclamò Charlie all'addetto bianco le cui abluzioni erano state bruscamente interrotte.

"Dov'è il tuo accidenti di permesso?".

"Perso, amico".

Oggi a Jay Creek non c'è più filo spinato, c'è un edificio per i bagni, le case sono decenti e nessuno ha più bisogno di un permesso. Ma la povertà da terzo mondo rimane, così come l'insidioso controllo imposto dallo sfruttamento e dalla legge. Siamo nel Northern Territory, dove un ragazzo aborigeno di sedici anni è stato lasciato appeso tutta la notte nella sua cella e un altro teenager aborigeno è stato condannato a un anno di prigione per aver rubato un asciugamano (poi restituito). A Jay Creek, ancora non c'è un posto attrezzato per fare correttamente un qualsiasi gioco sportivo. Mentre considerava l'offerta di Sydney, il Comitato Olimpico avrebbe dovuto dare un'occhiata a luoghi come questo, o perlomeno leggere l'ottimo libro di Colin Tatz *Obstacle Run: Aborigenes in Sport* ["Corsa a ostacoli: gli aborigeni nello sport"].

Fino al suo recente pensionamento, Tatz era professore di scienze politiche all'Università Macquarie di Sydney, dove aveva fondato uno dei tre centri accademici del mondo dedicati allo studio dei genocidi. Rifugiato politico sudafricano, aveva trovato in Australia echi del suo paese.

"La gente mi diceva che, certo, il Sudafrica era un esempio di terrore maniacale, di razzismo premeditato, mentre per l'Australia era un caso di innocente ignoranza", raccontò. "La verità è che la somiglianza è tremenda, sia dal punto di vista ideologico che per le nozioni di teorie scientifiche razziali: per esempio che più il sangue è puro, più uno è primitivo, e meno scura è la pelle, più uno è recuperabile. Le riserve, lo sfruttamento del lavoro, lo sfruttamento sessuale delle donne, il sistema sanitario separato, il sistema educativo separato, il divieto di matrimoni interrazziali: è tutto uguale".

*Obstacle Run* è la storia segreta dello sport aborigeno e dei suoi risultati che, dice Tatz, "sono poco meno che miracolosi". Dei 1.200 sportivi neri che ha studiato, maschi e femmine, solo sei avevano accesso alle stesse strutture sportive e opportunità dei bianchi. Il suo libro è una commovente testimonianza degli sforzi dei primi australiani per vivere secondo l'ossessione culturale sportiva della maggioranza. Descrive i terreni brulli, e i campi di fango e sale e rocce sparse dove gli atleti australiani neri si erano allenati e avevano giocato, e alla fine avevano vinto, spesso nonostante lo svantaggio di una salute minata. C'è una fotografia della squadra di rugby dei Rovers, a Ceduna, vincitori del campionato 1958. Quasi tutti sono morti verso i trenta o quarant'anni.

Tatz non ha molto tempo da dedicare allo "spirito olimpico che tutti condividiamo" e che lui ritiene fraudolento. "Il CIO ha mandato il suo rappresentante speciale, un nigeriano", ha detto. "Il suo incarico era di esaminare le condizioni di qui: di verificare se era un paese adatto e giusto per ospitare i Giochi Olimpici. La cosa che gli interessava di più era la discriminazione nello sport, ma non vide niente, perché non fu portato da nessuna parte. Credo che gli sarebbero crollate le braccia se si fosse recato in posti come Yuendumu, nel Northern Territory, dove ogni anno si svolgono giochi aborigeni di grande rilievo, dove non c'è un filo d'erba, dove non c'è una porta con i pali, dove non c'è un campo da basket, dove parole come allenatore, pista, piscine, fisioterapista e borse di studio non entrano proprio a far parte del vocabolario aborigeno.

"A Lombadina, su una crosta di sale, gli aborigeni giocano con le porte fatte di due stecchi piantati per terra. Se avesse ispezionato queste, di condizioni, avrebbe visto davvero le attrezzature sportive da terzo mondo, o magari quarto. Avrebbe visto gli aborigeni giocare a calcio con un pezzo di cuoio riempito di carta, perché non possiedono un solo pallone né hanno accesso a quel genere di attrezzature sportive che ogni australiano bianco dà per garantite, anche nei più poveri sobborghi operai dove, comunque, c'è una piscina municipale, uno stadio municipale, un campo da cricket o da tennis o un parco di qualche tipo: cose totalmente assenti nel 95% delle comunità aborigene".

Gli domandai se gli australiani bianchi se ne rendevano conto.

"Gli australiani non vogliono farsi guastare il divertimento dalla realtà sociale, ma è corretto dire che molti scoppierebbero a piangere se fossero portati a fare un giro nell'Australia sportiva dei neri. C'è una grande spinta ad avere sempre più atleti aborigeni, sempre più borse di studio sportive per un gruppo ristretto di persone, perché è bello poter dire nell'anno olimpico: 'Guardate, abbiamo una mezza dozzina di aborigeni qui nella valigetta, il che dimostra che l'Australia non fa distinzioni razziali e tutti vivono felici nel paese delle pari opportunità'. Ma gli aborigeni che rappresentano l'Australia alle Olimpiadi hanno dovuto dimostrare un talento tre volte maggiore per poter ottenere un posto uguale ai bianchi. Cathy Freeman è la cosa migliore che sia mai capitata all'Australia dei bianchi, perché questa fanciulla felice, deliziosa, allegra sembra la rappresentante ideale di tutta la femminilità nera. Ma non lo è; è un'aberrazione"[50].

Nel 1998, Tatz ha pubblicato una monografia, *Genocide in Australia* ["Genocidio in Australia"], in cui sostiene che, secondo le convenzioni internazionali, l'Australia si è resa colpevole di almeno due tipi di genocidio:

> Primo, il genocidio essenzialmente privato, l'uccisione fisica commessa da coloni e poliziotti brutali nel diciannovesimo secolo mentre lo Stato, nella sua veste di autorità coloniale, stava silenziosamente in disparte (il più delle volte); secondo, la politica ufficiale di Stato del ventesimo secolo e la pratica di trasferire con la forza i bambini da un gruppo all'altro, con la precisa intenzione di farli smettere di essere aborigeni.

Cita il Protettore Capo dell'Australia Occidentale, C.F. Gale: "Non esiterei un istante a separare un mezzosangue dalla sua madre aborigena, indipendentemente da quanto disperato possa essere il suo dolore del momento. Dimenticano presto la loro progenie". Pochissimi australiani, ha scritto Tatz:

> Usano la parola [genocidio]. Quasi tutti gli storici delle vicende aborigene, neri o bianchi che siano, la evitano. Scrivono di pacificazione, uccisioni, pulizia razziale, esclusione, sterminio, riduzione alla fame, avvelenamento, sparatorie, decapitazione, sterilizzazione, esilio, rimozione: ma evitano genocidio. Ignorano la teoria e pratica del genocidio? O sono semplicemente riluttanti a macchiare "la terra della correttezza", il "paese fortunato", con un'etichetta così infamante?

E ricorda agli australiani che negli atti di genocidio "ci sono tre componenti: quelli che lo commettono, le vittime, e quelli che stanno a guardare"[51].

Quando sir Ronald Wilson, l'ex giudice dell'Alta Corte che coordinò l'inchiesta *Bringing Them Home*, utilizzò il termine "genocidio", venne accusato di "calunnia spropositata" e ampiamente ingiuriato dai politici di governo e dai commentatori di estrema destra che dominano la stampa australiana[52]. Come Colin Tatz e pochi altri coraggiosi, aveva rotto il più sedimentato tabù dell'Australia. Funzionale a esso, è la soppressione dei numeri riguardanti la popolazione aborigena; perché se gli storici rivelassero la grande quantità di persone che abitavano il "paese vuoto" al momento dell'invasione, ne seguirebbe che è stato commesso un genocidio su scala molto più larga di quanto finora stimato.

Nel 1988, alla vigilia del bicentenario della colonizzazione bianca, l'antropologo dottor Peter White e il più famoso studioso di preistoria australiano, il professor D.J. Mulvaney, fecero una "scoperta" sensazionale. Riferirono che nel 1788 la popolazione aborigena assommava a 750.000 individui, cioè tre volte di più di quanto considerato fino a quel momento. Ne concludevano che negli anni immediatamente successivi all'invasione fossero morte più di 600.000 persone. La notizia venne pubblicata a pagina sedici del *Sunday Morning Herald*, in un trafiletto che il giornale riservava alle questioni ambientali e firmato dal "nostro corrispondente per l'ambiente"[53].

La scoperta di Mulvaney e White venne sostenuta dalle nuove storiografie di Henry Reynolds, Ross Fitzgerald, Noel Butlin e altri che, letteralmente, scrissero la storia degli aborigeni sulle pagine bianche di una storia dell'Australia che fino a quel momento era stata la favola vagamente eroica dell'uomo bianco che combatte contro la natura ostile, di una "conquista nazionale" priva di neri, donne o altri fattori di complicazione. Inserendo gli aborigeni, il racconto veniva fuori completamente diverso. Diventava una storia di furto, sfruttamento e guerra, una storia di massacri e resistenza. Diventava una storia di rapina identica a quella degli Stati Uniti, dell'America Latina, dell'Africa e dell'Asia coloniale. Soprattutto, diventava una storia politica.

Rompendo il silenzio, quegli storici sono incorsi nelle ire dell'influente gruppo dei cultori della supremazia bianca, compreso il primo ministro John Howard. Sono i "negazionisti del *Quadrant*"; il *Quadrant* è una rivista di estrema destra condotta in maniera non dissimile da come David Irving ha usato i suoi testi di storia per promuovere la negazione dell'Olocausto. Essi rifiutano la "visione storica del bracciale nero", un'espressione coniata, e ora a quanto pare ripudiata, dallo storico australiano Geoffrey Blainey. Gli storici del "bracciale nero", dicono i negazionisti, gettano fango sulla storia eroica dell'Australia bianca costruendo ed esagerando le tracce della sofferenza e della resistenza degli aborigeni. Sostengono che, semplicemente, il genocidio non è mai avvenuto.

L'Australia è un paese disseminato di monumenti alla memoria dei propri soldati Anzac, morti in guerre straniere. Fino a molto recentemente, invece, non c'era un solo monumento dedicato a quelli che hanno combattuto e sono caduti in difesa del proprio paese, l'Australia, durante l'invasione e l'occupazione del diciottesimo e diciannovesimo secolo. Lo scomparso Kevin Gilbert, grande poeta e autore teatrale aborigeno, una volta si fermò nella strada principale di una città di provincia del New South Wales e, in piedi davanti al monumento ai caduti, lesse ad alta voce la sua poesia *Memorials* ["Memoriali"]

La nostra storia è scolpita
nel cuore del paese
pietre miliari dei nostri memoriali
chiamate Cala del Mattatoio
il Massacro di Coniston, Gola della Morte
Durranurrijah il luogo sulla cima delle falesie
chiamato Salto del Massacro
dove l'imboccatura della valle
è piena dei nostri corpi morti assassinati
il luogo dove scolò il nostro sangue
il fiume fluì rosso
fino a raggiungere il mare...

Nel 1998, John Howard respinse l'idea che il Monumento Nazionale ai Caduti Australiani a Canberra contemplasse anche gli aborigeni uccisi nei conflitti di frontiera perché, disse, non è mai esistito uno stato di guerra. "Come la mettiamo, allora, con i morti?", si chiede Henry Reynolds. "Se i ventimila e più aborigeni non sono stati uccisi in una guerra sporadica e prolungata, devono essere stati assassinati. Non sembra che ci sia alternativa... Devono essere stati assassinati dai militari, dai poliziotti, dai coloni stessi... L'intera società coloniale era complice degli omicidi, con i governi e i tribunali che su scala massiccia evitavano di far rispettare la legge e di assicurare gli assassini alla giustizia. Non si riesce a capire perché dovremmo considerarlo un modo più accettabile di vedere i conflitti di frontiera, anziché vederlo come un tipo di attività bellica". Ha fatto notare che se ventimila coloni fossero morti per difendere il loro paese dagli invasori, i "siti delle battaglie più importanti sarebbero stati localizzati, elencati e contrassegnati appropriatamente"[54].

Diversamente da Stati Uniti, Sudafrica e Nuova Zelanda, non ci sono siti di questo tipo segnati o commemorati. Secondo il ministro federale Philip Ruddock, in Australia ci sono state solo "poche scaramucce di frontiera". Il suo collega di Gabinetto, il ministro per gli Affari Aborigeni John Herron, è andato ancora più lontano sostenendo che solo un bambino aborigeno ogni dieci era stato "rimosso" e che non c'era stata nessuna "generazione rubata". Quando l'anziana aborigena Lowitja O'Donoghue disse che preferiva definirsi "rimossa" anziché "rubata", i commentatori di destra si unirono al primo ministro nel diminuire ulteriormente l'entità della "generazione rubata". Dichiarando che non c'era stata alcuna uccisione in Tasmania, uno Stato rinomato per le sue politiche di sterminio, l'ex premier Ray Broom divenne, secondo l'espressione di Colin Tatz, "il più grande negazionista del genocidio d'Australia degli anni Novanta"[55].

In netto contrasto con ogni regola democratica, la partecipazione del primo ministro in questo revisionismo ha conferito peso e profilo popolare alla campagna negazionista. È come se il presidente degli Stati Uniti mettesse in dubbio che ci sia stata la schiavitù. Appoggiando una ristretta cerchia di giornalisti, accademici e politici simili ai maccartisti australiani degli anni Cinquanta, Howard ha dato una certa rispettabilità all'attacco che questo gruppo ha sferrato contro il rapporto *Bringing Them Home*, le cui testimonianze sono state da loro definite come parte di una mistificazione, un monumento alla "sindrome della falsa memoria"[56]. Pompata da articolisti tromboni e dagli abitanti di quell'inferno bigotto che sono le chiacchiere radiofoniche, la loro negazione del genocidio ha celebrato il lavoro di accademici di bassa lega, compreso uno che, incredibilmente, ha affermato che le uccisioni di frontiera non possono assolutamente aver avuto luogo "in quanto la maggior parte dei coloni era cristiana, e i cristiani aborriscono tali azioni". Si potrebbe discuterne con le popolazioni native delle Americhe, dell'Africa, dell'Asia e dell'Australia.

"Come moltissimi di quelli che negano il genocidio", ha scritto Tatz, "essi affermano ma non dimostrano, disapprovano ma non confutano mai. Al contrario, si affidano a una 'nuova' metodologia: attaccare l'integrità degli autori e dei testimoni. [Henry] Reynolds, per esempio, adesso ha una 'reputazione a brandelli' e io sono un 'mercante di spavento' che cerca di trafiggere l'Australia esagerando la storia. Tra l'altro sono un ebreo, pronto per l'olocausto"[57].

I negazionisti hanno avuto qualche successo. Sir Ronald Wilson, commissario per i Diritti Umani, ha ritrattato il suo uso del termine "genocidio"[58]. Dalle rampe di lancio della loro stampa hanno aiutato il governo Howard a rigenerare una xenofobia indirizzata contro le persone indifese che a bordo di imbarcazioni disastrate vengono a cercare rifugio in Australia. In realtà, dice Tatz, trovano conforto "nel loro unico indiscusso risultato raggiunto: la capacità di ferire le vittime"[59].

I tribunali e le prigioni sono stati a lungo i canali istituzionali di questa crudeltà.

"È una legittimazione data dal comportamento, un via libera alla continuazione dei vecchi modi di fare", mi ha detto l'avvocato aborigeno Michael Mansell. "Sono stato in tribunali nell'entroterra dell'Australia Occidentale dove, su cento persone, avrò visto al massimo uno o due bianchi. Tutte le altre persone di fronte alla corte erano aborigeni. In una corte di giustizia di primo grado a una donna aborigena che non parlava inglese, e al cui legale era stato permesso di parlare a suo nome solo per due minuti prima dell'udienza, venne comunicato che le avrebbero tolto il figlio. Si era ubriacata; stava male. Per il furto di un'auto ho visto bambini aborigeni tolti alle loro famiglie e mandati in un istituto per anni. È una versione legalizzata delle vecchie linee di condotta che avevano prodotto la generazione rubata. Non viene fatta alcuna vera pressione sulla polizia e sulla magistratura perché considerino gli aborigeni sullo stesso piano umano dei bianchi. Semplicemente, in un'atmosfera politica del genere la violenza e l'ingiustizia non vengono scoraggiate"[60].

Sono passati più di dodici anni da quando la Commissione Reale sulle Morti degli Aborigeni in Custodia ha saputo che gli aborigeni erano la maggioranza nelle prigioni di numerosi stati e che venivano trascurati e, secondo ogni criterio, torturati; e si suicidavano prima dei vent'anni. Dopo averci ponderato sopra al costo di 30 milioni di dollari australiani, la Commissione raccomandò la cosa più palesemente ovvia: che gli aborigeni avrebbero dovuto essere messi in prigione solo come ultima soluzione[61]. Da allora, gli aborigeni incarcerati sono aumentati e il numero dei morti dietro le sbarre è raddoppiato[62]. Michael Mansell dice che il tasso di imprigionamento degli aborigeni e la percentuale dei loro decessi in custodia sono i maggiori del mondo, più che in Sudafrica e negli Stati Uniti. Se la stessa percentuale fosse applicata ai detenuti bianchi, in otto anni ne sarebbero morti 8.000[63].

Incontrai per la prima volta Leila e Arthur Murray nel 1987, a quattro anni dal giorno in cui il loro figlio Eddie era stato trovato impiccato in una stazione di polizia di Wee Waa, una cittadina del Nuovo Galles del Sud. Eddie era un asso della squadra di rugby Redfern All Blacks e nel 1981 era stato scelto per una tournée in Nuova Zelanda. Era, disse Arthur, "un ragazzo vivace, spensierato, felice di vivere"[64]. La sua "vivacità" gli assicurò frequenti contatti con la polizia.

L'imponente stazione di polizia di Wee Waa, chiamata dai locali il "Teatro dell'Opera", fu costruita nei primi anni Settanta quando un grosso numero di aborigeni emigrò nei distretti circostanti alla ricerca di lavoro nei campi di cotone. "Allora per i neri c'era il coprifuoco alle nove", ricorda uno di loro, "e nello spaccio dei liquori i bianchi vendevano ai neri *metho* [alcool metilico] ghiacciato"[65].

Il 21 giugno del 1983 Eddie Murray fu arrestato e condotto alla stazione di polizia di Wee Waa. Il suo crimine era essersi ubriacato. Un'ora dopo era morto, strangolato con una coperta nella sua cella. All'indagine della magistratura la polizia dichiarò che Eddie si era suicidato impiccandosi, nonostante al momento il suo tasso alcolico fosse estremamente alto. A una contro-analisi la polizia riconobbe che era "così ubriaco da non riuscire nemmeno a grattarsi". Eppure, secondo loro, Eddie era riuscito a strappare una striscia della pesante coperta della prigione, arrotolarla velocemente, passarla attraverso le sbarre della grata di ventilazione, farci due nodi, fabbricare un cappio e impiccarsi senza che i piedi toccassero terra.

Un poliziotto dichiarò che quel giorno era fuori servizio, poi ammise di aver mentito quando quattro testimoni aborigeni lo identificarono per uno di quelli che era sul furgone della polizia che aveva portato via Eddie. Il *coroner* venne a sapere di testimoni che non erano stati interrogati e di discrepanze notevoli nei registri della polizia, con date che non erano nel giusto ordine mischiate a registrazioni omesse. Solo la registrazione dei fatti del 21 giugno era estremamente dettagliata: il giorno dell'arresto e della morte di Eddie. Il *coroner* scoprì che Eddie era morto "per mano di persona o persone sconosciute". Disse che non c'era alcuna prova che Eddie si fosse tolto la vita e criticò aspramente la polizia. E tutto finì lì.

I genitori di Eddie cominciarono una tenace campagna per ottenere giustizia. Inoltrarono petizioni a tre procuratori generali del Nuovo Galles del Sud; raccontarono come la polizia avesse un vecchio rancore verso Eddie perché aveva testimoniato contro di loro in un caso precedente; scrissero lettere e lettere all'ospedale locale chiedendo la restituzione dei vestiti di Eddie, che non furono mai ritrovati. Arthur ritiene che ci sia un fattore politico; Eddie si era fatto potenti nemici locali organizzando parecchi lavoratori del cotone.

"Vogliamo risposte; vogliamo solo risposte", disse quando ci incontrammo nella loro casa di Marrickville, un sobborgo povero di Sydney.

"Stanno uccidendo gli aborigeni", lo interruppe Leila. "Li stanno uccidendo..."[66].

Nel 1997 i Murray ottennero un'importante vittoria. Il corpo di Eddie fu riesumato, venne fatta un'altra autopsia e il *coroner* espresse dubbi sulle conclusioni originali. Questa volta fu scoperto che Eddie aveva lo sterno fratturato, il che poteva essere stato causato da forti colpi al petto risalenti fino a tre giorni prima della sua morte. I Murray allora reclamarono un'inchiesta pubblica imparziale sulla morte di Eddie e il riesame di tutte le deposizioni della polizia da parte del direttore dei Procedimenti Pubblici.

Rividi Leila e Arthur nel 1998, nello stesso salottino della loro casa di Marrickville. Dappertutto c'erano foto e trofei di Eddie. I Murray erano come tanti aborigeni che avevo conosciuto, gente che aveva combattuto il sistema attraverso il sistema. Circondati da valanghe di documenti, esasperati, apparivano esausti.

"Non credo di poter ancora andare avanti", disse Leila. "Abbiamo bisogno di risposte...".

"Quando pensate che potranno cambiare le cose in questo paese?", domandai.

"Mai", rispose Arthur.

"Quando otterremo giustizia", disse Leila piangendo. "Ce lo devono, sai. Ce lo devono per ciò che ci hanno tolto: nostro figlio. Parlano di riconciliazione e tutte queste belle cose, e i politici saltano di gioia perché Sydney ha ottenuto le Olimpiadi. Ma a che serve questo se non c'è giustizia per gli aborigeni? Perché non boicottano le Olimpiadi, eh, perché non le fermano? Se noi non possiamo ottenere giustizia, perché loro dovrebbero avere qui i Giochi Olimpici?"[67].

Era presente alla scena Robert Cavanagh, un avvocato e docente di legge che aveva aiutato i Murray a preparare il caso.

"Se Eddie fosse stato giovane, bianco e ricco", disse, "la sua morte sarebbe stata affrontata in maniera completamente differente. Investigatori si sarebbero precipitati sul posto per occuparsene subito. Il suo corpo sarebbe stato spostato in un luogo consono per essere sottoposto a un'appropriata autopsia, cosa che non fu fatta. Le persone sarebbero state interrogate a fondo e si sarebbe realmente cercato di scoprire com'era morto. Ma niente di tutto ciò accadde per Eddie. E questo semplicemente perché era nero e povero"[68].

Con l'avvicinarsi delle Olimpiadi, il governo federale e il governo del Nuovo Galles del Sud cominciarono a mostrare segni di panico. A tre settimane dalla cerimonia d'apertura, il governo Howard reagì all'ennesimo rapporto di condanna delle Nazioni Unite sullo stato degli aborigeni vietando le visite degli ispettori dei diritti umani dell'ONU e dichiarando che non sarebbe più comparso di fronte ai comitati per i diritti umani. Il procuratore generale definì le questioni sulla discriminazione sollevate dall'ONU "questioni minori, marginali"[69]. Funzionari del Comitato Olimpico Australiano, che aveva permesso agli attivisti aborigeni di montare un "padiglione culturale indigeno" vicino allo stadio principale, ora domandavano loro di firmare un accordo in cui venivano vietati "discorsi politici, manifestazioni e marce" in loco durante i giochi. Il direttore generale dell'Autorità per il Coordinamento delle Olimpiadi, David Richmond, minacciò "sanzioni" se si fosse contravvenuto a quelle "condizioni speciali" e ammonì che l'Autorità "si riserva il diritto di rivedere il testo di ogni materiale in mostra diverso da testi descrittivi di opere d'arte"[70].

Come spettacolo sportivo i giochi ebbero un successo clamoroso, in buona parte grazie alle migliaia di australiani comuni che si erano arruolati come volontari e trasudavano un'amichevolezza che disarmava i visitatori. Il clou, per gli australiani, fu la vittoria di Cathy Freeman nei 400 metri. Con la vittoria della loro eroina aborigena, "l'immagine" dell'Australia sembrava al sicuro. "Ha combinato una serie di emozioni", ha detto Michael Mansell. "Ha fatto sentire i bianchi a proprio agio e ha dato a molti ragazzotti aborigeni un modello con cui confrontarsi. Quanto al resto di noi, cercando di rivelare al mondo la verità e la vergogna che stanno dietro la facciata, qualcosa abbiamo fatto trapelare, ma contro il moloch olimpico era una lotta impari".

Finiti i giochi cercai Charlie Perkins, che se n'era stato tranquillo, il che non è da lui. Invece di guidare una "marcia della vergogna", si era infilato in un ospedale con un cancro che lo stava tormentando da anni. Gli telefonai al capezzale e gli chiesi cosa diavolo stesse facendo lì.

"Ascolta, amico", disse, "sono arrivato a sessant'anni, che per un nero è dannatamente tanto".

Parlammo di quando veniva a Londra e mi chiamava da Heatrow e mi diceva: "Butta via le scartoffie, amico. C'è una manifestazione là fuori, di fronte all'ambasciata australiana, per raccontare agli inglesini di un'Australia che è uguale al Sudafrica".

Conoscendo già la sua risposta, gli chiedevo in quanti erano.

"Io e te".

Il giorno dopo Charlie morì, e per il suo funerale Sydney si fermò. Riscuoteva molta ammirazione; si era anche fatto un sacco di nemici, perché puntava invariabilmente il dito contro una società bianca che non era mai riuscita a soggiogarlo. Quando l'Università di Sydney gli conferì un dottorato ad honorem troppo a lungo atteso, sfruttò l'occasione per attaccare i politici; e ora che era morto, gli tributavano le loro viscide attestazioni di stima. Charlie era il Martin Luther King d'Australia.

Mick Dodson è un altro uomo del Rinascimento, appartenente a quel gruppo di raffinati attivisti aborigeni che capiscono più della società bianca di quanto essa non capisca se stessa. Avvocato, era commissario di Giustizia Sociale e aveva partecipato alla Commissione Reale sulle morti in custodia.

"Loro sanno, i bianchi sanno", mi disse, "che le cose che rappresentano più chiaramente e distintamente l'Australia nel mondo sono le cose aborigene. Loro ti diranno: 'Bene, accettiamo la vostra cultura per la vetrina, ma odiamo quel Mick Dodson, è troppo attivista'. Oppure: 'Adoriamo Cathy Freeman, ma non ci piace quel Charlie Perkins'. Oppure: 'Siamo felici che i vostri spettacoli di danza Bangara ci rendano famosi nel mondo, ma non vogliamo avere niente a che fare con organizzazioni politiche che combattono per i diritti territoriali. E comunque non crediate di farci sentire colpevoli, perché sono cose che non c'entrano niente con questa generazione'. Il primo ministro dice queste cose in continuazione... e forse in questo c'era qualcosa di vero, fino a poco tempo fa. Intendo dire, forse potevano ancora invocare una distanza dal passato. Oggi, nessun australiano vivente può proclamarsi innocente, perché il Parlamento ha approvato l'emendamento al *Native Title Act* a nome della maggioranza del paese, ed è il maggior atto di rapina dei nostri tempi.

Io credo che ci sia un grosso senso di colpa, ma vedo anche una vera rabbia diretta contro di noi, una specie di risentimento perché non siamo tutti morti quando dovevamo. La domanda è: perché non ci è stato permesso di ottenere una sola vittoria? Qual è il problema? È forse perché un adeguato riconoscimento di noi aborigeni, con piena giustizia, significherebbe doverla piantare con la sciocchezza che siamo inferiori e dover accettare che la fondazione della società bianca sia invalidata alla radice e che esiste un'altra Australia?"[71].

Il fratello di Mick, Pat, è più calmo ma non meno arrabbiato. Mandato alla scuola missionaria cattolica, prima dei trent'anni venne ordinato prete, il primo prete aborigeno. Ma la sua essenza aborigena entrò in conflitto con la gerarchia della chiesa; e incaricato di una missione vicino a Darwin, venne criticato per aver introdotto riforme che ripristinavano i cerimoniali aborigeni. Gettò la tonaca e si unì al movimento per i diritti territoriali, e la sua barbetta cespugliosa e il suo cappello a larga tesa sono diventati familiari a molti australiani, compresi i politici che scioccamente hanno cercato di sfruttarlo e cooptarlo scambiando la sua "moderazione" per una generosità e una propensione al perdono che sono parte del suo essere aborigeno.

Quando incontrai Pat per la prima volta, a Alice Springs, mi descrisse la forza degli aborigeni come "costruita sul fatto che siamo gli unici sopravvissuti. Vedi, dopo anni di olocausto… c'è un certo genio non estinto dentro di noi, nonostante quel che ci è successo. Non un genio nel senso di essere altamente intellettuali, ma nel senso di qualcosa di speciale in noi che deve essere alimentato e coltivato e portato sempre più alla luce". Si riferiva allo spirito umano [72].

Molti australiani bianchi hanno a cuore quest'ingiustizia australiana. Hanno fatto ricerche che mostrano come una netta maggioranza voglia "buoni rapporti" con la nazione primigenia[73]. Certo, non è abbastanza. E neanche è abbastanza organizzare un "mare di mani" e firmare "libri di scusa" e partecipare a una grande marcia di solidarietà sull' Harbour Bridge di Sydney. E nemmeno è abbastanza cercare la "riconciliazione", un termine problematico se usato nei confronti di un passato di occupazione violenta e furto. Solo la giustizia e la volontà politica potranno mettere fine alla perdurante tragedia dell'Australia.

Il primo passo è un trattato, una carta dei diritti dei nativi che passi sopra agli Stati e garantisca i diritti territoriali e una corretta suddivisione delle risorse. L'opposizione a questo è la motivazione politica dei negazionisti; è ciò che i loro amici di governo temono; perché ciò significherebbe considerare gli aborigeni sia uguali che speciali. Almeno altri ventisette Stati nazionali hanno offerto giustizia ai loro popoli indigeni, sotto forma di trattati o altro. "Sia il Canada che gli Stati Uniti", ha scritto Colin Tatz, "hanno accordato lo status di 'nazione primigenia' agli indiani, riconoscendoli come popoli che avevano precedente occupazione, sovranità e governo, e si sono impegnati con loro in autentici dialoghi sulla rinegoziazione di trattati, compatti"[74].

Mentre i nostri vicini della Nuova Zelanda hanno approvato diritti territoriali e marittimi per il popolo Maori, in Australia il governo Howard spende milioni di dollari per montare argomentazioni tecniche nei processi per gli stessi diritti territoriali e marittimi. Nel 2001, comunque, c'è stata una vittoria significativa. L'Atto di Condanna del Northern Territory, in base al quale i bambini aborigeni venivano mandati in prigione per un furto di biscotti e che l'ONU aveva definito razzista, è stato revocato subito dopo che l'amministrazione razzista del territorio aveva perso le elezioni.

Nel 2002, le copertine delle riviste australiane erano inghirlandate di bandiere mentre le nostre truppe, con in testa la locale SAS, si univano agli americani nella "guerra al terrorismo" in Afghanistan. Nessuno sa cosa ci facessero, lì; l'Australia non è in guerra con nessun paese. In compenso è in guerra con i rifugiati che si dirigono verso le sue coste. Prima dell'11 settembre 2001, l'eroica SAS aveva il compito di impedire lo sbarco a uomini, donne e bambini traumatizzati, per poi dirigerli verso remote isole del Pacifico (dove molti hanno contratto la malaria). Buona parte di quelli che sono riusciti a raggiungere l'Australia ricevono un trattamento che azzera il credito verso una società che si proclama di valori umanistici.

Chiusi dietro il filo spinato su alcuni tra i terreni più ostili del pianeta in quelli che, secondo ogni criterio, sono campi di concentramento gestiti da una compagnia americana specializzata in carceri di massima sicurezza (con un profitto di 387 milioni di dollari l'anno), i rifugiati, nella loro disperazione, fanno ricorso al suicidio, all'inedia, all'incendio doloso e alle fughe di massa. Uno studio rivela che i più hanno patito terribili sofferenze prima di abbandonare il loro paese. Dei trentatré reclusi interrogati, diciannove erano stati torturati; nove avevano perso almeno un membro stretto della famiglia, assassinato o "sparito". "In molte occasioni", ha scritto Robert Manne, professore all'Università LaTrobe di Melbourne, "ai rifugiati è stato chiesto di raccontare gli orrori di tali esperienze in interrogatori condotti da funzionari ignoranti che non facevano mistero di non credere alle storie che venivano loro raccontate"[75]. La vita dei rifugiati è fatta di adunate diurne e di appelli notturni, alle due e alle cinque del mattino, sottoposti a un regime punitivo arbitrario che va dal divieto di ricevere visite e fare una telefonata, fino all'isolamento e peggio.

Gli australiani ebbero un assaggio degli orrori perpetrati a nome loro quando un programma della ABC (Australian Broadcasting Corporation) raccontò la storia di un bambino iraniano di sei anni, Shayan Badraie. Con un quarto della sua vita passato dietro la rete del campo profughi di Woomera, nel deserto meridionale australiano, quel bambino aveva visto adulti disperati darsi fuoco e un uomo che si suicidò sgozzandosi. "Credo che sia morto", aveva detto a suo padre, il quale riferì che quelle erano state le ultime parole che aveva pronunciato. Muto e depresso, rifiutava di bere e di mangiare e stava seduto, giorno dopo giorno, a disegnare filo spinato.

Il ministro responsabile di questi campi è Philip Ruddock, lo stesso che con me si era vantato che il tasso di mortalità infantile degli aborigeni era "solo" tre volte superiore a quello dei bambini bianchi. Interrogato in televisione riguardo a Shayan Badraie, aveva parlato del ragazzo chiamandolo "quello" o "il giovane" e aveva insinuato che il suo problema derivasse dal fatto che la donna nella sua famiglia non era la vera madre. La cosa migliore per il ragazzo era farlo adottare, aveva detto, intendendo implicitamente che il padre sarebbe stato rispedito in Iran[76].

La falsità della paura popolare e politica sulla questione dei rifugiati si rileva dal fatto che l'Australia riceve una delle più piccole quantità di "clandestini" che cercano asilo del mondo: circa 4.000 l'anno. I tre quarti di essi alla fine vengono accettati, ma solo dopo un periodo indefinito di prigionia in campi che l'ex primo ministro conservatore Malcom Fraser ha definito "buchi dell'inferno". Quando un rappresentante di Amnesty International parlò a Ruddock delle terrificanti condizioni dei campi profughi di Nauru, un'isola del Pacifico il cui governo era stato indotto dall'Australia ad accettare i nostri boat-people, il ministro replicò gioviale: "Crede che avrebbero preferito stare in uno dei *nostri* centri di detenzione qui?"[77].

Il trattamento degli immigrati clandestini "bianchi" è molto diverso. Nel 2001, 6.160 inglesi sono rimasti oltre la scadenza del proprio visto, e circa altrettanti europei. Ogni anno le autorità ne prendono più di 14.000, ma nessuno finisce in un campo di detenzione. Anzi, viene loro dato un "visto temporaneo" per un periodo sufficiente a guadagnarsi il denaro per il viaggio di ritorno.

Si dice che il "pugno duro" contro la "minaccia" combinata rappresentata da rifugiati indifesi e terroristi invisibili abbia dato al governo di John Howard la vittoria alle elezioni nel novembre del 2001. "L'Australia è sicura?", titolava lamentosamente l'*Age* di Melbourne[78]. C'è una correlazione tra l'isteria infondata in quello che è forse il paese più sicuro del mondo e il "pugno duro" preso contro gli aborigeni, una minoranza che assomma a circa il 2% della popolazione.

Quando un pugile aborigeno, Anthony Mundine, osservò in televisione che gli americani avevano "attirato [il terrorismo] su di loro [per] ciò che avevano fatto nella storia del tempo", mancò poco che lo linciassero. È un musulmano. Grazie alle sue "parole di tradimento", tuonò un giornale del partito del linciaggio, "ha la nostra parola che la sua promettente carriera internazionale è finita"[79].

La tragedia, per gli australiani che cercano un orgoglio personale nei risultati della nazione, è la loro ignoranza di un passato politicamente diverso del quale essere fieri, storie meravigliosamente sovversive che hanno plasmato il carattere nazionale e che vengono raramente raccontate. Nelle miniere di argento e zinco di Broken Hill, nel Nuovo Galles del Sud, i minatori hanno conquistato la prima settimana di trentacinque ore del mondo, mezzo secolo prima dell'Europa e dell'America. Molto prima della maggior parte del mondo, l'Australia ha avuto il salario minimo, gli assegni familiari, le pensioni e il voto alle donne. Negli anni Sessanta gli australiani potevano vantarsi di avere il più ragionevole indice d'imposta del mondo. Il voto a scrutinio segreto è stato inventato in Australia. E nello spazio della mia vita ho visto l'Australia trasformarsi da una seconda società anglo-irlandese a uno dei luoghi culturalmente più variegati della Terra, e ciò è avvenuto pacificamente. Non importa che ciò possa essere successo, in un paese dove la "politica dell'Australia bianca" ha scavato così in profondità che un primo ministro australiano, Billy Hughes, fu l'unico leader a rifiutarsi di firmare una dichiarazione internazionale per riconoscere l'uguaglianza di tutte le razze. Dato questo passato, e secondo la maggior parte dei criteri di civiltà, la trasformazione è un risultato notevole.

Certo, i primi australiani non vi sono mai stati inclusi. La loro straordinaria civiltà e la loro simbiosi unica con una terra antica non sono mai state considerate come una fonte d'orgoglio nazionale. Il loro riconoscimento, ancora da raggiungere, rimane la chiave per aprire la nazione a se stessa.

Alcuni anni fa incontrai il leader aborigeno Rob Riley, un uomo indimenticabile dal sorriso aperto e ironico, folta barba nera e occhiali cerchiati d'osso. Eloquente e spiritoso, tirava fuori pesanti verità con voce pacata. Sconfortato dal doversi "arrampicare sugli specchi con i politici", più tardi si tolse la propria vita, come molta della sua gente. Avevamo parlato della celebrazione costante della "nazionalità" australiana in tutti gli anniversari storici, le campagne repubblicane e i grandi eventi sportivi.

"Ma è semplice", disse. "Se non ci restituite la nostra identità nazionale, non potrete mai rivendicare la vostra."[80]

# Note

**INTRODUZIONE**

[1]George Orwell, *1984*, Secker & Warburg, Londra, 1949.
[2]Cifre del Rapporto delle Nazioni Unite sullo Sviluppo, riportate in *The Guardian*, 22 ottobre 2001.
[3]Intervista dell'autore, Washington, gennaio 2001.
[4]Intervista dell'autore, Jakarta, novembre 2000.
[5]*New York Times*, 19 giugno 1966.
[6]Boris Kagarlitsky, "Facing the Crisis" ["Affrontare la crisi"], su *Links* n.19, settembre-dicembre 2001.
[7]*Independent on Sunday*, 9 dicembre 2001.
[8]Marc Herold, Università del New Hampshire, citato da Seumas Milne su *The Guardian*, 20 dicembre 2001.
[9]*Socialist Worker*, 19 gennaio 2002.
[10]*Sydney Morning Herald*, 29 dicembre 2001.
[11]*The Guardian*, 21 settembre 2001.
[12]*Independent*, 1 novembre 1998; David Holmes e Norm Dixon, *Behind the US War in Afghanistan* ["Dietro la guerra americana in Afghanistan"], Resistance Books, Sydney, 2001, pp. 47-52.
[13]John K. Cooley, *Unholy Wars: Afghanistan, America and International Terrorism* ["Le guerre non-sante: Afghanistan, America e terrorismo internazionale"], Pluto Press, Londra, 2001.
[14]*Observer*, 9 dicembre 2001. L'editoriale di David Astor era apparso il 4 novembre 1956.
[15]John Mueller e Karl Mueller, "The Methodology of Mass Destruction: Assessing Threats in a New World Order" ["Metodologia della distruzione di massa: valutarne i pericoli in un nuovo ordine mondiale"], su *The Journal of Strategic Studies*, vol. 23, n. 1, 2000, pp. 163-187.
[16]UNICEF e Governo dell'Iraq, *Child and Maternal Mortality Survey 1999: Preliminary Report* ["Rilevamento 1999 della mortalità infantile e materna: rapporto preliminare"], 1999.
[17]Intervista dell'autore, New York, dicembre 1999.
[18]*The Guardian*, 29 novembre 2001.
[19]*Green Left Weekly*, 12 dicembre 2001.
[20]Comando Spaziale degli Stati Uniti, *Vision for 2020*, Direttore dei Piani, Petersen AFB, Colorado; www.spacecom.af.mil/usspace
[21]Citato in *Guardian Weekly*, 3-9 gennaio 2002.
[22]Ibid.
[23]Samuel P. Huntington, *The Clash of Civilisations* ["Lo scontro delle civiltà"], Simon & Schuster, New York, 1996; Victor Davis Hanson, *Why the West Has Won: Carnage and Culture from Salamis to Vietnam* ["Perché l'Occidente ha vinto: carneficina e cultura da Salamina al Vietnam"], Faber & Faber, Londra, 2001.
[24]Marcela Lopez Levy, "The damn water is ours!" ["Quella dannata acqua è nostra!"], su *New Internationalist*, settembre 2001.
[25]*Beyond the Barricades* ["Dietro le barricate"], fotografie scelte di Omar Badsha, Gideon Mendel

e Paul Weinberg, Kliptown Books, Londra, 1989, p. 71.

[26]Gallup International, Londra, ottobre 2001; www.gallup-international.com/surveys.htm

[27]Stima dell'ONU sui morti per fame, citata in *The Guardian*, 22 ottobre 2001.

[28]Robin Theurkauf, "Are we at war?" ["Siamo in guerra?"], su *The Friend*, 28 settembre 2001.

**L'ALLIEVO MODELLO**

[1]Rapporti della Banca Mondiale, settembre 1997 e marzo 1998, citati in *Focus on the Global South*, CUSRI, Università di Chulalongkorn, Bangkok, Thailandia: www.focusweb.org

[2]Carlton Television, *The New Rulers of the World* ["I nuovi padroni del mondo"], trasmesso su ITV, 18 luglio 2001.

[3]Il "codice di condotta" della Gap si può trovare su internet al sito del Dipartimento del Lavoro USA: www.dol.org

[4]Banca Mondiale, *Confidential Assessment Corrupted Bank Funds: Summary of RSI staff views regarding the problem of "leakage" from World Bank project budgets* ["Rapporto confidenziale sui fondi bancari corrotti: sintesi delle valutazioni dello staff della RSI sul problema dello 'sgocciolamento' dai fondi progettuali della Banca Mondiale"], Jakarta, agosto 1997.

[5]Carmel Budiardjo e Liem Soei Liong, *The War against East Timor* ["La guerra contro Timor Est"], Zed Books, Londra, 1984, p. 49.

[6]Gough Whitlam, *Abiding Interest* ["Interessi costanti"], University of Queensland Press, St. Lucia, 1997, p. 71.

[7]*Australian Financial Review*, 17 maggio 1994.

[8]*Canberra Times*, 15 maggio 1996.

[9]Comitato unito permanente per gli Affari Esteri, Difesa e Commercio, *Australia's Relations with Indonesia*, Australian Government Publishing Service, Canberra, 1993, p. 96.

[10]Vedi John Pilger, "Flying the Flag, Arming the World" ["Sventolare la bandiera, armare il mondo"], su *Hidden Agendas* ["Agende nascoste"], Vintage, Londra, 1998.

[11]Vedi John Pilger, "East Timor", su *Distant Voices* ["Voci lontane"], Vintage, Londra, 1994.

[12]Fondo Monetario Internazionale, Lettera di Intenti (Indonesia), paragrafo 86, 20 gennaio 2000.

[13]Brewster Keen, direttore esecutivo della Cargill, citato da John Madeley sul *New Statesman*, 22 maggio 2000.

[14]Central Intelligence Agency, Directorate of Intelligence, *Intelligence Report: Indonesia 1965, The Coup That Backfired* ["Rapporto informativo: Indonesia 1965, il colpo di stato che si è ritorto contro", CIA, Langley, 1968. Vedi anche: *San Francisco Examiner*, 20 maggio 1990; *Washington Post*, 21 maggio 1990.

[15]Gabriel Kolko, *Confronting the Third World*, ["Affrontare il terzo mondo"] Pantheon, New York, 1988, p. 181.

[16]Peter Dale Scott, "The United States and the Overthrow of Sukarno, 1965-1967" ["Gli Stati Uniti e il rovesciamento di Sukarno"], su *Pacific Affairs*, n. 58, estate 1985.

[17]Christopher J. Koch, *The Year of Living Dangerously* ["Un anno vissuto pericolosamente"], Minerva, Londra, 1978, p. 132.

[18]H.W. Arndt, "A comment"["Un commento], su *Australian Outlook*, vol. 22, n. 1, aprile 1968, pp. 92-95.

[19]Scott Burchill, *AQ: Journal of Contemporary Analysis*, vol. 73, n. 3, maggio-giugno 2001. Vedi Greg Sheridan, *The Australian*, 20 maggio 1998; vedi anche *The Australian Review of Books*, dicembre 2000.

[20]*The Australian*, 14 febbraio 1994.

[21]Ibid., 18 e 19 febbraio 1994.

[22]Brian Toohey, *Sun-Herald*, Sydney, 8 marzo 1998. Toohey ha scritto: "Kelly, che ora è redattore affari internazionali di *The Australian*, è stato nominato a un nuovo organismo governativo, il Consiglio per gli Affari Esteri, presieduto da Downer. Il compito del nuovo organismo è consigliare il governo sulla politica estera, ponendo Kelly nella bizzarra posizione di essere allo stesso tempo consulente ufficiale del governo e commentatore giornalistico della politica del governo".

[23]*The Australian*, 25 febbraio 1998.

[24]Mark Curtis, *The Ambiguities of Power: British Foreign Policy since 1945* ["Le ambiguità del potere: la politica estera inglese dal 1945"], Zed Books, Londra, 1995, p. 57.

[25]*The Times*, 8 agosto 1986; citato da Paul Lashmar e James Oliver in *Britain's Secret Propaganda War 1948-1977* ["La propaganda di guerra segreta della Gran Bretagna, 1948-1977"], Sutton, Londra, 1998, p. 4.

[26]Harold Crouch, *The Army and Politics in Indonesia* ["Forze armate e politica in Indonesia"], Cornell University Press, Ithaca, 1997, pp. 155 e 351.

[27]*San Francisco Examiner*, 20 maggio 1990; *Washington Post*, 21 maggio 1990.

[28]Ibid.

[29]Ibid.

[30]Fotografia fornita da Tapol, Organizzazione per i Diritti Umani in Indonesia, Londra.

[31]Archivi Nazionali USA, RG 59 Registrazioni del Dipartimento di Stato: cablogramma n. 868, ref: Embtel 852, 5 ottobre 1965.

[32]*San Francisco Examiner*, 20 maggio 1990.

[33]Lettera di Andrew Gilchrist a E.H. Peck, capo della Divisione sud-est asiatico del Foreign Office, 5 ottobre 1965.

[34]Cablogramma dell'ambasciata britannica a Jakarta al POLAD (Political Adviser) di Singapore, n. 1835, 6 ottobre 1965.

[35]Lettera di G.F.N. Reddaway a Andrew Gilchrist, Singapore, 18 luglio 1966.

[36]Roland Challis, *Shadow of a Revolution* ["L'ombra di una rivoluzione"], Sutton, Londra, 2001, p. 102.

[37]Intervista con l'autore in *The New Rulers of the World* (vedi nota 2).

[38]*Time*, 15 luglio 1966; *US News and World Report*, 6 giugno 1966; *New York Times*, 19 giugno 1966.

[39]*New York Times*, 6 luglio 1966.

[40]David Goldsworthy, David Dutton, Peter Gifford e Roderic Petty, *Facing North: A Century of Australian Engagement with Asia, Volume 1: from 1901 to the 1970s* ["Guardare a nord: un secolo di impegno australiano in Asia. Volume 1: dal 1901 agli anni Settanta"], Dipartimento per gli Affari Esteri e il Commercio, Melbourne University Press, Melbourne, 2001, pp. 354-355.

[41]Ibid., p. 354.

[42]Ibid., pp. 354-355.

[43]Lettera di Andrew Gilchrist al Foreign Office, 23 febbraio 1977; citata in *Tapol Bulletin*, n. 163, ottobre 2001.

[44]*Tapol Bulletin*, n. 159, agosto-settembre 2000.

[45]Intervista con l'autore, Jakarta, 12 dicembre 2000.

[46]Dale Scott, "The United States and the Overthrow of Sukarno" (vedi nota 16).

[47]Intervista con l'autore, 1982.

[48]David Ransom, "The Berkeley Mafia and the Indonesian Massacre" ["La mafia di Berkeley e il massacro indonesiano"], in *Ramparts*, n. 4, ottobre 1970.

[49]Intervista con l'autore, Jakarta, 1° dicembre 2000.

[50]*To Aid in the Rebuilding of a Nation* ["Promuovere la ricostruzione di una nazione"], verbali del rapporto della Conferenza sugli investimenti in Indonesia, Ginevra, 2-4 novembre 1967 (LBJ Library. Sentiti ringraziamenti a Bradley R. Simpson).

[51]Lettera di James A. Linen al generale Suharto, 22 marzo 1967 (LBJ Library).

[52]James A. Linen, "An International Meeting to Establish a Creative Dialogue for Future Commitments" ["Un incontro internazionale per impostare un dialogo creativo per gli impegni futuri"], verbali del rapporto della Conferenza sugli investimenti in Indonesia (vedi nota 50).

[53]Intervista con l'autore in *The New Rulers of the World* (vedi nota 2).

[54]Lettere del presidente Lyndon Johnson a James A. Linen, 1 e 23 dicembre 1967 (LBJ Library).

[55]Kei C. Yamato, "The Pacific-Asia World: Profit Opportunities and Challenges for US Business" ["Il mondo dell'Asia sul Pacifico: opportunità di guadagno e sfide per il business americano"], su *Gallatin Special Report*, dicembre 1967.

[56]*The New Rulers of the World* (vedi nota 2).

[57]Ransom, "The Berkeley Mafia" (vedi nota 48).

[58]Studio di Morgan Dean Witter, *Sydney Morning Herald*, 24 febbraio 2001.

**PAGARE IL PREZZO**

[1]Intervista con l'autore, Basra, 18 ottobre 1999.

[2]Ibid.

[3]Intervista con l'autore, 14 gennaio 2000.

[4]Carlton Television, *Paying the Price: Killing the Children of Iraq* ["Pagare il prezzo: uccidere i bambini dell'Iraq"], trasmesso su ITV, 6 marzo 2000.

[5]*British Medical Journal*, 6 gennaio 1999.

[6]*Paying the Price* (vedi nota 4).

[7]Ibid.

[8]Ibid.

[9]Ibid.

[10]Ibid.

[11]Ibid.

[12]*Washington Post*, 23 giugno 1999.

[13]*New York Times*, 3 giugno 1991.

[14]Asherio e altri, "Special Article: Effects of the Gulf War on Infant and Child Mortality in Iraq" ["Articolo speciale: effetti della Guerra del Golfo sulla mortalità infantile e neonatale in Iraq"],

*New England Journal of Medicine*, 24 settembre 1992.

[15]*New York Times*, 2 giugno 1991.

[16]Eric Herring, "Between Iraq and a hard place: a critique of the British government's case for US economic sanctions" ["Tra l'Iraq e un posto duro: una critica del caso del governo britannico per le sanzioni economiche americane"], *Review of International Studies 2002*, pp. 40-41.

[17]Vedi il sito web dell'ONU: www.un.org/Docs/scres/1999/99scrs687.htm

[18]Nazioni Unite, *Report of the Executive Chairman on the Activities of the Special Commission Established by the Secretary-General Pursuant to Paragraph 9 (b) of Resolution 687, 1991* ["Rapporto del direttore esecutivo alle attività della commissione speciale istituita dal segretario generale in conformità al paragrafo 9 della Risoluzione 687 del 1991"], 6 ottobre 1998.

[19]Lettera del segretario generale dell'ONU al presidente del Consiglio di Sicurezza, 15 dicembre 1998.

[20]*Paying the Price* (vedi nota 4).

[21]Agenzia France Presse, 3 novembre 1999.

[22]Vedi Paul Conlon, *United Nations Sanctions Management: a Case Study of the Iraq Sanctions Committee, 1990-1994* ["Gestione delle sanzioni delle Nazioni Unite: una casistica del Comitato per le Sanzioni all'Iraq, 1990-1994"], Transnational Publishers, New York, 2000, pp. 73-74.

[23]Ufficio delle Nazioni Unite per il Programma Iraq (Oil for Food), *Weekly Update*, New York, 16 ottobre 2001.

[24]Discorso del ministro degli Esteri francese Hubert Védrine, *Morning Star*, 3 agosto 2000.

[25]Lettera standard del Foreign Office firmata da Jamie Cooper, Dipartimento per il Medio Oriente, 27 marzo 2000.

[26]Nazioni Unite, *Report of the Secretary-General Pursuant to Paragraph 5 of Security Council Resolution 1281 (1999)* ["Rapporto del segretario generale in conformità al paragrafo 5 della Risoluzione 1281 del 1999 del Consiglio di Sicurezza"], 1 giugno 2000.

[27]Nazioni Unite, *Briefing by Benon Sevan, Executive Director of the Iraq Programme, at the Informal Consultations Held by the Security Council* ["Informativa di Benon Sevan, direttore esecutivo del Programma Iraq, alle consultazioni informali indette dal Consiglio di Sicurezza"], 22 luglio 1999.

[28]*Washington Post*, 28 gennaio 1999.

[29]Lettera di John Ashworth, presidente della British Library, al deputato Harry Cohen, 30 giugno 1999.

[30]*The Guardian*, 18 febbraio 2000.

[31]Intervista con l'autore, Bagdad, 17 ottobre 1999.

[32]*Green Left Weekly* (Sydney), 21 giugno 2000.

[33]Durante una conversazione con l'autore, 16 gennaio 2001.

[34]UNICEF e Governo dell'Iraq, *Child and Maternal Mortality Survey 1999: Preliminary Report* ["Studio 1999 sulla mortalità materna e infantile: rapporto preliminare"], 1999.

[35]*Toronto Star*, 25 giugno 2000.

[36]Durante una conversazione con l'autore, 4 maggio 2000.

[37]*The Guardian*, 1 aprile 1999.

[38]"The Public Health Impact of Sanctions" ["L'impatto delle sanzioni sulla salute pubblica"], su *Middle East Report*, n. 215, estate 2000, p. 17. (Garfield è professore di Assistenza Clinica Internazionale alla Columbia University, New York).

[39]John Mueller e Karl Mueller, "The Methodology of Mass Destruction: Assessing Threats in a New World Order" ["Metodologia della distruzione di massa: valutarne i pericoli in un nuovo ordine mondiale"], su *The Journal of Strategic Studies*, vol. 23, n. 1, 2000, pp. 163-187.

[40]*Philadelphia Inquirer*, 14 febbraio 2000.

[41]"Punishing Saddam" ["Punire Saddam"], *60 Minutes*, CBS Television, 12 maggio 1996.

[42]Vedi John Pilger, "Mythmakers of the Gulf War" ["I fabbricanti di miti della Guerra del Golfo"], su *Distant Voices*, Vintage, Londra, 1994.

[43]Documento del Dipartimento di Stato, 1945, citato da Joyce e Gabriel Kolko in *The Limits of Power*, Harper & Row, New York, 1972, p. 242.

[44]Andrew Cockburn e Patrick Cockburn, *Out of the Ashes: the Resurrection of Saddam Hussein* ["Sollevarsi dalle ceneri: la resurrezione di Saddam Hussein"], HarperCollins, New York, 1999, p. 74.

[45]*Paying the Price* (vedi nota 4).

[46]Cockburn e Cockburn, *Out of the Ashes*, p. 83 (vedi nota 44).

[47]Roger Normand, "Sanctions against Iraq: New Weapon of Mass Destruction" ["Le sanzioni contro l'Iraq: una nuova arma di distruzione di massa"], su *Covert Action Quarterly*, Washington, primavera 1998.

[48]Cockburn e Cockburn, *Out of the Ashes*, p. 89-90 (vedi nota 44).

[49]*The Guardian*, 2 e 8 maggio 1992. Vedi anche Ufficio della Ragioneria Generale USA, *IRAQ: US Military Items Exported or Transferred to Iraq in the 1980s* ["Iraq: articoli militari americani esportati o trasferiti in Iraq negli anni Ottanta"], febbraio 1994.

[50]Senato USA, Comitato per le Banche, gli Alloggi e gli Affari Urbani, *US Chemical and Biological Warfare-Related Dual Use Exports to Iraq and Their Possibile Impact on the Health Consequences of the Persian Gulf War* ["Esportazioni americane in Iraq a doppia funzione riguardanti la guerra chimica e batteriologica e loro possibile impatto sulle conseguenze per la salute durante la guerra nel Golfo Persico"], 25 maggio 1994. Vedi anche Dipartimento del Commercio USA, Ufficio dell'Amministrazione delle Finanze, *Approved Licences to Iraq* ["Licenze (di esportazione) all'Iraq approvate"], 11 marzo 1991.

[51]*Paying the Price* (vedi nota 4).

[52]*The Guardian*, 8 maggio 1992.

[53]Intervista con l'autore per Central Television, *Flying the Flag, Arming the World*, ["Sventolare la bandiera, armare il mondo"] trasmesso su ITV, 1994.

[54]Intervista con l'autore, ottobre 2001.

[55]*Hansard*, 21 dicembre 1999.

[56]Intervista con l'autore, ottobre 2001.

[57]Ibid.

[58]*Paying the Price* (vedi nota 4).

[59]Ibid.

[60]Cifre fornite a Christopher Martin, produttore associato di *Paying the Price* (vedi nota 4), dal capitano Amy Bailey, Dipartimento della Difesa, Washington, 19 febbraio 2000. Il periodo coperto va

dal 31 maggio 1998 al 14 gennaio 2000. Come cifra di confronto, durante la Guerra del Golfo l'aviazione americana ha compiuto 18.276 sortite: stessa fonte.

[61]*Boston Globe*, 11 dicembre 1999; CNN, 28 dicembre 1999.

[62]*The Guardian*, 11 novembre 2000.

[63]*New York Times*, 13 agosto 1999.

[64]*Washington Post*, 12 marzo 1998.

[65]Independent Television News, 4 aprile 1991.

[66]Corrispondenza e conversazione con l'autore, 3-4 marzo 2001.

[67]*Washington Post*, 25 ottobre 2000.

[68]Cockburn e Cockburn, *Out of the Ashes*, p. 13 (vedi nota 44).

[69]*Paying the Price* (vedi nota 4).

[70]Cockburn e Cockburn, *Out of the Ashes*, p. 23 (vedi nota 44).

[71]Ibid., pp. 24-25.

[72]Ibid., p. 29.

[73]*Green Left Weekly*, 24 ottobre 2001.

[74]Ibid.

[75]Intervista su *ABC News*, citata da Sarah Graham-Brown in *Sanctioning Saddam* ["Le sanzioni contro Saddam"], IB Tauris, Londra/New York, 1999, p. 19.

[76]Citato da Herring, "Between Iraq and a hard place" (vedi nota 16).

[77]*New York Times*, 7 luglio 1991.

[78]*New Statesman*, 19 marzo 2001.

[79]*Wall Street Journal*, 22 ottobre 1999.

[80]Peter Gowan, "Neoliberal Cosmopolitanism" ["Cosmopolitismo neo-liberale"], su *New Left Review*, settembre-ottobre 2001.

[81]Intervista con l'autore, Washington, 29 novembre 1999.

[82]Intervista con l'autore, New York, 2 dicembre 1999.

[83]Intervista con l'autore, New York, 2 dicembre 1999.

[84]Le molteplici rivendicazioni e contro-rivendicazioni fatte dai ministri di governo e dagli oppositori delle sanzioni sono riassunte su *Voices*, l'ottimo bollettino di Voices in the Wilderness, disponibile all'indirizzo: 16B Cherwell Road, Oxford, OX4 1BG. Vedi anche *New Statesman*, 27 marzo 2000, e conseguenti articoli del *New Statesman* riportati sul sito www.johnpilger.com; vedi anche *The Guardian*, 8 gennaio 2001. Il documento delle Nazioni Unite citato da Hans Von Sponeck, che confuta l'affermazione di Peter Hain sugli aiuti per 16 miliardi di dollari, è il S/2000/1132 del 29 novembre 2000. George Somerwill è stato citato nel *Toronto Star*, 24 giugno 2000.

[85]*Independent*, 5 giugno 1999, citazione di un memorandum confidenziale dell'Autorità per l'Energia Atomica britannica alla Royal Ordinance, 30 aprile 1991.

[86]Citato da CASI (Campagna contro le sanzioni in Iraq), *Starving Iraq: One Humanitarian Disaster We Can Stop* ["Affamare l'Iraq: un disatro umanitario che possiamo fermare"], Cambridge, pp. 5-6.

[87]*Iraq: Country Report 1995-96* ["Iraq: rapporto sul paese, 1995-96"], *Economist* Intelligence Unit, Londra, p. 6.

[88]Roger Normand, "Sanctions against Iraq: New Weapon of Mass Destruction" ["Le sanzioni contro

l'Iraq: una nuova arma di distruzione di massa"], su *Covert Action Quarterly*, Washington, primavera 1998.

[89]Arthur Miller, "Why I Wrote *The Crucible*: An Artist's Answer to Politics" ["Perché ho scritto *Il Crogiolo*: la risposta di un artista alla politica"], *New Yorker*, 21-28 ottobre 1996, pp. 163-164.

[90]*Paying the Price* (vedi nota 4).

[91]Intervista con l'autore, 3 dicembre 1999.

[92]*New Statesman*, 15 gennaio 2001.

[93]Marc Bossuyt, *The Adverse Consequences of Economics Sanctions on the Enjoyment of Human Right* ["Le conseguenze contrarie delle sanzioni economiche al godimento dei diritti umani"], **Working Paper**, Sotto-Commissione Economica e Comitato Sociale delle Nazioni Unite per la Promozione e Protezione dei Diritti Umani, 21 giugno 2000.

[94]*New Statesman*, 22 gennaio 2001, in seguito a corrispondenza con l'autore.

[95]Intervista con l'autore, Bagdad, 24 ottobre 1999.

## IL GRANDE GIOCO

[1]*Independent on Sunday*, 10 febbraio 1991.

[2]Press Association, 2 novembre 2001.

[3]BBC **News**, 19 novembre 2001.

[4]*Independent*, 19 novembre 2001.

[5]*The Guardian*, 29 novembre 2001.

[6]*Independent*, 19 settembre 2001; *Financial Times*, 20 settembre 2001; *Daily Telegraph*, 3 e 4 ottobre 2001; *The Times*, 8 ottobre 2001.

[7]Osservatorio per i Diritti Umani, New York, 6 ottobre 2001.

[8]*Sydney Morning Herald*, 11 febbraio 2002.

[9]*The Guardian*, 15 novembre 2001.

[10]BBC World Service, 22 settembre 2001.

[11]Citato in *Rock River Times*, Rockford, Illinois, 31 ottobre-6 novembre 2001.

[12]John Rees, "Imperialism: Globalisation, the State and War" ["Imperialismo: la globalizzazione, lo stato e la guerra"], *International Socialism*, n. 93, p. 13.

[13]US News and World Report, 29 settembre 1997.

[14]*International Herald Tribune*, 9 novembre 1998.

[15]*Daily Telegraph*, 11 ottobre 1996.

[16]Citato da Lance Selfa, *International Socialist Review*, n. 20, novembre-dicembre 2001.

[17]*The Guardian*, 5 novembre 2001.

[18]Ibid.

[19]Citato in *Rock River Times*, 24-30 ottobre 2001.

[20]*Wall Street Journal* e Osservatorio Giuridico: www.azlan.net/jud-watch.htm .

[21]*The Guardian*, 5 novembre 2001.

[22]Frank Furedi, *The New Ideology of Imperialism* ["La nuova ideologia dell'imperialismo"], Pluto Press, Londra, 1994, p. 44.

[23]Zbigniew Brzezinski, *The Grand Chessboard: American Primacy and its Geostrategic Imperatives* ["La grande scacchiera: supremazia americana e suoi imperativi geostrategici"], Har-

perCollins, New York, 1997, p. xiii.

[24]Ibid., p. 53.

[25]Ibid., p. 73.

[26]Ibid., p. 40.

[27]*New York Times*, 19 ottobre 2001.

[28]Citato in *New Statesman*, 22 dicembre 2000-3 gennaio 2001.

[29]*New Statesman*, 22 ottobre 2001.

[30]Boris Kagarlitsky, "Facing the Crisis" ["Affrontare la crisi"], su *Links*, n. 19, settembre-dicembre 2001.

[31]*New Statesman*, 26 novembre 2001.

[32]John Rees, "Imperialism, Globalisation, the State and War", pp. 23-24 (vedi nota 12).

[33]Banca Mondiale, *World Development Indicators*, aprile 2001; vedi www.developmentgoals.org

[34]Jeremy Rifkin, *The End of the Work: The Decline of the Global Labor Force and the Dawn of the Post-Market Era* ["La fine del lavoro: il tramonto della forza lavoratrice globale e l'alba dell'era del dopo-mercato"], Tarcher/Putnam, New York, 1995, pp. 205-207.

[35]Citato da Walden Bello, con Shea Cunningham e Bill Rau, in *Dark Victory: the United States, Structural Adjustment and Global Poverty* ["La vittoria oscura: Stati Uniti, adattamento strutturale e povertà globale"], Pluto Press, Londra, 1994, p. 51; Programma di Sviluppo delle Nazioni Unite, *Human Development Report 1996*, Oxford University Press, Oxford, p. 19.

[36]Michael McKinley, *Triage: a Survey of the "New Inequality" as Combat Zone* ["*Triage*: inchiesta sulla 'nuova disuguaglianza' come zona di combattimento"], presentazione alla 42° Convenzione Annuale dell'Associazione Studi Internazionali, Chicago, febbraio 2001.

[37]*New York Times*, 3 settembre 1995.

[38]*Green Left Weekly*, 17 otobre 2001.

[39]Conversazione con l'autore, novembre 2001.

[40]George Monbiot, *The Guardian*, 6 novembre 2001.

[41]Christian Aid su www.christian-aid.org.uk Vedi rassegna stampa del Dipartimento dello Sviluppo Internazionale, 11 dicembre 2000, 19 marzo 2001, 7 novembre 2001.

[42]Christian Aid, *Trading in White Gold: who decides Ghana's water policy?* ["Commerciare in oro bianco: chi decide la politica idrica del Ghana?"], Londra, ottobre 2001.

[43]Comando Spaziale degli Stati Uniti, *Vision for 2020*, Direttore dei Piani, Petersen AFB, Colorado; www.spacecom.af.mil/usspace Sentiti ringraziamenti a Karl Grossman per il suo giornalismo investigativo.

[44]Come riferito all'autore.

[45]*Time*, 28 dicembre 1992.

[46]"CIA officials privately concede that the US military may have killed between 7.000 and 10.000 Somalis" ["Funzionari CIA ammettono in privato che i militari americani potrebbero aver ucciso tra 7.000 e 10.000 somali"], citato da Noam Chomsky, Z magazine, estate 1995.

[47]*The Guardian*, 15 novembre 2001.

[48]*BBC Short Wave Broadcasts Summary*, giugno 2000.

[49]*The Guardian*, 26 ottobre 2001.

[50]Servizio della BBC sulla Guerra del Golfo, 18 gennaio 1991.

[51]*International Herald Tribune*, 23-24 febbraio 1991; *New York Times*, 15 gennaio 1992.

[52]*Newsday*, 12 settembre 1991.

[53]BBC, *The Late Show*, 6 giugno 1991.

[54]Ramsey Clark, *The Fire This Time: US War Crimes in the Gulf* ["Stavolta il fuoco: crimini di guerra americani nel Golfo"], Thunder's Mouth Press, New York, 1992, p. 42.

[55]*New York Times*, 26 gennaio 1992.

[56]*Wall Street Journal*, 22 marzo 1991.

[57]Ian Lee, *Continuing Health Cost of the Gulf War* ["Prorogare il costo per la salute nella Guerra del Golfo"], Medical Educational Trust, Londra, 1991.

[58]*The Times* e *Le Nouvel Observateur*, 3 marzo 1991.

[59]Ramsey Clark, *The Fire This Time*, p. 110 (vedi nota 54).

[60]*Observer*, 28 ottobre 2001.

[61]John Pilger, *Hidden Agendas*, ["Agende nascoste"] Vintage, Londra, 1998, pp. 115-152.

[62]*Breakfast with Frost*, BBC Television, 30 settembre 2001.

[63]*The Guardian*, 27 ottobre 2001. Contatti dell'autore con la sede della compagnia, Bethesda, Maryland, novembre 2001.

[64]*Guardian Weekly*, 20-26 dicembre 2001.

[65]BBC Radio 4, 6 novembre 2001.

[66]Richard Falk, "The Terrorist Foundations of Recent US Policy" ["Fondamenti terroristici della recente politica americana"], in *Western State Terrorism*, ["Terrorismo di Stato in Occidente"] Macmillan, Londra, 1988, citato da Noam Chomsky in Alexander George, ed., *Western State Terrorism*, Polity Press, Cambridge, 1991, p. 12.

[67]*New York Times*, 22 settembre 1998; Associated Press, 20 settembre 2001.

[68]Associated Press, 16 luglio 1997, citato da William Blum in *Rogue State*, ["Stato imbroglione"] Zed Books, Londra, 2001, p. 80.

[69]Ibid.

[70]Ibid., pp. 80-81.

[71]Ibid., p. 81.

[72]George Monbiot su *The Guardian*, 30 ottobre 2001.

[73]Ibid.

[74]Robert Cooper, citato da Tariq Ali in "Our Herods" ["I nostri Erodi"], *New Left Review*, settembre-ottobre 2000.

[75]*The Guardian*, 2 ottobre 2001. Grazie a Noam Chomsky per le citazioni. Vedi il suo ultimo lavoro, *9-11*, Seven Stories Press, New York, 2001.

[76]*Boston Globe*, 22 agosto 1999.

[77]Werner Daum, "Universalism and the West", ["L'universalismo e l'Occidente"] *Harvard International Review*, estate 2001.

[78]Christopher Hitchens, *Spectator*, 29 settembre 2001.

[79]Istituto per l'Informazione e la Politica della Salute, www.hdip.org/reports

The Union of Palestine Relief Committees, giugno 2001.

[80]*Observer*, 15 ottobre 2000.

[81]*Hansard*, 14 novembre 2001.

[82]Amnesty International, *News Review*, novembre-dicembre 2000. Vedi anche Neil Sammonds, *Bri-*

*tish culpability and the shadow of Canary Wharf* ["La colpa inglese e l'ombra di Canary Wharf"], 2001, www.palestinecampaign.org *Hansard*, 17 novembre 2000 e 8 novembre 2001.

[83] *Jane's Foreign Report*, maggio e luglio 2001. Vedi anche Akiva Eldar, "Big Pines II, Rumors are rife of an invasion plan" ["Big Pines II, voci insistenti di un piano d'invasione"], *Ha'aretz*, Tel Aviv, 10 luglio 2001.

[84] Citato da Alexander Cockburn, "The war they wanted" ["La guerra che volevano"], Creators Syndicate, Znet, www.zmag.org

[85] *Yugoslavia: the Avoidable War* ["Jugoslavia: la guerra evitabile"], documentario di George Bogdanich e Martin Lettmayer, vedi www.avoidablewar.com

[86] Ibid.

[87] *New Statesman*, 4 settembre 2000, e altri; John Pilger, *Distant Voices*, ["Voci lontane"] Vintage, Londra, 1994, pp. 213-219; Michel Chossudovsky, *The Globalisation of Poverty: Impacts of IMF and World Bank Reforms* ["La globalizzazione della povertà: ripercussioni delle riforme del Fondo Monetario Internazionale e della Banca Mondiale"], Pluto Press, Londra, pp. 243-264.

[88] Citato in *New Statesmam*, 12 novembre 2001.

[89] Channel 4 *News*, 2 novembre 2001; *New York Times*, 4 dicembre 2001.

[90] *Observer*, 11 novembre 2001.

[91] *The Guardian*, 10 ottobre 2001.

[92] *The Guardian*, 19 settembre 2001; *Independent*, *The Times* e *Financial Times*, 20 settembre 2001.

[93] *New York Times*, 6 maggio 1978.

[94] *Wall Street Journal*, 6 gennaio 1979.

[95] *Washington Post*, 1 giugno 1979.

[96] *Observer*, 30 settembre 2001.

[97] Citato da David Holmes e Norm Dixon in *Behind the US War in Afghanistan* ["Dietro la guerra americana in Afghanistan"], Resistance Books, Sydney, 2001, p. 27.

[98] *Le Nouvel Observateur*, 15-21 gennaio 1998.

[99] David Holmes e Norm Dixon in *Behind the US War*, p. 29 (vedi nota 97).

[100] *Independent*, 1 novembre 1998; Ahmed Rashid, della *Far Eastern Economic Review*, citato da Holmes e Dixon in *Behind the US War*, p. 49 (grazie a Holmes e Dixon per molte loro ricerche).

[101] *The Guardian*, 31 ottobre 2001.

[102] Noam Chomsky, *9-11*, p. 15 (vedi nota 75).

[103] *Observer*, 10 gennaio 1993.

[104] *The Guardian*, 24 ottobre 2001.

[105] Timothy Dunne, "Liberalism", in John Baylis e Steve Smith, *The Globalisation of World Politics: an Introduction to International Relations* ["La globalizzazione della politica mondiale: un'introduzione ai rapporti internazionali"], Oxford University Press, Oxford, 1997, pp. 147-163.

[106] David Edwards, "Arms, Climate Change and the Grand Media Deception" ["Armi, cambiamento climatico e disonestà dei grandi mezzi di comunicazione"], medialens@yahoogroups.com febbraio 2002.

**I PRESCELTI**

[1] *Sydney Morning Herald*, 30 settembre 1993; *Guardian Weekly*, 3 ottobre 1993; *The Weekend Australian*, 30-31 gennaio 1999.

[2]Riferito all'autore dal defunto Charles Perkins, all'epoca membro di un gruppo di consulenza per i Giochi Olimpici.

[3]*PM*, ABC Radio, 16 luglio 1993.

[4]B. Thylefors e AA.VV., "WHO Data on Blindness" ["Dati dell'Organizzazione Mondiale per la Sanità sulla cecità"], in *Ophtalmic Epidemiology*, Aeolus Press, Paesi Bassi, 1995, vol. 2, n. 1, pp. 5-39.

[5]*Sydney Morning Herald*, 31 gennaio 1998.

[6]Intervista con l'autore, Perth, dicembre 1998.

[7]Intervista con l'autore, Kununurra, dicembre 1998; Richard Murray, *Aboriginal Primary Health Care, an Evidence Based Approach* ["La cura primaria della salute degli aborigeni, un approccio basato sull'evidenza"], Oxford University Press, Oxford, 1999.

[8]Intervista con l'autore, Queensland, dicembre 1998.

[9]Intervista con l'autore, Queensland, dicembre 1998.

[10]Rapporto dell'Istituto Australiano di Statistica, citato in *Sydney Morning Herald*, 3 aprile 1997.

[11]Dott. Ben Bartlett, *Djadi Dugarang*, bollettino dell'Associazione Indigena Giustizia Sociale, ripubblicato in *Green Left Weekly*, 4 novembre 1998.

[12]Commissario per la Giustizia Sociale degli Aborigeni e degli Isolani dello Stretto di Torres, *Second Report*, Canberra, 1994, p. 99.

[13]Richard Murray, *Aboriginal Primary Health* (vedi nota 7).

[14]*Canberra Times*, 28 maggio 1997.

[15]Intervista con l'autore, dicembre 1998.

[16]*Sydney Morning Herald*, 16 marzo 1999.

[17]Ibid., 23 settembre 1996.

[18]Ibid., 22 aprile 1997.

[19]Ibid., 31 maggio 1997.

[20]Jan Roberts, *Massacres to Mining: the Colonisation of Aboriginal Australia* ["Massacri agli scavi: la colonizzazione dell'Australia aborigena"], Dove Communications, Melbourne, 1981, p. 47.

[21]*Sydney Morning Herald*, 30 aprile 1997.

[22]*National Times*, 29 marzo-4 aprile 1985.

[23]Ibid.

[24]*The Age*, 28 dicembre 1996.

[25]*Canberra Times*, 5 gennaio 1997.

[26]Martin Taylor, *Bludgers in Grass Castles: Native Title and the Unpaid Debts of the Pastoral Industry* ["Stupratori nei castelli d'erba: il *Native Title* e i debiti non pagati dell'industria della pastorizia"], Resistance Books, Sydney, 1997.

[27]Ibid.

[28]Sir Ralph Cilento e Clem Lack, *Triumph in the Tropics* ["Trionfo nei tropici"], p. 179, citato in Ross Fitzgerald, *A History of Queensland from 1915 to the 1980s*, University of Queensland Press, 1984, p. 552.

[29]Intervista con l'autore, Roma, Queensland, dicembre 1998.

[30]*The Australian*, 9 giugno 1997.

[31]Associazione Anti-Schiavismo, *Land and Justice: Aborigines Today* ["Terra e giustizia: gli aborigeni oggi"], Londra, giugno 1987, p. 2.

[32]Lettera di Henry Reynolds all'autore, 18 giugno 1998. Vedi anche Henry Reynolds, "The Mabo Judgement in the Light of Imperial Land Policy" ["Il verdetto di Mabo alla luce della politica territoriale imperiale"], *UNNSW Law Journal*, vol. 16, n. 1, 1993.

[33]*Sydney Morning Herald*, 16 marzo 1999.

[34]*Mail and Guardian*, Johannesburg, 19-20 marzo 1999.

[35]Commissione per i Diritti Umani e le Pari Opportunità, *Bringing Them Home: National Inquiry into the Separation of Aboriginal and Torres Strait Islander Children from Their Families* ["Riportarli a casa: inchiesta nazionale sulla separazione dei bambini aborigeni e isolani dello Stretto di Torres dalle loro famiglie"], Sydney, aprile 1997.

[36]Il 22 febbraio 1933, il segretario del Dipartimento dell'Interno a Canberra, J.A. Carrodus, scrisse: "La politica di mischiare i mezzosangue con i bianchi con l'obiettivo di schiarire l'epidermide è quella adottata dal governo del Commonwealth su raccomandazione del Dott. Cook [l'architetto della politica aborigena nel Northern Territory]". Citato da Robert Manne, *Sydney Morning Herald*, 22 marzo 1999.

[37]Lavoro degli storici Rosalind Kidd, Heather Goodall e Peter Read, citato in *Sydney Morning Herald*, 30 giugno 1971.

[38]Russell Ward, *Man Makes History: World History from the Earliest Times to Renaissance – for Boys and Girls in the First Year of Secondary School Courses* ["L'uomo fa la storia: storia del mondo dai tempi più remoti al Rinascimento, per ragazzi e ragazze delle classi del primo anno della scuola secondaria"], Shakespeare Head Press, Sydney, 1952, p. 9.

[39]*The Australian School Atlas*, Oxford University Press, Melbourne, 1939, pp. vii e 51-62.

[40]Citato in Jan Roberts, *Massacres to Mining*, p. 68 (vedi nota 20).

[41]Intervista con l'autore, Sydney, dicembre 1998.

[42]Intervista con l'autore, Sydney, novembre 1998.

[43]Colin Tatz, *Obstacle Race: Aborigines in Sport*, ["Corsa a ostacoli: gli aborigeni nello sport"], University of New South Wales Press, 1995, p. 62.

[44]Donald Bradman, *Farewell to Cricket* ["Addio al cricket"], Theodore Brun, Londra, 1950, pp. 48 e 288, citato in Colin Tatz, *Obstacle Race*, p. 77 (vedi nota 43).

[45]Thom Blake, *A Dumping Ground: Barambah Aboriginal Settlement 1900-1940* ["Un terreno svenduto: l'insediamento aborigeno di Barambah dal 1900 al 1940"], tesi di laurea, University of Queensland, 1991, p. 340, citato in Colin Tatz, *Obstacle Race*, p. 77 (vedi nota 43).

[46]Thom Blake, *A Dumping Ground*, citato in Colin Tatz, *Obstacle Race*, p. 79 (vedi nota 43).

[47]Colin Tatz, *Obstacle Race*, p. 95-96 (vedi nota 43).

[48]Ibid., p. 126.

[49]Intervista con l'autore, Sydney, dicembre 1998.

[50]Intervista con l'autore, Sydney, novembre 1998.

[51]Colin Tatz, *Genocide in Australia*, ["Genocidio in Australia"] Istituto Australiano di Studi sugli Aborigeni e sugli Isolani dello Stretto di Torres, dicembre 1998.

[50]*West Australian*, 17 giugno 1997.

[53]*Sydney Morning Herald*, 25 febbraio 1987.

[54]*The Age*, 27 novembre 1998.

[55]Colin Tatz, "It Didn't Happen: Depictions of Denial" ["Non è successo: descrizioni di una

negazione"], in *Other than Human: the Armenian, Jewish and Aboriginal Experiences* ["Diversi da umani: le esperienze armena, ebrea e aborigena"], Brandl & Schlesinger, Sydney, di prossima pubblicazione.

[56] Ibid.

[57] Ibid. Vedi anche *Sydney Morning Herald*, 9, 14 e 19 settembre 2000.

[58] *Bulletin*, giugno 2001.

[59] Colin Tatz, "It Didn't Happen" (vedi nota 55).

[60] Intervista con l'autore, novembre 1998.

[61] *Sydney Morning Herald*, 8 aprile 1997.

[62] Commissione per gli Aborigeni e gli Isolani dello Stretto di Torres, *Indigenous Deaths in Custody 1989-1996* ["Decessi indigeni in custodia, 1989-1996"], Canberra, novembre 1996. Da allora la situazione non è cambiata.

[63] Intervista con l'autore, novembre 1998.

[64] *Sydney Morning Herald*, 8 maggio 1991.

[65] Ibid., 10 marzo 1988.

[66] Intervista con l'autore, Sydney, giugno 1987.

[67] Intervista con l'autore, Sydney, novembre 1998.

[68] Ibid.

[69] *Sydney Morning Herald*, 30 agosto 2000.

[70] Ibid., 7 agosto 2000.

[71] Intervista con l'autore, Sydney, novembre 1998.

[72] Intervista con l'autore, Sydney, giugno 1987.

[73] *Sydney Morning Herald*, 31 maggio 1997.

[74] Colin Tatz, *Genocide in Australia* (vedi nota 51).

[75] *Sydney Morning Herald*, 10 dicembre 2001.

[76] Citato da Bob Ellis in "Frankly I do give a damn" ["Francamente, me ne importa un sacco"], *HQ*, ottobre-novembre 2001.

[77] *Sydney Morning Herald*, 10 dicembre 2001.

[78] *The Age*, 17 ottobre 2001.

[79] Miranda Devine, "The Man cops a sucker punch from critics", *Sydney Morning Herald*, 25 ottobre 2001.

[80] Intervista con l'autore, giugno 1987.

# INDICE

nella collana Mine vaganti

1. Dorothy Porter ***La maschera di scimmia***
2. David Foster Wallace ***La scopa del sistema***
3. Jasmina Tesanovic ***Normalità. Operetta morale di un'idiota politica***
4. Blake Morrison ***Come se***
5. Tobias Hill ***Underground***
6. Dorothy Porter ***Akhenaton***
7. David Foster Wallace ***Infinite Jest***
8. John Cheever ***Il nuotatore***
9. John Cheever ***Falconer***
10. Josef Škvorecký ***Il miracolo***
11. Ted Heller ***Slab rat***
12. Barry Gifford, Lawrence Lee ***Jack's book***
13. Dorothy Porter ***Che gran capolavoro...***
14. John Cheever ***Ballata***
15. Richard Fariña ***Così giù che mi sembra di star su***
16. Alexander Trocchi ***Il libro di Caino***

nella collana Documenti

1. Radio Gap ***Le parole di Genova. Idee e proposte dal movimento***
2. Philippe Broussard, Danielle Laeng ***La prigioniera di Lhasa***
3. ***1977 l'anno in cui il futuro incominciò,*** a cura di Franco Berardi (Bifo) e Veronica Bridi
4. Diego Armando Maradona ***Io sono el Diego***
5. Thierry Meyssan ***L'incredibile Menzogna***

fuori collana

Luciano Ligabue, Antonio Leotti, Chico De Luigi ***Radiofreccia***

Alessandro Baricco, Gabriele Vacis, Ugo Volli ***Totem***

Piero Negri, Luca Bufano Pierfrancesco Manca, Chico De Luigi ***Il partigiano Fenoglio***

Roberto Pace ***L'uomo nero***

John Birmingham ***E morì con un felafel in mano***

Gabriele Muccino ***L'ultimo bacio***

Michael Cimino ***Big Jane***

Finito di stampare per conto di Fandango Libri
nel mese di ottobre 2002 da GRAFFITI, *Roma*

Redazione Fandango, *Roma*
Impaginazione Elica, *Milano*